Bruno Fess

GEH WEITER **BLEIB DA**

BRUNO FESS

GEH WEITER **BLEIB DA**

Ein Pfarrer erzählt

Printed in Germany 2001
Umschlaggestaltung Gerhard Berger, Rohrbach
Umschlagfoto H. Kosniowski, Rohrbach
Gesamtherstellung Druckerei Humbach & Nemazal GmbH
85276 Pfaffenhofen
Tel. (0 84 41) 80 68-0, Fax (0 84 41) 80 68-68,
E-Mail: info@humbach-nemazal.de

ISBN 3-9805521-5-2

Laeti bibamus sobriam ebrietatem Spiritus

Froh lasst uns trinken
die nüchterne Trunkenheit des Geistes

Hymnus des hl. Ambrosius († 397)
(feria secunda ad Laudes)

EINFÜHRUNG

„Geh weiter – bleib da“ habe ich als Titel dieses Buches gewählt. 1956 als ich völlig überraschend vom Bischof nach Rohrbach an meine erste – und wie sich 35 Jahre später herausstellte – einzige Pfarrstelle geschickt wurde, da musste ich als 33-jähriger „zugereister“ junger Priester meines Dialektes wegen viel leiden. Gebürtiger Augsburger und damit Schwabe – das ist und bleibt für solch ein urbayrisches Stammland wie die Holledau eine Zumutung. Folgendes Beispiel am Anfang meiner Tätigkeit in der Rohrbacher Volksschule möge dies belegen:

Es war in einem dieser alten Klasszimmer mit den ölstinkenden Bretterböden und den wackligen Viererbänken, als mir beim Erstkommunionunterricht in der 3. Klasse, den 9-Jährigen also, ein schwäbischer Brocken entwich, worauf der ganze lustige junge Verein hell auflachen musste. (Es gehört ja zu den Sternstunden eines Unterrichts, eine Kinderklasse lachend zu erleben: mit ihren bajuwarischen Rundgesichtern, den hochgezogenen Nasen und wie sie händeschlagend über ihre Bänke fallen, das ist ein Erlebnis für sich!) Erschrocken und beleidigt weise ich ihre Reaktion zurück und meine, sie hätten mit ihrem oberbayrischen Dialekt überhaupt keinen Grund, einen anständigen Menschen seiner Sprache wegen auszulachen. Worauf der Wannersbub in der ersten Bank – rotblondes hausgeschnittenes Haar mit gelben Punkten um die kleine Nase – mich freundlich herausfordernd fragt, wo denn ihre Sprache falsch sei? Und ich darauf erzähle, dass ich neulich beim Wirt einen hab schreien hören, wie sein Spezl heimgehen wollte: „Geh weiter – bleib da!“ So ein Blödsinn kann doch nur einer mit eurem Dialekt sagen, denn: entweder geh ich weiter – oder ich bleib da! Worauf der Wannersbub wieder seine Finger hebt und zögerlich grinsend meint „Herr Pfarrer, wenn zu Ihnen einer dies sagt, dann meint er das ja ganz anders: er meint, weil Sie vom Bischof geweiht worden sind: Geweihter, bleib da!“

Hier gibt man dann natürlich auf, gibt sich am besten total geschlagen. Da hilft keine Dialektik und keine Kontroverstheologie mehr weiter.

„Geh weiter – bleib da“ oder auch „Geweihter – bleib da“ beides mögliche Titel für die folgenden Seiten. Beim näheren Hinschauen steckt nämlich einiges drinnen – in diesem Titel.
Oder wie es Hermann Hesse, natürlich klassisch, in seinem Erinnerungsbuch „Mit der Reife wird man immer jünger“ formuliert hat: „Das gedankliche Motiv besteht aus einem Wechsel von Präsenz und Abwesenheit und dem Verhältnis von Gegenwart und Zukunft“.

*

Im Jahre des Herrn 1951 – näherhin am 6. Mai und damit vor 50 Jahren wurde ich zum Priester geweiht. Das „Goldene Priesterjubiläum“ gäbe es also zu feiern – oder wie unterdessen die Rohrbacher zu solchen Anlässen sagen: ich soll mir dazu etwas einfallen lassen. Schließlich ist Feste feiern beste Rohrbacher Tradition oder wie es in Abwandlung eines bekannten Zeitungsbalken hier heißt: „Rohrbach – Zentrum leistungsfähiger Pfarrerfeste“.

Zweitens sind es im gleichen Jahr 2001 exakt 40 Jahre, seit unsere neue Kirche auf dem Berge steht und

Drittens gibt es nun seit genau 25 Jahren die unterdessen weithin bekannten „Rohrbacher Kirchenzettel“, eine literarische Ortsspezialität, die schon längst in Buchform veröffentlicht sein sollte. Sicher gibt es einzelne Sammler, die diese schriftstellerischen Kostbarkeiten seit ihrem Erscheinen eifrig in Spezialordner fein säuberlich abgelegt haben und deswegen von nicht wenigen beneidet werden. Aber es wäre für den Rest der Gemeinde nun doch angebracht, diese gern gelesenen Produkte in gebührender Form zu ihrem 25. Erscheinungsjahr zumindest auf den Rohrbacher Büchermarkt zu bringen. Und nicht zuletzt ist

Viertens das Jahr 2001 das 10. Jahr einer segensreichen Tätigkeit des hochgeachteten und allseits beliebten Pfarrers, meines verehrten Nachfolgers Dekan Bruno Koppitz, in dieser außergewöhnlichen Pfarrei „Verklärung Christi auf dem Berge“ in Rohrbach/Ilm, Diözese Augsburg.

Juni 1991. Informationsgespräch zum „Stabwechsel“

Fünftens ist dann hier nur mehr nebensächlich anzufügen, dass der Autor dieses Buches ebenso lang in seinem wohlverdienten Ruhestand in Pfaffenhofen lebt und folglich nichts Besseres tun kann, als zu Dank und Ergötzen seiner ehemaligen Gemeinde und zu all den genannten Anlässen dieses Buch der Erinnerungen zu schreiben.

Hier haben sich nun doch einige Schwierigkeiten ergeben, die nahezu ausschließlich aus der totalen Unkenntnis über das Verfassen eines Buches stammen.

Wie macht man so was?

Abfassung, Druck, Kosten, Verlag, Einleitung, Gliederung, Layout, Gestaltung, Korrektur, Materialsammlung, Disposition, Umfang, Seitenzahl ..
ein Berg türmt sich auf, dessen Gipfel in den Wolken steht. Kraft, Zeit, Anstrengung, Geist und Verstand eines Ruheständlers – wie wird dieses Vorhaben enden?

Aber ich wollte nun einmal – wie oben schon erwähnt – Dank und Ergötzen, Freude und frohes Erinnern den Rohrbachern, vielen Freunden und Bekannten, die mir begegnet sind, zu diesem Anlass schenken. Also – hinauf auf den Berg der gedruckten Geschichten und gesammelten Erzählungen. Es wird schon klappen.

Im Laufe der Wochen und Monate passierte dann allerdings das gänzlich Unerwartete: der Berg wuchs mehr und mehr und aus den ursprünglich bescheidenen Absichten einer kleinen „Jubiläumsschrift“ entstand mit der Materialsammlung die Gefahr eines umfangreichen Schmökers. Vor allen Dingen – die in die Schreibmaschine getippten Erzählungen wurden immer umfangreicher, aus meinen persönlichen Sammlungen tauchten immer neue schriftstellerische Produkte vergangener Jahrzehnte aus den Leitz-Ordnern auf – und dann die weit über 600 Nummern des „Rohrbacher Kirchenzettel“ – wie ist dies um Himmels willen noch zwischen zwei Buchdeckeln unterzubringen!?

Letztendlich gab es nur mehr eine Alternative: eine brutale Selektion, die Auswahl aus dem Vorhandenen oder gleich die „Gesammelten Werke in drei Bänden“ herauszubringen.

Verstand und angeborene Selbstbescheidung ließen nur der grausamen Auswahl eine Chance.

Man stelle sich hier aber meine seelische Verfasstheit vor: aus über 600 wohlgeformten geistigen und literarischen Produkten nur jedes zehnte der Menschheit zu präsentieren, „das tut schon weh“. Und welches zehnte? Ist es dann auch wirklich die richtige Wahl?
Genug des eigenen Mitleids! Die letzte Entscheidung wird sowieso von Ihnen gefällt, wenn Sie nach der 5. gelesenen Seite dieses Buch – hoffentlich – wenigstens Ihrem Bücherschrank für spätere Generationen anvertrauen. Wenn es allerdings neben Ihrem Bett als Lektüre für gesunden Schlaf landen würde, dann hätte es schon einen „höheren Zweck“ erreicht.

Wie dem auch immer sei – nochmals:
Es ist aus Dankbarkeit und zum allseitigen Ergötzen geschrieben.

* * *

Für „auswärtige“ Leser muss man wohl noch den 25-jährigen Begriff „Rohrbacher Kirchenzettel“ erklären. Der Einfachheit halber füge ich hier unsere Nummer 701 v. 10.04.1997 ein.
(„Uns“ – das ist nicht der majestätische Plural für mich, sondern gilt in dem nun einsetzenden Jammer für Pfarrer Koppitz und mich gleichermaßen.)

„700“

stand auf dem letzten Kirchenzettel. 700 mal ist der „ROHRBACHER KIRCHENZETTEL“ nun erschienen und niemand hat gratuliert. Wir sind beleidigt. Siebenhundertmal haben wir uns geplagt, um unseren lieben Lesern Unterhaltliches, Ernstes, Heiteres, Nachdenkliches, Aktuelles, Kirchliches, Lokales, Persönliches und vieles mehr zu erzählen. Nicht ganz leicht – wie manche vielleicht glauben. Viele Überlegungen stecken dahinter, einige Psychologie („wie sag ich's meinem Kinde“), abwägend, es sollte deutlich sein, doch nicht verletzend,
es sollte amüsant sein und doch immer wieder einen ernsten Hintergrund durchscheinen lassen.
Es sollte gelesen werden, neugierig machen, das Nachdenken anregen, auch einmal zum Schimpfen und Ärgern provozierend geschrieben sein – kurzum alle diese Kniffe eines Hobby-Journalismus werden angewendet, um gelesen und erwartet zu werden.

Begonnen hat das Ganze am 11. März 1976. Die Schule hat damals ein modernes Kopiergerät bekommen. Das war die Stunde, auf die Pfarrer Fess schon lange gewartet hatte, um sich als Trittbrettfahrer an diesem Gerät mitzubeteiligen. Der unvergessene Hausmeister Liebetanz hat sich jede Woche für Geld und gute Worte um die ersten Kopien bemüht, Verteiler gefunden, ein raffiniertes „Network“ über die ganze Gemeinde mit ihren vielen Ortsteilen aufgebaut und so hat sich dieses informative Produkt bald zu einer Lieblingslektüre der Gemeinde entwickelt. Auf jeden Fall besser als die vielen frommen Pfarrbriefe, die man immer wieder in den Kirchen aufliegen sieht.

Mittlerweile betreut Frau Kellermann mit ihren Helferinnen liebevoll und engagiert Druck und Verteilung des Kirchenzettels zur großen Zufriedenheit der ganzen Gemeinde. Und immer wieder werden Probeexemplare angefordert.
Ehemalige Rohrbacher und neugierige Pfarrer bekommen regelmäßig diese Rohrbacher Spezialität zugeschickt. Redakteure haben sie vereinzelt in ihren Tages-, Kirchen- und Predigtzeitungen untergebracht und bei Fachtagungen gelobt.

Und jetzt also diese Jubiläumsausgabe – und keine Gratulationen, keine Orden, keine Preise, nichts Geräuchertes, keine Lobreden. – Wir sind beleidigt.

Wie ist das gutzumachen? In den nächsten Tagen sind mindestens 5 Dutzend Leserbriefe erwünscht, gute und tadelnde, anregende und aufregende – aber immer nur mit Unterschrift und voller Adresse. Also greifen Sie zur Feder, lassen Sie ihre literarische Ader sprudeln und erzählen Sie etwas über dieses unvergleichliche Jubiläumskind: Unseren „Rohrbacher Kirchenzettel“

Solches und weiteres auf vielen Seiten dieses Buches steht also auf der Rückseite eines weißen DIN A4-Blattes. Auf der Vorderseite ist die „Gottesdienstordnung“ aufgeführt und so geht dieser „Kirchenzettel“ wie die Leute sehr schnell dieses Produkt getauft haben, bis zum heutigen Tag in einer Auflage von 940 Stück unter die Menschheit. Ohne großen technischen oder krampfhaft gestalteten Aufwand, aber dafür mit viel Liebe und wacher Aufgeschlossenheit.
Möge dieses Buch wie weiterhin die „Rohrbacher Kirchenzettel“ frohe aber auch nachdenkliche Leser finden.

Bruno Fess, Pfaffenhofen/Ilm, Ostern 2001

I. Teil

ÜBERLEBEN

1923 – 1946

Einmal ist es mir bei einem Krankenbesuch passiert, dass ein fast 90-Jähriger in seinem monoton melancholischen Dialekt des heimatvertriebenen Ungarndeutschen mir vorjammerte: „Herr Pfarrer, das Leben dauert ja viel zu lang. Was soll denn das?“ Sicher – der Alte galt im Ort mit seiner asthmakranken Frau als schwer erträglicher Sonderling und Philosoph – aber eigenartig, diesen Satz habe ich bis heute nicht vergessen. Auch sehe ich ihn immer noch vor mir stehen, für sein Alter groß und aufrecht, mit seinem kräftigen Blick unter den weißen Augenbrauen. „Verstehst du das, du junger Pfarrer“ meinten seine Augen wohl.
Meist hört man ja das Gegenteil: Die Zeit vergeht viel zu schnell, es kommt mir vor als ob es gestern gewesen wär', wo ist die Zeit nur geblieben, wie im Flug ist das Leben vorübergegangen.

Wenn ich nun anfange von meinem Leben zu erzählen, ins Sinnieren komme über dieses eigenartige Phänomen „Vergangenheit“, über diese menschliche Fähigkeit des „Erinnerns“ – dann drängt sich mir doch immer wieder stark diese Gegenwart auf, die interessierte Wachsamkeit für diese Gegenwart.

Das alte „carpe diem“ der Gymnasialjahre meldet sich, dieses „nütze den Tag“ Oder gar, wenn man diese Gegenwart vornehm abgehoben als den „Kairos“ der Theologen empfindet, als diesen von Gott geschenkten Reichtum im Jetzt und im Heute. – Da sieht man dann Vergangenheit anders, leichter, verwundert und lächelnd oftmals.

Wenn es mir gelänge in diesem Buch immer wieder die Dankbarkeit Gott gegenüber aufleuchten zu lassen – über die von ihm geschenkte Zeit, über das unerklärliche Auf und Ab der Jahre, ja letztlich über ein erfülltes Leben – wenn mir das mit diesem Buch gelänge, dann hätte es seinen Sinn erfüllt.

Fang ich also an.

Meine Kindheit in den 20er Jahren spielte sich in einem Augsburger Randviertel mit Wohnblöcken und verkehrsarmen Straßen ab. Freunde und Schulkameraden waren aus der Nachbarschaft. Bolzplatz war eine Anlage mit Bänken, wo wir von den Müttern mit

ihren Kleinkindern beschimpft und von dem auftauchenden Polizisten verjagt wurden. Die Wohnblöcke hatte die nette Eigenschaft, dass ihr offener Eingang vorne durch verschlungene Kellergänge zu einem Ausgang in den Hinterhof führte. Diese verschlungenen Wege kannten wir besser als der Polizist und da wir wussten, dass die Frauen unsere Namen nicht preisgaben, weil sie sonst in Konflikte mit unseren Müttern geraten wären, so hatte der Gendarm kaum eine Chance – und vermutlich auch gar nicht die Absicht – uns zu ergreifen.

Wichtiger waren diese verschlungenen Kellergänge bei anderen Situationen: In der Nähe war eine große Zentrale der Kommunistischen Partei. Und hier gab es dann mit den ersten Schlägerbanden der jungen Nazis immer wieder einmal heftige Straßenkämpfe. Das war für uns Kinder ein ganz besonderer Reiz, möglichst nahe an diese Schlägereien heranzukommen und wenn es dann zu gefährlich wurde in unseren Kellergängen zu verschwinden.

*

Die Ludwig-Bauer-Volksschule, sie wurde im Krieg total zerstört, lag auf der gegenüberliegenden Straßenseite, sodass die Mutter vom Fenster aus heimlich nachwinken konnte. Bald konkurrierte ich um die ersten Plätze mit einem Klassenkameraden, dem zarten und wohlbehüteten einzigen Kind seiner besorgten Eltern. Er hieß Ludwig Zimmerer. 67 Jahre später fand ich seinen Namen wieder in einem ehrenden Beitrag der „SZ Am Wochenende“ (Nr. 217 v. 20.9.1997) „Die Heiligen spucken uns in die Suppe. Erinnerungen an Ludwig Zimmerer, den Sammler polnischer Volkskunst und langjährigen ARD Korrespondent in Warschau.“

Eine kleine Erinnerung an ihn aus unserer gemeinsamen Augsburger Volksschulzeit: Nachdem wir die Klassenbesten waren, wurden wir beide von unserem Lehrer mit der ehrenden Aufgabe betraut, in eine andere – gut eine halbe Stunde entfernte – Schule zu gehen und dort einen größeren Geldbetrag abzuliefern. Auch auf diesem Weg konkurrierten wir natürlich gegeneinander, wer der Gescheitere sei. Und wie da eine hochschwangere Frau uns entgegenkommt, weiß ich 7-Jähriger natürlich sofort, dass diese Frau „ein Kind unter ihrem Herzen trägt, weil mir das meine Mama so gesagt hat.“ Worauf Ludwig groß staunt und dann verächtlich mir

1930 Schulanfang

seine viel besseren Kenntnisse über seine Herkunft erklärt: seine Mama hat ihm erzählt, dass er in der Waschküche gefunden worden sei. So oder ähnlich sei das mit den Kindern. Darauf konnte ich natürlich nur überlegen zu diesem Blödsinn lächeln, den er vom Kinderkriegen weiß.

Mit dem Weggang an andere Schulen haben wir uns dann verloren. 25 Jahre später – der Krieg war unterdessen über uns hinweggegangen und ich war als Kaplan in Pfaffenhofen gelandet – da bekomm ich eines Tages einen Brief mit dem Absender: Ludwig Zimmerer, Bonn. Handschriftlich vollgekritzelt und mit dem Anfang: ich weiß nicht, ob du dich noch an mich erinnerst, mühsam konnte ich nur deine Adresse ausfindig machen, aber vor mir liegt mein neugeborener erster Sohn und ich erinnere mich bei seinem Anblick immer wieder an ein Gespräch, das du vermutlich längst vergessen hast und wo du mir erklärt hast, dass ein Kind unter dem Herzen seiner Mutter heranwächst.
Ich möchte dir heute dafür danken ...

*

In den Wintermonaten hatten wir ganz besondere Gäste in unserer Volksschulklasse. Es waren Zigeunerjungen, oder besser, Landfahrer, die mit ihren kleinen Zirkuspferden und den Ofenrohrbestückten Wagen auf einem Standplatz an der nahegelegenen Wertach überwinterten. Panik bei unseren Müttern: Die Knaben waren verlaust und verdreckt, frech und verstunken, dass es eine wahre Pracht war. „Wir sind Wacheleit, bessere Leit, keine Zicheinerleit" klärten sie uns standesgemäß auf. Mit ihnen zu raufen war höchst gefährlich. Ich höre heute noch ihren gesungen Refrain: „I hab a spitzigs Messerl und renn dirs in dein Wams".

Zwei von dieser Sorte waren bei der Vorbereitung zur Erstkommunion dabei. Eine Tragödie für unseren Religionslehrer, den braven P. Hugo, ein Kapuziner mit herrlich langem Bart und brauner Kutte aus dem nahegelegenen Kloster St. Sebastian. Er hat sich redlich mit den beiden Burschen abgeplagt, dem kleineren, dicken, braungebrannten – oder besonders dreckigen? – Wicki und dem längeren drahtigen Zirkustypen Harry. Immer wieder hat sie der gütige Pater gefragt, ob sie noch Strümpfe oder ein Hemd oder sonst was für die Erstkommunion bräuchten. Sie haben angestrengt nachgedacht und nach einigem Kopfschütteln gemeint, Geld könnten sie noch brauchen. Geraucht haben sie natürlich beide schon. Bei diesen Wünschen hat der Pater dann doch nicht mitgemacht. In der letzten Stunde vor dem Weißen Sonntag hat er den Lernstoff nochmals kurz wiederholt und die beiden Buben gefragt, wie es denn nun sei, wenn die Hostien ausgingen und der Priester dann einzelne Hostien teilen müsse, ob dann der Heiland auch auseinandergebrochen wird: Und wieder haben die beiden angestrengt nachgedacht und dann kräftig geantwortet, dass dann auch der Heiland auseinandergebrochen würde. Pater Hugo war erledigt, kapitulierte und ließ beide, des lieben Landfahrers Frieden wegen, bei der Kommunion mitmachen. (Ich habe diese Geschichte natürlich immer wieder in späteren Jahren meinen Erstkommunionkindern erzählt und bin dabei immer gut angekommen. Aber die Geschichte geht noch lustig weiter und dabei mussten meine Kinder natürlich immer wieder kräftig lachen, oder wie man hier besser sagen würde „zahnen".)

P. Hugo und sein Erstkommunikant

Der Weiße Sonntag – der Erstkommuniontag war angebrochen. Eltern und Kinder in Aufregung. Das Fest fand in einer uns fast unbekannten Pfarrkirche statt, in St Georg. Wir gingen ja immer lieber zu den Kapuzinern nach Sebastian. Diese Pfarrkirche St. Georg hatte damals einen großen Vorhof mit etlichen Bäumen. Frierend standen wir da, schön angezogen nach der damaligen städtischen Sitte mit kurzen dunklen Hosen. (Nicht übers Knie – wie bei den Bauern.) Das Problem waren nur immer die Strümpfe. Kniestrümpfe gab es damals noch nicht (und nackte Knie natürlich dann auch nicht), also lange Strümpfe. Aber wie wurden die festgehalten? Natürlich mit Gürtelstrapsen um die Hüften der Buben und mit Knöpfen, die innen und außen die langen Strümpfe festhielten. (Die Klasse zahnt) Na, bitte, so war es damals halt.
Aber – wer steht dort hinten unter den Bäumen im Hof? Fremde Leute, die Frauen mit Pelzmänteln und langen schwarzen Haaren – vornehme Leute – und schaut: dort zwei Buben in langen dunklen Hosen und eleganten kleinen Jacketts. Die müssen wir uns näher anschauen, insbesondere unsere Mütter erstarrten vor Achtung und Neid: Es waren unsere zwei Landfahrer, der Wicki und der Harry mit ihrer ganzen Sippe, geschrubbt und gereinigt, dass man sie beinahe nicht erkannt hätte. Sie würdigten uns Hungerleider keines Blickes und stolzierten wie Spanier in die Kirche und zur Kommunionbank. Die Hostien haben Gott sei Dank gereicht!

* * *

Mein Vater Jakob Fess war ein gebürtiger Rheinpfälzer. 1917 wurde er als 23-Jähriger völlig überraschend von der Kriegsfront in Rumänien als qualifizierter Facharbeiter zur MAN nach Augsburg abgestellt. Diesem Betrieb blieb er dann 40 Jahre bis zu seinem plötzlichen Tod 1957 treu. Und welch eine Treue! Er war für viele, die ihn kannten, der Typ des echten MAN'lers, gehörte bald zum Stamm dieses renommierten Unternehmens, wurde in den schweren Zeiten der 20er Jahre nie in das große Heer der damaligen Arbeitslosen entlassen, bekam eine betriebsnahe Werkswohnung und so wuchs ich in einer Umgebung von Werkmeistern, von Auslandmonteuren und im Schatten, Gestank und Lärm dieser großen Fabrik auf. Mein Schulweg ins Gymnasium verlief oft inmitten der Arbeiter, die ins Fabriktor strömten, während ich einige hundert Meter weiter mich mit meinen Mitschülern in den altehrwürdigen Räumen des humanistischen Gymnasiums bei St. Stephan in griechische und lateinische Lehrbücher vergrub.

Mein Vater

Dem Taufschein nach war mein Vater ein reformierter Protestant, was ihn aber zeitlebens nie interessierte. Im Gegenteil, er erklärte sich sehr bestimmt als areligiös, war nie in einer Kirche und als erklärter Sozi ein traditioneller „Pfarrerfresser". Er hatte einen kritischen Blick gegenüber Fassaden-Autoritäten, sei es in der Politik, beim Adel, der Kirche oder gegenüber den ausbeutenden Kapitalisten. 1933 erklärte er mir bei Hitlers Machtübernahme „Bub, merk dir, dieser Gangster bedeutet Krieg". Der Massenzulauf zu dieser Verbrecherbande löste bei ihm größtes Entsetzen und schiere Verzweiflung aus. Später wurde er immer wieder einmal an seinem Arbeitsplatz von der Gestapo vernommen. Er hatte verbotenerweise zu französischen Kriegsgefangenen Kontakt aufgenommen und ihnen geholfen, wo es ihm mit seinen Mitteln möglich war. Er war durch und durch Vater, was ich in jungen Jahren bei seiner Strenge nie so recht begriff. Erst als ich nach dem Abitur sah, was er mir mit dieser Schule fürs künftige Leben, oftmals unter persönlichem Verzicht geboten hatte, gingen mir die Augen auf. Geige und Klavier durfte ich lernen, Konzert und Theater waren selbstverständlich auf dem Programm des Heranwachsenden, aber auch Fahrradtouren mit Gleichgesinnten bis Hamburg, Berlin und Leipzig(!) wurden in den großen Ferien immer wieder von meinen Eltern genehmigt.

Was es dann für die gleichen Eltern bedeutet hat, dass ein Sohn 14 Tage nach seinem Abitur (1942) in die totale Ungewissheit eines Krieges gestoßen wurde, ist heute gedanklich vermutlich kaum mehr nachvollziehbar.

Wie ich dann 1946 nach Krieg und Gefangenschaft nach Hause komme und meinem Vater erkläre, dass ich nun wohl Theologie studieren werden, da brach für ihn eine Welt und jegliche Hoffnung um seinen Sohn zusammen. Er erklärte mir spontan, dass er dafür keine Mark übrig habe und er über diese Berufswahl entsetzt sei. Ich könne

Heimaturlaub 1943

Elterngrab auf dem Hermanfriedhof in Augsburg

doch Musik oder Architektur studieren, wozu ich offensichtlich einige Voraussetzungen mitbringe. Ich erklärte ihm daraufhin behutsam, er möge doch verstehen, dass ich nun über Jahre hinweg Zeit hatte, um mich für diesen Beruf zu entscheiden. Ich werde einen Weg finden, wie ich ohne seine Hilfe zu diesem Ziel komme. Selbstständigkeit und sich im Leben durchzuschlagen habe ich nun immerhin über diese Kriegsjahre hinweg gelernt. Mein Vater hat sich nie mit meinem Studium abgefunden. Bei meiner Primiz konnte ich ihn nur mit großer Mühe überreden, dass er wenigstens bei diesem ersten Gottesdienst dabei sei. Wie ich ihn hernach fragte, ob es ihm gefallen habe, meinte er nur: „So ein blödes Theater hat er schon lange nicht mehr erlebt."

Er war durch und durch Vater – das möchte ich nochmals ausdrücklich zur achtungsvollen Erinnerung sagen. 1957, nachdem ich gerade ein Jahr als Pfarrer in „diesem letzten Bauerndorf" tätig war, ist er verstorben. Und dabei hätte ich ihm so gerne gezeigt, was ich dann doch in den folgenden Jahren schaffen konnte, hätte ihm gerne einen zufriedenen Ruhestand im neuerbauten Rohrbacher Pfarrhaus vergönnt und ihm zeigen können, wie dankbar ich für seine lebenslange enttäuschte Sorge um seinen Sohn bin.

Durchlässigkeit

– im Gegensatz zum berühmten „Knoten im Hirn", der bekanntlich nichts mehr durchlässt, wenn ein bestimmtes Stichwort fällt.

Ich kann mich noch ziemlich genau erinnern, wann mir in meiner Kindheit zum erstenmal dieser „Knoten im Hirn" bei einem Menschen aufgefallen ist. Meine Eltern hatten damals eine Dienstwohnung der MAN in Augsburg. Diese Wohnungen wurden bevorzugt an Meister und Auslandsmonteure vergeben. Neben uns wohnte eine Familie, die zwei Jahre lang mit Kind und Kegel in Japan gelebt hatte. Der Mann musste dort die Montage mehrerer stationärer Dieselmotore überwachen. Das war Anfang der 30er Jahre. Japan war damals noch ein fernes exotisches Land, das man nur nach mehrwöchiger Schiffsreise erreichen konnte. Wie nun diese Leute nach gut zwei Jahren wieder zurückkehrten, hatten sie den „Knoten im Hirn". So wenigstens hat es mir damals mein Vater erklärt. Immer wenn man in den folgenden Jahren mit diesen Leuten ins Gespräch kam, hat irgendein unbedeutendes Stichwort voll ausgereicht, dass sie in ihrem Reden und Denken, mit ihrem Erzählen und Angeben mitten in Japan waren. Schwierig für jeden Gesprächspartner, weil man jeden Augenblick damit rechnen mußte, daß Japan wieder dran war. Einmal hat mir dann mein Vater nach solch einer Unterhaltung lachend eine Ohrfeige angedroht: Er hat genau gemerkt, daß ich die Wohnungsnachbarn absichtlich auf Japan gelenkt hatte, weil ich wußte, daß mein Vater immer zu schlucken hatte, wenn bei diesen Leuten mit diesem Stichwort automatisch wieder die geistige Verstopfung einsetzte.

Nun ist dieser „Knoten im Hirn" ja keine Seltenheit. Fast möchte ich behaupten, daß mehr oder weniger jeder von uns unter solch geistiger Undurchlässigkeit (vornehm ausgedrückt) zu leiden hat. Beim einen ist's der Hopfen, der nichts mehr durchläßt, beim anderen der Krieg, wieder andere kommen von ihrer ehemaligen Heimat nicht los und die nächsten nicht von ihrer Krankheitsgeschichte. Der eine kann nur von seinem Beruf erzählen und die andere nur von Kinder, Kleider und Küche. Wie gesagt – die Krankheit ist wohl mehr verbreitet als wir vermuten.

Aber – warum komm ich jetzt gerade heute – zu den heiligen Ostertagen – zu solch bösen Zeilen? Aus zwei Gründen:

Der erste ist die Begegnung mit unseren Alten und Kranken, die ich in den letzten Tagen besuchen durfte. Man kann nur immer wieder staunen, welche Weisheit, welche geistige Durchlässigkeit im Nachdenken über das lange Leben hier anzutreffen ist. Und der andere Grund?

Das sind die vielen Menschen bei den Gottesdiensten. Ich komme von dem Eindruck nicht los, daß Religion heute nicht mehr bloß ein verkalkter Knoten aus ein paar abgedroschenen Geschichten ist, sondern eine Sache mit vielem Nachdenken und erstaunlicher Aufgeschlossenheit. In diesem Sinne wünsche ich Ihnen frohe Ostertage!

Ihr Pfarrer Bruno Fess

Meine Mutter war eine Allgäuerin. Sie ist 1898 in Hindelang geboren. Alles was dort den Namen Neuner, Haas, Scholl trägt, ist durch meine Großmutter, eine geb. Neuner, weitschichtig verwandt. Der Vater meiner Mutter dagegen kommt aus der Schweiz, er ist ein geborener Züricher.

1898 – die Allgäuer Großeltern

Wie kam es zu dieser Verbindung einer Allgäuerin mit einem Schweizer? Das ist eine nette kleine Geschichte, die zum Vergnügen der ganzen Verwandtschaft immer wieder – vor allem in Gegenwart des Schweizer Großvaters – gerne erzählt wurde. Dieser in Zürich geborene und dort natürlich reformiert getaufte Großvater wurde sehr früh Vollwaise, weswegen er – durch welche Verbindungen auch immer – in ein Augsburger evangelisches Waisenhaus gesteckt wurde und dort offenbar eine gediegene Ausbildung als Kaufmann erhielt. Das große Ziel eines jungen Kaufmanns scheint in den Jahren nach 1890 Ägypten gewesen zu sein. Ein aufregend fernes und unbekanntes Land, das er mit einem Freund und den Aussichten auf große unternehmerische Erfolge ansteuern wollte. Illegal, so gleichsam als kaufmännische Wandergesellen. Hier nun verließ meinen Großvater an der ersten Grenze, die sie schwarz überqueren wollten, der Mut. Im Oberjoch kapitulierte der junge Kaufmann mit seinem Vorhaben, während sein Freund den Schritt ins Abenteuer wagte und einige Jahrzehnte später tatsächlich auch als wohlhabender deutsch/ägyptischer Kaufmann meinen Großvater besucht haben soll. Jedenfalls suchte mein Großvater das tiefer gelegene und weniger gefährliche Hindelang auf, fand dort in einer Spinnerei und Weberei Arbeit und offenbar Trost bei einer jungen hübschen Allgäuerin, meiner Großmutter. Das erste liebevolle Ergebnis war dann meine Mutter. Dieser hängen gebliebene Züricher Protestant im abgelegenen Ostrachtal war vermutlich der erste Fremdkörper in dieser vortouristischen Zeit. Das junge Paar siedelte ins nahegelegene Blaichach um, wo ein größerer Textilbetrieb im Entstehen war. Nach 50 Jahren (!) schied dort dann der Großvater als Prokurist aus. Er konvertierte bald zum katholischen Glauben, wie ich ihn dann auch nur als frommen Katholiken in Erinnerung habe.

Meine Mutter nun wurde von ihrem Vater nach Augsburg in eine weiterführende Schule geschickt, blieb in dieser Stadt hängen und heiratete dann 1920 diesen – wiederum evangelisch reformierten Rheinpfälzer, meinen Vater. 1923 kam ich zur Welt, eine Schwester 10 Jahre später.

Für das junge Paar war dies eine schwere Zeit, wie ich schon kurz von meinem Vater erzählt habe. Er musste mich mit einem Rucksack voll wertlosem Geld im bekannten Augsburger Wöchnerinnenheim in der Hermanstraße freikaufen. Inflation, Arbeitslosigkeit, Armut der Massen beherrschte das Leben der Menschen. Dank der Tüchtigkeit meines Vaters als verlässlicher MAN'ler kamen meine Eltern mit einem blauen Auge

Meine Eltern – Hochzeitsbild 1920

über die Runden dieser Jahre. Mit einem Kindergarten konnte ich mich gar nicht anfreunden, schon eher mit der nahegelegenen Ludwig-Bauer-Volksschule in der 1930 mein Schuldasein begann.

Meine Mutter scheint in diesen Jahren nach dem ersten Weltkrieg, mit ihrer Entwurzelung aus der elterlichen und verwandtschaftlichen Allgäuer Umwelt, in dieser von brodelnder Umwälzung geprägten Stadt, einiges in ihrer Entwicklung mitgemacht zu haben. Religion und Glaube aus einer ländlichen Tradition heraus habe ich bei ihr nie erlebt. Ja, sie scheint ziemlich weit davon abgekommen zu sein. Was es war, dass sie dann zu ihrer typischen aber auch völlig ungewohnten Religiosität fand, weiß ich nicht. Und dies neben einem religiös und kirchlich völlig gleichgültigen Ehepartner – das ist für mich heute eine nahezu unerklärliche Entwicklung. Ich weiß nur mehr, dass ich als Kind immer wieder einmal hörte, dass die Mama heute Abend in die Provinostraße gegangen sei. Später erfuhr ich, dass dort ein Kreis evangelischer Christen sich regelmäßig zu einem der ersten Bibelabende getroffen hat. Hier war meine Mutter also als Katholikin dabei. Und die zweite Erinnerung an das religiöse Interesse meiner Mutter, neben einer Ausgabe des Neuen Testaments, waren diese aufkommenden Klosterneuburger Messtexte, die ein erster, von den Bischöfen misstrauisch beäugter Versuch waren, die lateinischen Texte der hl. Messe einer religiös aufgeschlossenen Minderheit nahe zu bringen. Heilige Schrift und Liturgie in den 20er Jahren – das war sicher eine katholische Rarität bei einer jungen Frau. Sie waren dann ein Leben lang die beiden Säulen in der Gläubigkeit meiner Mutter.

Vielleicht ist dies sogar heute noch eine Rarität in der Gläubigkeit unserer Generation. Sicher eine Vorwegnahme jener heute immer wieder von Rom laut geforderten „Neuevangelisierung" unseres sog. Christlichen Abendlandes. Aber während heute Bischöfe und Pfarrer reichlich hilflos auf diese erwünschte Kehrtwende einer auf die Wurzeln zurückgehende Gläubigkeit hinweisen, konnte ich dies bereits vor 70 Jahren hautnah bei meiner Mutter erleben.

Von daher verstehe ich heute auch meine religiöse Entwicklung, die sicher fern von jeglicher bayrisch/bäuerlicher Tradition verlaufen ist, deren Verlust heute aber immer wieder als die Ursache von religiösem Rückgang bis hin zum laut beklagten Mangel an Priesterberufen bejammert wird. Ich kann mich hier nur immer verwundern, dass den Verantwortlichen, Predigern und religiösen Zeitkritikern nichts Besseres einfällt, als diese sog. gute alte Zeiten in Religion und Glaube als das große Ideal einer heilen kirchlichen Welt darzustellen.

Ofenbank

ist eine herrliche alte Einrichtung. Ich erinnere mich noch aus meiner Kindheit, wie in Hindelang der alte Josef Neuner – meine Großmutter war eine geborene Neuner – auf der Ofenbank gesessen war. Weitschichtige Verwandte waren sie, alle in hohem Alter, die Genovefa, die Rosa und der Josef. In den Winterferien durfte ich manches Mal zu ihnen. Und dann haben sie mir von früher erzählt, von meiner Ur-Urgroßmutter, die 1834 nach Bad Oberdorf geheiratet habe und von der noch der alte Schrank in der Ecke sei. Erzählt haben eigentlich nur die beiden Basen. Um den rohen Tisch in der Stubenecke bin ich mit ihnen gesessen. Und einen „Hongschmolzgiege", ein Honigbutterbrot hat es dazu gegeben. Alles eigene Produkte.
Der Josef war bei diesen abendlichen Gesprächen nie mit am Tisch gesessen. Er war immer auf seiner Ofenbank. Er hat wohl zugehört, sich dann und wann mit einer kurzen Bemerkung in die Erzählung seiner beiden Schwestern eingeschaltet. Er hat lieber vor sich hinsinniert, war grad und aufrecht vor seinem warmen Ofen gesessen, den Kopf ruhig. Nur die Augen haben sich da und dorthin gedreht. Langsam, bedächtig.

Sie werden nun lachen – aber diese Erinnerung und dieses Bild vom alten Josef Neuner an der Ofenbank in der niedrigen Stube, dieses Bild drängt sich mir jedes Mal auf, wenn ich heute ein neues Haus mit einem prächtigen Kachelofen und einer Bank drum herum sehe. Da fällt mir dann der Josef ein und ich frage mich, ob wohl an dieser neuen Ofenbank auch immer wieder einmal einer sitzt, mit ruhigem Blick, nur wenig sagt und mehr sinniert. Oder ob diese neue Ofenbank halt doch nur so ein modisches Stück ist, den Alten nachgemacht, aber keine Bank mehr zum Hinsitzen und Sinnieren.
Weil wir das ruhige Hinsitzen und Nachdenken sowieso schon lange nicht mehr können, auch keine Zeit mehr dafür haben, weil ja heute Abend der Günther Jauch oder der FC Bayern im Fernseher zu sehen ist. Oder sitzen die Leute doch noch viel mehr da als man so gemeinhin vermutet? Schließlich sitzen sie ja jeden Arbeitstag ein bis zwei Stunden im Bus, in der Bahn, im Auto. Sitzen im Wartezimmer und sitzen im Café, sitzen allein auf ihrem Zimmer und sitzen stundenlang im Urlaub am Strand. Und wenn die Menschen also heute so allein irgendwo sitzen – was denken sie dann, wohin sinnieren sie dann? Denken sie ähnliches oder gleiches, wie damals der alte Josef Neuner?

Ja – das würde mich interessieren, wann und wo die Heutigen noch nachdenklich dasitzen können, sinnieren, ein bißchen träumen. Oder auch gar nichts denken, einfach die Welt von sich abfallen lassen können – so wie damals der Josef auf seiner Ofenbank.

Freundlichen Gruß!

Ihr Pfarrer Bruno Fess.

Genovefa von Bad Oberdorf mit ihrem Ferienkind.

1934 bekamen meine Eltern dann die Werkwohnung nahe der MAN und ich begann meine Gymnasialzeit bei St. Stephan.

P. Gregor Lang OSB

Dieses angesehene humanistische Gymnasium wurde von Benediktinern geleitet, allen voran der damals bekannte Rektor P. Gregor Lang. Das war sicher das große Geschenk meiner Eltern für mein ganzes künftiges Leben. Die Schule bot viel, worüber ich mich jetzt im Einzelnen nicht auslassen kann, was jedoch weitum bekannt und anerkannt war. Neben einer gediegenen humanistischen Bildung durch die Patres und engagierte Lehrer war es ihre musische Ausrichtung, die mich immer mehr in ihren Bann zog. Sämtliche Stimmlagen im bekannten Schülerchor habe ich mitgemacht, später war ich mit meiner Geige dabei, die ich als Gastschüler am Augsburger Konservatorium spielen lernte. Dann die Feriengestaltung durch diese Schule! Mit Lehrern radelten wir damals schon vom Bodensee bis Kiel – das war für einen Dreizehn-, Vierzehnjährigen schon eine große Sache! Und beim Schuljahresbeginn hat dann unser Rektor P. Gregor vor den im Hof versammelten Schülern die Kartengrüße von Athen bis Schottland verlesen, die er von konkurrierenden Oberklässlern in den großen Ferien erhalten hat. Das war ein Hallooh!

Ab 1938 verdunkelte sich dann auch über diesem Benediktinergymnasium die Sonne mehr und mehr durch die aufziehenden Wolken der braunen Herrschaft.
Ich hatte unterdessen guten Kontakt zu der schuleigenen MC, jener traditionsreichen marianischen Studentenkongregation. Das waren gut geführte Gruppen an unserer Schule, den Nazis jedoch sehr bald ein kräftiger Dorn in ihrem Auge. Wir sollten zur HJ gehen, der Hitlerjugend, die sich nur sehr spärlich an unserer Schule entwickeln konnte. Auflösung und Verbot waren bei diesem totalitären Anspruch zwangsläufig. Ich hatte mich unterdessen zu der noch halbwegs in Sakristeien dahinvegetierenden spärlichen Pfarrjugend abgesetzt und wurde dadurch bald der Gestapo bekannt (mein persönliches Erkennungszeichen für diese Herrschaften war immer wieder: "der lange Blonde mit den krummen Haaren"). Vormittags während ich in der Schule war, hatte meine Mutter öfter einmal Besuch von diesen Herren: sie wollten bei ihren Durchsuchungen Adressenlisten und sonstiges verbotenes Material. Dies ging dann so weit, dass diese Herrn auch bei der militärischen Erfassungsbehörde auftauchten und dort in meine Personalien mit Rotstift den Vermerk "politisch nicht einwandfrei" eintrugen. Zum guten Glück war an dieser Stelle einer aus unseren Reihen tätig, der am Abend entsetzt über diesen Vermerk zu uns nach Hause kam – mein Vater war Gott sei Dank nicht anwesend – und meiner Mutter und mir erklärte, dass dieser Eintrag einem Himmelfahrtkom-

mando gleichkäme, sobald ich eingezogen würde. Das war ein Schrecken – aber auch der Mut dieses Informanten muss hier erwähnt werden: Er ließ sich nachts in diesem Wehrerfassungsamt einsperren, erneuerte sämtliche Unterlagen von mir mit Stempel und gefälschten Unterschriften – aber ohne diesen gefährlichen Gestapo-Eintrag. Mein Vater hätte dies nicht wissen dürfen. Er hatte selbst seine Schwierigkeiten mit der Gestapo. Wegen Unterstützung französischer Kriegsgefangener – jedoch nicht, wie sein Sohn, der sich zu sehr „für die Schwarzen" einsetzte, wofür mein Vater, außer im gemeinsamen Hass für die Nazis kaum ein größeres Verständnis aufgebracht hätte.

Auch sonst war diese Zeit für mich 16- bis 17-Jährigen natürlich gefährlich schön. Unvergesslich z. B. nächtliche Treffen mit dem später ermordeten bekannten Jesuiten P. Delp in einer versteckten Klosterzelle, wozu mich P. Gregor in absolutem Vertrauen eingeladen hatte. Oder nächtliche Treffs in der dunklen Krypta des Augsburger Doms mit Ludwig Wolker, dem von den Nazis verfolgten Prälaten der ehemaligen deutschen katholischen Jugend.
Das waren prägende Erlebnisse und sicher auch die ersten Samen für meine spätere Berufswahl. Das Neue Testament, insbesondere die Briefe des hl. Paulus, haben uns damals Kraft und Mut gegeben, gegen dieses gottlose und verlogene Regime in jugendlicher Gegnerschaft anzugehen.

* * *

Und es waren prägende Erlebnisse für jene discretio spirituum, jene Unterscheidung der Geister, von der Paulus spricht (1. Ko. 12,10), Jener „Mutter aller Tugenden", die uns aus der regula Benedicti in jenen Jahren ihrer noch erlaubten Tätigkeit von Patres eingeschärft wurde: diese discretio, diese Fähigkeit zur Unterscheidung – und auch Entscheidung, was sich in den kommenden Jahren immer mehr als eine Tugend zum Überleben erwiesen hat.

Die ersten weltlichen Lehrer kippten ab und wurden nach treuen Verehrern der Benediktiner plötzlich braune Parteigänger und Liebediener der neueingesetzten Nazi-Schulleitung.
Zweimal bekam ich von einem dieser Abtrünnigen Vierer und Fünfer für meinen Aufsatz, in dem nun die Taten des Führers zu beschreiben waren. Wie dann der 3. Jahresaufsatz wieder das gleiche Thema hatte, bekam ich „fürchterliche Bauchschmerzen", ging gekrümmt vor zum Pult dieses Schleimers und erklärte ihm, dass ich nicht mehr weitermachen kann und nach Hause möchte. Auf dem Heimweg begegnete ich meiner überraschten Mutter, die wissen wollte, warum ich nicht in der Schule sei. Wie ich es ihr erklärte, meinte sie nur, „Hast recht, Bub". (Übrigens – bei diesen Aufsatzthemen bekam ein Mitschüler immer die besten Noten, der schon damals mit Vorliebe die Leitartikel des „Völkischen Beobachters" gelesen hatte. Nach dem Krieg wurde er ein bekannter und anerkannter Journalist). Beim Aufsatzthema des folgenden Schuljahres war ich dann bei einem anderen Lehrer wieder „vorne dran". Es hieß: „Welche Rolle spielt die Kunst in meinem Leben". Ich lieferte die beste Arbeit ab – und war damit auch wieder in etwa „geheilt".
Gott sei Dank gab es auch weltliche Lehrkräfte nach diesem brutalen braunen Leitungswechsel, die viel Mut und gefährliche

Courage gezeigt haben. Beim Frühschoppen am Sonntag Vormittag war es dieser mutige Dr. Fries – sein Name soll hier in aller Hochachtung genannt sein, – der uns 14- bis 15-Jährigen im kleinen Kreis mit unterdrückter Stimme erklärte: „Haut ab, versucht euch ins Ausland abzusetzen, hier habt ihr nichts mehr zu erwarten". Solche Bemerkungen waren für einen Lehrer KZ-reif, und ich verwundere mich heute noch, welches Vertrauen dieser Lehrer in unsere Verschwiegenheit hatte.

Oder er fuhr mit uns nach München ins „Haus der Deutschen Kunst" zu einer dieser idiotischen Naziausstellungen mit ihrer „Blut- und Boden"-Kunst und dem scharfen Verbot, sog. „Entartete Kunst" an die Öffentlichkeit zu bringen. Dies hat Dr. Fries jedoch nicht abgehalten uns am nächsten Tag hinter verdunkelten Fenstern aus seiner großen Bildersammlung das zu zeigen, was er als moderne oder expressionistisch verbotene Kunst uns nahe zu bringen versuchte.

Und so schlitterten wir in diesen Schuljahren mehr und mehr in jenes Unheil eines Wahnsinn-Krieges, mit der ständigen Angst im Nacken, dass es über kurz oder lang auch uns treffen wird. Durch mein eigentliches, jedoch verbotenes, Umfeld war ich zu keinem normalen Schulbesuch mehr fähig. Von Lehrern wurde ich schikaniert und benachteiligt. Ich konnte mich nur immer wieder entsetzt verwundern, wie Mitschüler aus bieder bürgerlichen Familien ihren HJ-Dienst brav ableisteten und sich dann sogar noch freiwillig zum Militär meldeten – nur um das Abitur herumzukommen und vorzeitig dem Führer zu dienen.

Wahrlich, hier konnte man diese discretio spirituum, diese Unterscheidung der Geister in einer geradezu dramatischen Weise erfahren und lernen. Und vermutlich hat mich dies auch ein Leben lang geprägt.

*

Ein Erlebnis von erstaunlichem Mut muss ich hier doch noch erzählen. Als 17-Jähriger wurde ich – lang und blond – aufgefordert, mich „vormilitärisch" untersuchen zu lassen. Ich wurde gewarnt: "Sei vorsichtig, dies ist ein Ausleseverfahren, womit die Waffen-SS junge Leute für ihre Leibstandarte gewinnen und rekrutieren möchte". Wie ich dorthin komme – es war in einer Augsburger Turnhalle – sehe ich tatsächlich SS Leute an den verschiedenen Befragungs- und Untersuchungsplätzen. Und vielleicht dreißig Jugendliche in meinem Alter. Vorsicht! Ich stelle mich hinten an, um zu sehen, was sich hier abspielt. Ein bulliger SS-Offizier mit versoffener Visage kommt nach kurzer Zeit auf mich zu und fordert mich auf vorne anzustehen, die Personalien anzugeben und mich untersuchen zu lassen. Er will das Ergebnis abwarten. Nachdem seine Leute anscheinend festgestellt hatten, dass ich weder an Geist noch Körper größere Schäden aufweise, kam ich in die Mangel und Mühle dieses Bullen: Er könne mir ein großes Angebot machen; die Offizierslaufbahn bei der Leibstandarte Adolf Hitler. Das ist einmalig und er geht davon aus, dass ich dies mit Begeisterung annehmen werde. „Ja, das müsse ich mir doch überlegen und zumindest meine Eltern dazu befragen". „Die werden stolz sein" meinte er selbstverständlich. „Dein Vater ist doch sicher bei der Partei, was kann seinem Sohn Größeres passieren. Oder ist vielleicht dein Vater nicht bei der Partei?" Wo ich dies verneinte und er unterdessen bei mir offensichtlich auch keine größere Begeisterung feststellen konnte, wurde er doch misstrauisch und beauftragte einen jungen SS-ler, mir die Unterlagen zu einer Bewerbung zu geben. Der Bulle empfahl sich, verschwand aus der Turnhalle. Der junge SS-ler ließ sich erstaunlich viel Zeit, um die Bewerbungsunterlagen zusammenzuholen. Dann kam er auf mich zu – ich stand in meiner Turnhose wartend da – er kommt ganz nahe an mich heran und steckt – „so ein Depp", denke ich mir im gleichen Augenblick – mir vorne in die Turnhose dieses Bewerbungsmaterial hinein und flüstert – er bewegt dabei kaum die Lippen – „Mach nur das nicht“. Gerade dass ich noch meine Gesichtszüge unter Kontrolle hatte, antwortete ich ebenso leise „Da brauchst du dir keine Sorgen machen“.

Der Abiturient 1942

Das waren umwerfende Begegnungen, unvergessliche Erfahrungen in dieser perversen Zeit.
Das Abitur ist entsprechend ausgefallen, wir waren nur mehr wenige und 14 Tage später lagen wir irgendwo im Dreck eines Kasernenhofs. Ein „neuer Lebensabschnitt“ begann!

* * *

1940, in den großen Ferien wurden wir Augsburger Gymnasiasten in den Ernteeinsatz geschickt. Eine grausame Zeit für einen 16-jährigen „Humanisten“ der mit Füllhalter und Geigenbogen umzugehen verstand, jedoch nicht mit Mistgabeln und disteldurchsetzten Getreidegarben. In der schattenlosen Hitze des Lechfeldes, einer endlosen Ebene südlich von Augsburg, – zwischen stämmigen Knechten und zähen Mägden – das war für uns Studentlein schon recht grausam.

Aber – es kam für mich noch schockierender. Eines Vormittags kam der Bauer heraus aufs Feld und winkte mir schon von weitem mit einem Brief zu: eingeschrieben und mit Hakenkreuz im amtlichen Absender: Um Himmels willen – was ist jetzt passiert. Da ich in unserer Schulklasse einer der beiden Unverbesserlichen war, die – trotz Drohung und mancherlei Schikane – nicht bei der HJ waren, befürchtete ich Schlimmes. Anlass des Schreibens: Der Ernteeinsatz sei für mich beendet, in zwei Tagen habe ich mich mit meiner Geige in Sonthofen auf der berüchtigten Ordensburg zu melden. Ohne jeden weiteren Hinweis, was sie in diesem monströsen Nazibau auf einer protzigen Anhöhe über dem Illertal mit mir vorhätten. Lediglich die Aufforderung, meine Geige mitzubringen, ließ noch einige Hoffnung zu, dass das Ganze doch nicht so martialisch ausfällt, wie es die sonstigen Umstände befürchten ließen.

Schüchtern meldete ich mich bei der hochgesicherten Wache, legte meinen Einlieferungsbefehl vor, wurde in eine dieser beängstigenden Kasernenbauten verwiesen und sah mich einige Augenblicke später das erste Mal in meinem Leben in einer Naziuniform. Meine eigenen Kleider wurden „eingezogen“: Mit Breeches-Hosen, diese seitlich ausgebuchteten Idioten-Hosen, Braunhemd, Gürtel und Schnürstiefel – furchtbar.

Unterdessen hatte ich allerdings festgestellt, dass außer mir noch etliche Gleichaltrige mit ihren Musikinstrumenten angerückt waren und nach ersten Kontakten in den Vierpersonenzimmern mit Doppelstockbetten merkte ich bald, dass dies ebenfalls Schüler aus südbayrischen Gymnasien waren. Gott sei Dank, die schlimmsten Befürchtungen scheinen sich in ein Jugendorchester der Nazis aufzulösen. Was uns dann beim ersten Appell mit entsprechender Kommandostimme auch eröffnet wurde. Wir hätten bei Volkstänzen jugendlicher Volksdeutscher – oder wie man damals sagte „Beutedeutscher“ – aufzuspielen. Von Rumänien über Jugoslawien, Böhmerwald bis Lettland waren sie hier versammelt. Tagelang wurde geprobt und gespielt, bis es den „Blut- und Boden“-Kulturschaffenden in ihr Programm passte.

Zu gleicher Zeit in völliger Trennung – außer beim Festabend im großen Rittersaal, wo wir aufzuspielen hatten – zu gleicher Zeit fand in diesem weiten Burgareal eine streng geheime Schulung für Gau-Propaganda-Redner statt. Diese Herrschaften machten mich neugierig. In gespielter Orientierungslosigkeit „verirrte“ ich mich in deren Vortragssaal, während diese Oberbonzen ihn gerade zu einer Pause verließen. Ich hatte aber bereits festgestellt, dass am rückwärtigen Ende dieses Saals Manuskripte auflagen. Blitzschnell ließ ich eines dieser Exemplare in meiner Breecheshose verschwinden. Im nächsten Augenblick bekam ich bereits ein energisches Zeichen, den Raum sofort zu verlassen, weil ich hier nichts zu suchen hätte. Unschuldig fragte ich, wo der Eingang zum Rittersaal sei, wo eine Stellprobe für den heutigen Festabend mit den hohen Herrn stattfände. Vermutlich hat mein Zittern der gestrenge Herr als Schüchternheit des 16-jährigen Schülers gedeutet und nicht als Folge dieses höchstgefährlichen Diebstahls. Auf einem Clo habe ich dann die Hose mit diesem corpus delicti entleert und kam in ein noch größeres Entsetzen und Zittern, als ich hier schwarz auf weiß lesen konnte, was den Herrn Gau-Propaganda-Redner als Vorinformation erklärt wurde – ich weiß es heute noch ziemlich wörtlich: Nach der baldigen Endlösung der Judenfrage und nach dem siegreichen Ende des Krieges muss die katholische Kirche vernichtet werden.

Drei Tage später wurden wir Musikanten entlassen. Ich sehe mich heute noch zitternd auf dem Bahnsteig in Immenstadt, wo ich auf den Anschlusszug nach Augsburg wartete. Am nächsten Abend war ich schon heimlich im Augsburger Bischofspalais beim guten Bischof Kumpfmüller, der mich als einer der wenigen Getreuen gut kannte. Bei ihm habe ich unter meinem zivilen Hemd herausgezogen, was er aufmerksam lesen soll, gut verstecken und spätestens bei der nächsten Bischofskonferenz seinen Amtsbrüdern als „Zukunftsaussicht“ dann offenbaren kann. Es ist nicht auszuschließen, dass die deutschen Bischöfe 1940 vielleicht zum erstenmal schwarz auf weiß die Absichten dieses verbrecherischen Systems vor sich liegen hatten.

* * *

Der „neue Lebensabschnitt“ nach dem gestohlenen Hochgefühl eines Abiturienten begann Mai 1942 im Hof einer Kaufbeurer Luftwaffen-Kaserne. Die Grundausbildung eines Soldaten lernte ich hier kennen, was sich sehr bald recht günstig erwies. Einmal

Vereidigung

bekamen wir nämlich an einem Sonntag das noble Angebot, an einem Gottesdienst für Soldaten in der Kaufbeurer Pfarrkirche teilnehmen zu können. Die halbe Kompanie meldete sich natürlich zu dieser Möglichkeit, um den umzäunten Kasernenbereich zu verlassen. Nur keine Charge, nicht einmal ein Unteroffizier und schon gar nicht ein Kompaniechef meldete sich zur Führung des Haufens in die Kirche. Dies hat mich dann – das erste und einzige Mal – zu der ehrenden Verpflichtung gedrängt, vor den führerlosen Haufen hinzutreten und meine ersten Grundausbildungskenntnisse auszubreiten: „Alles hört auf mein Kommando“, schrie ich und kurz darauf führte ich die wohlgeformte Truppe durchs Kasernentor in die Kirche. Wie ich in gleicher Weise nach dem Gottesdienstbesuch mit den disziplinierten Marschierern wieder zurückkomme, vor den unterdessen wartenden Hauptmann hintrete und melde: „Kompanie vom Kirchgang vollzählig zurück“ da höre ich, wie er seinen „Spieß“, die berühmte „Mutter den Kompanie“ fragt: „Was ist denn das für ein Hanswurst“. Ich war beleidigt und grinste mir eines. Beim nächsten Vollzähligkeitsappell stand ich dann unter der meist besetzten Dusche, was zur Folge hatte, dass ich in meinem gereinigten Zustand den besagten Spieß brüllen hörte, wie ich es bis dato noch nie von einem Menschen vernommen hatte. Damit waren schon recht frühzeitig die „Fronten geklärt“.

Wir wurden dann zu einem kurzen Zwischenspiel nach Belfort verlegt. Hier wurden die Blöden – Schüler und Kaufleute – aussortiert und feldmarschmäßig mit unbekanntem Ziel in Viehwagen mit Stroheinlage wieder zurück, quer durch Süddeutschland, transportiert. Trotz strengstem Verbot konnte ich mich bei dieser Güterzug-Bummelei in Stuttgart schnell in eine Telefonzelle verdrücken, meine Eltern verständigen und die Möglichkeit ankünden, dass wir vielleicht die nächsten 24 Stunden nach Augsburg kämen. Diese nächtliche letzte Begegnung für eine lange völlig trostlose Zukunft vor dem offenen Viehwagen auf dem Augsburger Rangierbahnhof möchte ich nicht schildern. Eine nicht überbietbare Tristesse für meine Eltern und mich! Die mitgebrachten Rohrnudeln waren der einzige Trost der kommenden Tage.

In Belgrad sprang ich dann den Güterzug entlang und entdeckte an einem angekoppelten Wagen Athen als Zielbahnhof. Sollte es möglich sein, dass nicht Russland, sondern Griechenland das Ziel dieser zermürbenden Fahrt ist? Ich schöpfte Hoffnung. Und tatsächlich, es ging gen Süden und nicht zum Heldentod nach Osten. Auf dem Athener Bahnhof wurden wir dann auch „freudig erwartet“: Wie auf einem orientalischen Sklavenmarkt musterten uns zwei Dutzend uniformierte Händler und brachten uns, sortiert nach ihrer Wahl, zu ihren Einheiten in Griechenland. Ich landete bei einem kleinen Haufen direkt am Hafen von Piräus. Meine stärkste Erinnerung an diese Zeit: eine kleine Griechenkneipe direkt am Wasser, wo ich erste Versuche unternahm mit meinem klassischen Altgriechisch der Gymnasialzeit Kontakte mit den Einheimi-

Höchster Dienstgrad: Der Luftwaffenobergefreite

schen zu finden. Sie kugelten sich vor Lachen, verhalfen mir in ihre Volkssprache und wir wurden auf diese Weise schnell Freunde. Die andere schockierende Erinnerung sind hungernde Kinder und ein zweirädriger Karren, mit dem am Morgen die Leichen der Verhungerten eingesammelt wurden.

Ich konnte ein erstes Mal – und es ist wie ein Wunder: fast 60 weitere Jahre immer wieder – die Akropolis besuchen, schlich alleine auf dem Keramaikos herum, wurde von einem Offizier herbeigerufen, der mich lachend ansprach, dass ich vermutlich ein Abiturient eines humanistischen Gymnasiums sei, wenn ich schon so alleine hier herumschleiche. Dieser Herr – in Zivil neben ihm – ist der Leiter des archäologischen Instituts in Athen, ein griechischer Professor, und er selbst Direktor des Museums in Berlin. Ich könne mich ihnen anschließen, ich werde sicher mit seinem griechischen Kollegen eine interessante Führung erleben.

Im Frühjahr 1943 wurde ich dann nach Saloniki zur Stabskompanie einer Luftwaffeneinheit versetzt. Und damit begann eine für mich sehr interessante Zeit mit ganz intensiven Kontakten, die – man staune – bis zum heutigen Tag andauern.
Die Einheit war ein netter Haufen in einem großen Haus mitten in der Stadt. Unten am Eingang saß der U.v.D, der Unteroffizier vom Dienst, in den nächsten Etagen Dienst- und Wohnräume. In einer Viererbude haben wir uns schnell zusammengefunden: ein junger sportlicher Berliner, ein Danziger verheirateter Papa, ein Wiener Original und ich. Von solcher Mischung war der ganze Haufen. Der Spieß war ein glatzköpfiger „16-Ender“ (er hat sich als Berufsoldat zu 16 Dienstjahren verpflichtet), Kompaniechef ein „12-Ender“ im Rang eines Hauptmanns. Der eine dümmer als der andere. Verwaltungstätigkeiten hatte ich zu erledigen – so idiotisch wie nur möglich. Die angenehmsten Unterbrechungen neben zwei Flügen in den Heimaturlaub nach Augsburg, waren ansonsten dienstliche Flüge und Reisen nach Athen.

Bischof Kallinikos, Thessaloniki 1943

Das Aufregendste dieser Zeit jedoch passierte „außerdienstlich“: Ein heimlicher und verbotener Kontakt zum griechisch-orthodoxen Bischof von Saloniki und zur verbotenen Jugendorganisation dieser orthodoxen Kirche.
Wie kam ich dazu? Der deutsche Militärgeistliche und Standortpfarrer, den ich natürlich auch bei gelegentlichen Gottesdiensten kennen gelernt hatte, wusste von meinen Kenntnissen in der Kirchenmusik. Eines Tages kommt er mit den Noten einer lateinischen Messe für vierstimmigen Chor daher – ausgerechnet noch von dem mir persönlich bekannten Augsburger Komponisten Karl Kraft – und fragte mich, ob ich nicht

einen Chor für einen festlichen Ostergottesdienst zusammen brächte. Wie er sich das vorstellt: Männer und Frauenstimmen in Saloniki? Er sieht am Sonntag immer wieder einmal ältere Landser in der Kirche, ich soll sie doch einmal ansprechen, ob sie nicht singen können. Es waren biedere Westfalen, die zuhause auch im Chor gesungen hatten. Also los! Einen Übungsraum mit Harmonium fand ich in einem Haus französischer Missionare der kath. Ausländergemeinde in Saloniki.
Ich kam ganz gut zurecht mit diesen sangesfreudigen Männern – nur – wo soll ich denn die Frauenstimmen herbringen? Bei den stationierten deutschen Nachrichtenhelferinnen („Blitzmädchen“) konnte ich nur Kopfschütteln und ungläubiges Lachen ernten, wie ich mit meinem Ansuchen um Sopranistinnen und Altistinnen für einen Gottesdienst daherkam. Sie seien schon zu einigem in ihrem Leben aufgefordert worden – allerdings noch nie um in einem Gottesdienst zu singen, „du kleiner Irrer!“.

Aber ich wusste noch eine andere Adresse, um an die holde Weiblichkeit heran zu kommen. Mein ehemaliger Lehrer P. Gregor Lang hatte mir bei einem Heimaturlaub erzählt, dass an der deutschen Schule in Saloniki eine Augsburger Lehrerin tätig sei. Die musste ich ausfindig machen. Und tatsächlich, ein Fräulein mittleren Alters empfing mich – zuerst leicht misstrauisch zu meinem Wunsch, in eine Mädchenklasse mitgenommen zu werden. Erlaubt der Chef nicht. Ich entfaltete meinen Charme, bekam von ihr sogar Pfannkuchen in stinkendem Olivenöl und die Erlaubnis, am Nachmittag nach Schulschluss in ihre Klasse zu kommen. Sie werde den Mädchen erzählen, dass ein Soldat mit ihnen deutsche Volkslieder singen möchte. 8 Mädchen waren es, ein lustiges junges Volk zwischen 14 – 17 Jahren. Und ein Mordsspaß, wie ich ihnen mit einer Gitarre Moritaten, Volkslieder und viel Blödsinn aus dem berühmten „Kilometerstein“ nach meiner Erinnerung vorgesungen und gelernt habe. In der nächsten Nachmittagsstunde waren es dann schon 15 Mädchen und am Schluss gut dreißig schreiende, lachende, umtriebige Griechenmädchen mit mir in Uniform und Knobelbechern (hohe Militärstiefel) als umschwärmter „Star“ mittendrin.

Griechische Mädchenklasse

Nach der Augsburger Singschulmethode die Tonleitern und Dreiklänge rauf und runter, – für sie mit ihrer griechisch/türkischen Tonalität reichlich schwierig – aber wir schafften es. Ja, wir schafften sogar Teile der lateinischen Messe, für sie völlig neu und ungewohnt. Aber sie kamen eifrig und verlässlich – unterdessen auch in den Übungsraum der franz. Missionare.

Für Palmsonntag Nachmittag war die erste gemeinsame Probe mit den Männern angesetzt, die mich natürlich schon lange bedrängten, wann sie endlich einmal meine Sängerinnen erleben dürften?
Aber – Furchtbares kam dazwischen.
Einige Wochen zuvor konnte ich in Saloniki an einer Hochschulwoche teilnehmen, die von Grazer Professoren veranstaltet wurde. Zum Abschluss der übliche Kommers, näherhin ein wüstes Besäufnis mit Rezina und Uso, dem ich natürlich nicht gewachsen war. Ich war voll bis in die Ohren, ein guter Freund nahm mich mit in sein Hotel. „So kannst du nicht in dein Quartier zurück!“ Wie

ich am nächsten Vormittag mit reichlich Restalkohol in unserer Dienststelle eintreffe, war Rabatz vorprogrammiert! In der vergangen Nacht war erhöhter Alarm und wer fehlte – natürlich der Gefreite Fess. Für den glatzköpfigen Spieß, der diesen blöden Studenten mit seiner Uniwoche überhaupt nicht leiden konnte, ein willkommenes Fressen. So hörte ich wieder einmal einen brüllen mit der Androhung von mindestens einer Woche „Bau" wegen „unerlaubten Entfernens von der Truppe". Morgen müsse ich „mit Stahlhelm und umgeschnallt" beim Kompaniechef zur Urteilsverkündung antreten. Schon wie ich in das Dienstzimmer eintrete, hatte ich das Gefühl, dass zwischen dem Hauptmann und dem Stabsfeldwebel die Harmonie anscheinend nicht mehr so ganz stimmte. Ich wurde aufgefordert stramm zu stehen und das Urteil entgegenzunehmen. Der Chef verkündete feierlich stehend, dass ich zu „einem Tag gelinden Arrest" verdonnert sei. Der Spieß kochte, der Chef entließ mich aus dem Zimmer.
Warum dieses gnädige Urteil? Der Gute konnte schlecht anders urteilen, da er in seiner geistigen Begrenzung längst von mir abhängig war. Ich musste ihm heimlich seine Reden ausarbeiten, die er vor der Stabskompanie zu halten hatte – und bei Themen wie „Kultur und Geschichte der Griechen" war zur geistigen Überbrückung ein Redenschreiber nötig. Daher das unerwartet milde Strafmaß.

Der Spieß rächte sich: Am Palmsonntag des Jahres 1944, als ich mit den letzten Vorbereitungen zur nachmittäglichen ersten gemeinsamen Chorprobe intensiv beschäftigt war, erschien um 11 Uhr der UvD auf meiner Bude und verkündete feierlich, dass ich um 13 Uhr in den „Bau" einzuziehen hätte. Ich soll mich dafür fertig machen. Auweh – wie sag ich das meinen Lieben! Kein Mensch im ganzen Quartier hatte auch nur die geringsten Ahnungen von meinen „außerdienstlichen Umtrieben". Ich rannte zwei Straßen weiter zu meinem Organisten, erklärte ihm aufgeregt, dass bei mir etwas dazwischengekommen sei, er möge den Versammelten sagen, dass ich leider nicht kommen könne, wir treffen uns dann am Dienstag.

Und so wurde ich um 13 Uhr in den Bau abgeholt. Hitlers „mein Kampf" als erlaubte Lektüre hatte ich nicht, jedoch eine kleine Ausgabe der Evangelien, worüber der „Diensttuende" nur verständnislos den Kopf schütteln konnte. Und so wollte ich halt diesen Anfang der Karwoche 1944 als frommer Christ in der Zurückgezogenheit einer Einzelzelle bei Wasser und Brot und einem harten Bett beginnen.
Von wegen Stille! Das stacheldraht-vergitterte Fenster dieser kleinen Kammer ging auf einen Lichtschacht. Gegenüber war das Fenster des Treppenhauses. Ich hatte mich noch nicht lange auf meine Zurückgezogenheit eingerichtet, da hörte ich unten vom Eingang her ein Mädchengeschrei: „Wo ist Bruno!" und daraufhin ein hemmungsloses Fluchen des unterdessen neuangetretenen UvD's, des lieben Berliners aus unserer Bude. „Du verlogener Hund" schreit er zu mir herauf, „wenn wir abends ausgehen – (in eine Einrichtung mit entsprechenden Damen für deutsche Soldaten) dann bist du nie dabei und kaum sitzt du zwei Stunden im Bau, stürmen schon griechische Mädchen die Bude! Geh hinauf" sagte er zu der redegewandten 16-jährigen Katharina „im 3. Stock mach das Treppenfenster auf, dann siehst du deinen Bruno schon!" Um Himmelswillen – ich hab die ganze Unterhaltung mitbekommen, was wird jetzt passieren? Sie macht das Fenster auf, sieht mich hinter Stacheldraht und heult geradeheraus los. Unter ihrem Schluchzen höre ich nur immer wieder: „sie werden dich umbringen, sie werden dich umbringen!" Nur mit Mühe kann ich sie beruhigen, sage ihr, sie sollen am Dienstag Abend zahlreich kommen, bis dahin ist der ganze Spuk vorbei und ich werde ihnen

erzählen warum ich einen Tag hinter Stacheldraht musste. Sie beruhigt sich, geht zu den wartenden Freundinnen. Am Dienstag hatten wir die gemeinsame Probe und am Ostersonntag haben sie gesungen, dass es eine wahre Freude war. Viele griechische Eltern waren bei diesem lateinischen katholischen Gottesdienst zugegen und fest haben wir hernach unseren Erfolg gefeiert.

1972 Besuch aus Thessaloniki mit meiner Mutter in Rohrbach

(Es klingt unglaublich – aber genau in diesem Augenblick, wo ich 56 Jahre später diese Zeilen schreibe, klingelt das Telefon; Katharina ist am anderen Ende in Saloniki und erklärt mir, dass sie kommende Woche in München sein wird. Der Bischof der griechischen Gemeinde in München ist ein Verwandter von ihr und unterstützt die unterdessen 72-Jährige bei ihren Bemühungen um ein Kinderdorf.)

Die Eltern von Katharina waren es dann auch, die mich mit dem orthodoxen Bischof und der verbotenen Jungendorganisation bekannt machten. Unvergesslich, wenn ich auf verschlungenen Wegen, durch dunkle Gänge zu irgendeinem Treffpunkt mit diesen jungen Menschen geführt wurde, sie mich als adelphos, als ihr Bruder, in ihre verschworene Gemeinschaft aufnahmen, wir im Verborgenen griechische Feste feierten mit dem Wenigen, das diese Menschen überhaupt noch besaßen.

Und also dann dieser Kontakt bis zum heutigen Tag! Wo gibt es das sonst noch? Verständlich, dass Ökumene, dieses Bemühen um Gemeinsamkeiten mit anderen Christen für mich einen besondern Klang hat.

* * *

Im Juli 1944 wurde ich noch von Saloniki weg auf die Insel Kreta versetzt. Hoffnungslos – zum absehbaren Kriegsende noch so weit weg von zu Hause, von Eltern und Heimat!

20. Juli 1944 stand ich auf einem Flugplatz nördlich Athen bei unerträglicher Hitze unter dem Flügel einer alten JU 52. Aus einiger Entfernung rief mir einer zu: „Sie wollten Hitler ermorden", „und?" meine Gegenfrage. „Er ist durchgekommen". Ich darauf – völlig spontan und unbedacht: „Kann der Hund denn nicht verrecken". Der andere schaut mich entsetzt an und hat wohl nicht recht verstanden: „ Was hast du gesagt?" Vermutlich hat mir als Antwort der Hl. Geist eingegeben: „Ich meine ob der, der ihn umbringen wollte, denn nicht verrecken kann". Misstrauisch hörte sich der Andere meine Antwort an und vertrollte sich mit bösem Blick.

Ich kann und mag nun die folgenden Ereignisse nicht im Einzelnen schildern. Es sind Geschehnisse, die jahrelang und bis heute in den Alpträumen der Nächte auftauchten und die in diesem eigenartigen Phänomen namens „Erinnerung" am besten im hintersten Winkel der angeschlagenen Seele vergraben bleiben. Darum nur kurz und kursorisch: Im Oktober 44 kam ich bei einem abenteuerlichen Nachtflug wieder auf das Festland zurück, hinter dem vorgespannten offenen Eisenbahnwagen mit gefesselten Griechen nach Saloniki zu einem aufwühlenden Wiedersehen mit den dortigen Freunden. Der griechische Bischof wollte mich in ein Mönchsgewand stecken und mit einem Mönch und Esel in ein Kloster auf den Berg Athos schicken. „Du kommst nicht mehr nach Hause, von ausländischen Sendern

weiß ich, dass die Russen schon in Bulgarien eingedrungen sind, sie werden euch den Rückzug abschneiden.“ Furchtbare Entscheidungen für einen 21-Jährigen. Aber ich wollte heim, zu den Eltern, von denen ich seit Monaten nichts mehr gehört habe. Lediglich, dass sie im Februar 44 beim Bombenangriff auf Augsburg alles verloren hatten, wenn sie auch – meine Schwester mit brennenden Haaren – wenigstens lebend durchgekommen sind.
Das sind Dinge, die man heute fast nicht mehr erzählen kann, weil den Jüngeren hier vermutlich die Vorstellungskraft fehlt.

Aber ich wollte heim, riss mich los von allen, die mir in Saloniki lieb und teuer geworden waren – ins Wagnis und Chaos Richtung Norden. Auf Fahrzeugen noch über Nisch-Skoplie durch den heute so oft genannten Kosovo nach Albanien. Hier begann dann der Fußmarsch – nur mehr mit dem irren Drang Richtung Norden, Richtung Heimat. Pristina, Mitrovica, Montenegro mitten durch die verschneiten winterlichen Schwarzen Berge mit Resten einer dünnen Khakiuniform, die ich von Kreta noch anhatte. Nachts gefährdet von Partisanen, tags von englischen Bombern, die von Süditalien herüberkamen. Das Weihnachtsgebäck war Zucker, den ich aus einem brennenden LKW geholt hatte und über einem kleinen Kohlefeuer zum Candieren brachte. Es hat nach Dieselöl geschmeckt. Sarajewo – weiter Anfang Januar dann Zagreb. Hier durch eine stinkende Desinfektionsanlage, nachdem ich die Fingernägel voll Läuse hatte, wenn ich irgendwo kratzte.
Die Russen waren unterdessen vor Belgrad, die SS-Kettenhunde fingen zusammen, was immer unter den führungslosen Haufen einzufangen war. Ich hatte nicht die Absicht, jetzt, am offensichtlichen Kriegsende, für diese Henker noch den Heldentod zu sterben, konnte mich in einer abenteuerlichen Flucht durchschlagen und landete völlig erledigt – es ist für mich heute noch ein absolutes Wunder – Anfang Februar in Augsburg in den Armen meines verzweifelten Vaters. Er konnte mein plötzliches Auftauchen nach monatelangem Verschollensein fast nicht begreifen. Anschließend Lazarett, dann konnte ich Mutter und Schwester, die im Allgäu nach der Zerstörung von Hab und Gut evakuiert waren, noch besuchen.

Mein Vater auf den Trümmern des zerbombten Hauses (1944)

Im Allgäu nahmen mich dann kurze Zeit später die vorgerückten Franzosen in ihre Arme. Bei einem letzten Marsch ging es nach Lindau und von hier dichtgedrängt stehend auf einem LKW nach Straßburg und dann per offenen Kohlewagen an die Loire nach Orleans. Im August landete ich im Kriegsgefangenenseminar in Chartres.

(Nach einer fast zwanghaften morgendlichen Niederschrift dieser Zeilen im Jahre 2000 muss ich mich noch schnell aushilfsweise für die Sonntagspredigt in zwei

Gemeinden vorbereiten. Erfordert schon einige „Beweglichkeit“ sich von dieser Erinnerung wieder in die so total andere Gegenwart zu bringen. Die Leute werden nichts hören und nichts merken von meiner Erinnerung, aber sie sollen wenigstens etwas mitbekommen von einer Dankbarkeit, die wir wohl alle und immer wieder Gott gegenüber schulden. Und wenn sie dann von ihren Sorgen mir erzählen, dann hör ich aufmerksam zu, komme aber nur schlecht über den schweigenden Vergleich hinweg, dass ich in meinem Leben schon einmal „andere Sorgen“ hatte.)

* * *

Im Herbst 1945 gelang es dem damaligen Nuntius in Paris, Giuseppe Roncalli, ein erstes Mal, unser Lager in Chartres zu besuchen. Das war nicht leicht und die Franzosen verstanden es lange, diesen Besuch eines hohen ausländischen Diplomaten und Kirchenmanns zu verhindern. Ihre Hinderungsgründe waren verständlich: sie hatten Angst, der hohe Besucher könnte einiges über französische Kriegsgefangenenlager an die Öffentlichkeit bringen, was andere peinlich an die eben erst aufgelösten KZ’s erinnern könnte.

Aber – wie gesagt – im Herbst 45 durfte uns Roncalli dann ein erstes Mal im Lager besuchen. Dieser Auftritt ist mir unvergesslich.

Unser „Priesterseminar“ bestand aus einer ehemaligen Flugzeughalle und einigen wenigen Baracken für Küche, Krankenzimmer und franz. Lagerverwaltung. Der größte Teil der Lagerhalle bestand aus langen Reihen dreistöckiger Holzverschläge, in die wir wie Kaninchen hineinkriechen konnten. Ein weiterer abgetrennter Teil war der Hör- und Speisesaal mit langen wackligen Holzbänken und Tischen. An der Stirnseite ein Podium. Und der dritte abgetrennte Raum diente als „Hauskapelle“ für unsere Gottesdienste.

Ein weiteres „Gebäude“ auf dem Camp war die Latrine. Unter zivilisierten Zeitgenossen verbietet sich die nähere Schilderung dieser notwendigen Einrichtung.

Natürlich wurde vor dem hohen Besuch geschrubbt und gefegt. Betonboden – mit Grausen denke ich an den Winter auf ihm – Tische und Bänke sollten wenigstens sauber sein. Aber vor allem: Es wurde uns eingebläut, wie wir uns in Distanz gegenüber dem hohen ausländischen Gast „von der besten Seite“ zu zeigen hätten. Man merkte und spürte so richtig, wie peinlich es den Franzosen war, einem ausländischen Gast die Verhältnisse ihrer Kriegsgefangenenlager zeigen zu müssen. Einer aus unserer Schar – ein „Römer“, der schon vor dem Krieg einige Jahre in Rom studiert und die nötigen französischen Sprachkenntnisse hatte, wurde beauftragt eine Begrüßung in franz. Sprache schriftlich auszuarbeiten und der Lagerleitung zur Genehmigung vorzulegen. Eine andere Sprache, deutsch oder englisch, darf nicht verwendet werden. So standen wir leicht misstrauisch, rasiert und mit frisch geschnittenen Haaren in Reih und Glied bei unseren Holzbänken. Dass wir blass und ausgehungert waren, konnte Gott sei Dank zu diesem Anlass nicht übermalt werden.
Und da kam er nun am rückwärtigen Eingang herein – der hohe Besuch mit einem Tross grimmig dreinschauender Franzosen in ihren eleganten Uniformen und ihren steifen schwarzen Kopfbedeckungen. Und er – der Nuntius und spätere Papst: Kugelrund in schwarzem Talar, nach allen Seiten lachend, grüßend und winkend, gerade dass er in seinem südländischen Temperament uns geschreckten Gestalten nicht um den Hals gefallen ist. Die Franzosen drängten zum Podium.

Unvergesslich für mich nun diese skurrile Szenerie, die ein moderner Theaterregisseur nicht besser hinbrächte: Auf dem nackten Podium stand in der Mitte ein einziger Stuhl, den wir im letzten Augenblick für den hohen Gast in einem Winkel gefunden und mitten auf das Podium gestellt hatten. Dieser Stuhl hatte zu allem noch einen bedrohlichen Mangel: sein vierter Fuß war eine nur schnell angenagelte Holzlatte. Auf diesen Stuhl setzte sich nun also diese so gar nicht asketische Gestalt eines norditalienischen Bauern, misstrauisch lachend das Mobiliar betrachtend.

Ein unvergessliches Bild: da saß er nun, durch das Podium leicht erhöht über uns, die Unterarme auf seine Oberschenkel gestützt und mit seinem breiten menschenfreundlichen Gesicht lachend uns zugewandt. Der Gleiche, der einige Jahre später dann auf dem päpstlichen Thron saß – vielleicht lange nicht so vergnüglich wie bei uns damals, auf diesem wackligen Gestell im chartrenser Kriegsgefangenenlager. Hinter ihm auf diesem Podium – überaus dekorativ im Halbkreis – eine grimmig dreinschauende elegante Schar französischer Offiziere. Eine umwerfende Szenerie!

Und nun also die Begrüßung durch unseren Longinus, so der Spitzname dieses 1,98 m großen „Römers". Brav trug er seine zensierte franz. Rede vor, immer unter dem kritischen Blick der Franzosen und dem auf uns gerichteten lachenden Gesicht des Nuntius Roncalli.

Bis Longinus in gleichem Tonfall, in gleicher Ruhe einfach ins Lateinische überwechselte, und hier nun dem hohen Gast das erzählte, was auf dem Manuskript nicht zu lesen war über die tatsächlichen Verhältnisse in einem franz. Gefangenenlager. Ein empörter Blick der Offiziere Richtung Longinus, ein kurzes Staunen und gesteigertes Hinhören von Roncalli ohne die geforderte Contenance des Diplomaten zu verlieren. Ein Schauspiel sui generis – von wirklich besonderer Art!

Und die Reaktion? Lächelnd erwiderte Roncalli frei in franz. Sprache, um ebenso wie Longinus ohne jegliche Dramatik ins Lateinische überzuwechseln und uns jetzt zu sagen, was er uns Seminaristen und künftigen Priester eben sagen wollte: Wir sollen nicht mutlos werden. In Gebet und gegenseitiger Hilfe zusammenhalten. Er habe volles Vertrauen, dass wir nicht zu den Kriegsverbrechern gehören. Wir sollen die Gefangenschaft nehmen, wie er es aus seiner Kindheit von zuhause noch kennt: Wenn es der Mutter am Herd zuviel geworden ist mit dem Lärmen und Streiten der Kinder hinter ihr, dann hat sie sich nur kurz umgedreht und dem Nächstbesten eine schallende Ohrfeige – alapae – ich höre dieses Wort heute noch aus seinem Mund in lateinischer Sprache – verpasst, ob er nun der Schuldige bei diesen Streitereien war oder nicht. Und so sollen halt nun auch wir unseren traurigen Zustand nehmen, er werde sich weiterhin um uns kümmern und sorgen.

Er war dann immer wieder von Paris zu uns heraus ins Lager gekommen.

Später – als er Patriarch in Venedig und dann überraschend als Papst Johannes XXIII. (1958 –1963) dieses schwere Amt antreten musste, da hat er sich immer wieder gefreut und manche Verpflichtung schnell unterbrochen, wenn ihn ehemalige Chartrenser besuchten. Im vergangenen Jahr wurde Johannes der XXIII. selig gesprochen. Ein Mann auf dem Stuhl des Hl. Petrus, der die Liebe einer ganzen Menschheit hatte wie kein anderer in unserem Jahrhundert.

* * *

Von der Redaktion der „Münchner Kirchenzeitung" wurde ich um ein paar Erinnerungen zu „Weihnacht vor 50 Jahren" gebeten. Erschienen 24.12.1995

Weihnachten 1945 ist eine Perversion, weit weg für den heute 72-Jährigen. Zeitlich wie im gedanklichen Nachvollziehen. Hat man es verdrängt – wie man heute so gerne sagt –, weil ich nie davon an Stammtischen erzählte oder an den Jahrtagen der Alten Kameraden?

Sicher – an Weihnachten 1945 war es überstanden. Dieser Irre war krepiert, Krieg und Diktatur zu Ende. Man konnte wieder durchatmen, wieder hoffen.
Ein Jahr zuvor, in den Bergen Montenegros und um Sarajewo, da war alles noch hoffnungslos: Kommen wir durch, leben die Eltern noch, von denen man seit Monaten nichts mehr gehört hat, werden wir erfrieren, verhungern, von Partisanen gevierteilt? Jetzt, 1945, in diesen Montagehallen auf den Feldern vor Chartres, im Kriegsgefangenenseminar der Franzosen, da fing dieses Prinzip Hoffnung wieder langsam zu wachsen an, dieses Fremdwort seit vielen Jahren. Da gab es Menschen, Gleichaltrige, Jüngere und Ältere, die sogar ein Ziel kannten, eine Sehnsucht hatten, nach Gott, nach Frieden und Sinn.

Da gab es Post von zu Hause, einen liebenswerten Besuch aus Paris: einen päpstlichen Nuntius namens Roncalli, klein und unzeitgemäß rund unter uns ausgemergelten Gestalten. Aber er hatte lustige Augen, herzliche Worte, einen bezaubernden Charme, dieser spätere Johannes XXIII. Er brachte weihnachtlichen Glanz ins Lager, in unsere ziemlich schäbige Kapelle.
Eine Christmette nach vielen Jahren, Weihnachtslieder, gregorianischen Choral, den uns noch schnell Mönche aus Solesmes beigebracht hatten. Und zu der üblichen Tagesration von 100 Gramm Brot gab es zusätzlich zwei Scheiben, ein Stück Seife, ein paar Nüsse....

Ist dies alles 1995 eine Erinnerung wert? Wie gesagt – es ist weit weg – Gott sei Dank und sie werden von mir nichts darüber hören, die vielen Gottesdienstbesucher in der Dorfkirche, wenn wir heuer die Christmette miteinander feiern. Vielleicht ein bisschen Resonanz von dieser Vergangenheit ist bei mir drinnen, wenn ich ihnen dann etwas von Dankbarkeit, vom Frieden und der Freude erzähle.

Abbé Stock

1998 – zum 50. Todestag unseres hochverehrten Regens Abbé Franz Stock im französischen Kriegsgefangenenseminar trafen sich Staatspräsident Jacques Chirac und der ehemalige Bundeskanzler Helmut Kohl zu einem ehrenden Gedenkakt am Grab von Abbé Stock in Chartres. Über diese Begegnung wurde in den deutschen Medien ausführlich berichtet. Zu diesem Anlass habe ich folgende persönliche Erinnerungen an diesen außergewöhnlichen Priester dem „Pfaffenhofener Kurier“ (8.3.98) geschildert.

*

Im Juni 1945 kam ich in das Kriegsgefangenenlager in Orléans und fand hier Anschluss im dort kurz zuvor eingerichteten „Stacheldrahtseminar“. Es war eine furchtbare Zeit des Hungers, der Trostlosigkeit, vieler verständlicher Demütigungen unter dem Motiv der Revanche. Aber es war trotzdem eine Zeit, in der nach Diktatur und Krieg vielleicht doch wieder irgendwo Zukunft und schwache Hoffnung zu erwarten war. In dieser Verfassung einem Menschen wie Abbé Stock zu begegnen, Menschen zu finden, die in diesem Lager eine Perspektive ihres Lebens mit Gott sahen – das war beeindruckend für den jungen Abiturienten, der drei Jahre Krieg hinter sich hat.
Nur wenig sickerte anfangs durch über die jüngste furchtbare Vergangenheit unseres Seminarleiters, Regens Stock. Umso mehr und umso größer unsere Bewunderung für seine Selbstlosigkeit im Einsatz für uns. Sei es, um neben den 100 Gramm Brot Tagesration noch einen Apfel oder ein paar Krautköpfe zu ergattern, die das warme Wasser einer sogenannten Suppe durch einige Blätter „dicker“ machen sollten. Dabei teilte er mit uns all diese Trostlosigkeiten, obwohl er wahrlich nach seinem Einsatz für die zum Tod verurteilten Franzosen eine andere Behandlung verdient gehabt hätte. Nie hörte man von ihm ein Wort der Klage. In einem jämmerlichen Raum feierte er mit uns täglich

Grab von Abbé Stock in einer Kirche in Chartres.

die Liturgie, hielt Vorträge und geistliche Meditationen – im Nachhinein und aus der Sicht eines heutigen Wohlstandsbürgers völlig unerklärlich!

Ab August 1945 wurde die kleine Gruppe von ca. 150 Seminaristen nach Chartres verlegt. Hier waren wir Teil eines großen Gefangenencamps, wobei uns immer wieder erklärt wurde, dass wir in unserer abgesonderten Situation keine Privilegien zu erwarten hätten. Das Studium war mühsam, es fehlten – außer dem Enthusiasmus einiger mitgefangenen Professoren – nahezu alle Voraussetzungen. Was uns nicht fehlte, war Zeit und nochmals Zeit. Und hier stellte sich halt dann doch heraus, dass Geist und geistliches Bemühen mit der Zeit mehr anzufangen weiß, als wenn totale Apathie den Alltag eines Gefangenen prägt.

Abbé Stock war es dann auch, der in kleinen Schritten Organisation und Struktur dieses außergewöhnlichen Seminars beleben konnte. Es stellten sich freiwillig Professoren aus Deutschland zur Verfügung, hielten Vorlesungen vor der unterdessen auf mehrere Hundert angewachsenen Studentenzahl, brachten Bücher und Schreibmaterial. Mit Musik, Theater, literarischen Veranstaltungen suchten wir die Zeit zu überwinden, immer unter dem bemühten Protektorat von Abbé Franz Stock. Höhepunkte des Lagerlebens waren die Gottesdienste mit ihm, die in der Einfachheit der Lagerhalle zu einem großen Erlebnis wurden. Im Mai 1946 wurde ich – ausgehungert und abgemagert – aus diesem Kriegsgefangenenseminar in die Heimat entlassen.

Aus dieser Erinnerung heraus ist es für mich schon ein besonderes Ereignis, diesen Mann im 50. Jahr seines Todestages in dieser herausgehobenen Weise und an diesem Gedenken wieder erleben zu dürfen. Eine unvergessliche Begegnung in meinem Leben.

II. Teil

DAS LEBEN BEGINNT

1946 – 1956

Bis zum heutigen Tag bin ich mir nicht ganz sicher, welches Jahr die große Zäsur meines Lebens gebracht hat: war es 1945 oder 1946? War es das Jahr, in dem diese unselige Diktatur ihr grausames Ende nahm oder jenes Jahr, wo ich Stacheldraht und Gefangenenlager endgültig hinter mich brachte.
Ein Problem, das man heute nur mehr belächeln kann, weil es nicht mehr so wichtig ist, ob man seitdem 55 oder 56 Jahre in Freiheit leben darf.
Wichtig ist und war nur, dass man seitdem wieder durchatmen kann, dass dieses Prinzip Hoffnung wieder Geltung und Gültigkeit für ein Leben hatte. Dass es eine Zukunft mit einem Schimmer von Licht und Zuversicht gab.
Das Leben konnte beginnen.

Sehr zögerlich und bescheiden anfangs allerdings. Alles war kaputt, durch Bomben zerstört. Von den Schuhen bis zum Bett war alles irgendeine Mildtätigkeit von Verwandten und ersten Hilfsorganisationen. Der Hunger war ein alltäglicher Zustand, der Vater versuchte es mit einem Paket Nägeln und mäßigem Erfolg, um ein paar Eier und selbstgebackenes Brot bei Bauern zu bekommen. Geld war knapp und wertlos. In den Semesterferien ging ich arbeiten, da der Vater ja „keine Mark für mein Studium übrig hatte“. Die lieben Mitalumnen im Dillinger Priesterseminar, die großteils aus ländlichen und bäuerlichen Verhältnissen stammten, konnten sich kaum vorstellen, wie es um uns „Städter“ in diesen Jahren bis 1948 stand. Ein bekannter Augsburger Grossist für Kurzwaren hatte Erbarmen. Ich durfte in seinem Lager Knöpfe zählen und sortieren und wie die Frauen dann endlich dahinter kamen, dass ich Pfarrer werden wollte, ließen sie mich weibliche Dessous auszeichnen, damit ich auch hier „einige Erfahrungen sammeln konnte, die ich später vermutlich nicht mehr machen kann“.

Nach der Währungsreform war es noch schwerer einen Ferienjob zu bekommen. Hier war dann die Stadt gnädig und stellte mir eine Arbeitsbewilligung für ihre Friedhöfe aus. Dieser Wisch hat mir dann allerdings ungeahnte Türen, ja Grenzen geöffnet, weshalb ich fast pathetisch von einer Wende meines Lebens sprechen könnte.

Folgendes ist passiert:

Bruno Harder, der Diözesanjugendseelsorger und väterlicher Freund aus vergangenen harten Jahren, hatte mich zu einer ersten Konferenz für Dekanatsführer nach St. Ottilien eingeladen. Ich soll mit ihnen singen und musizieren und ihnen neue Lieder beibringen. Bei einer Diskussionsrunde beschwerten sich die zahlreich versammelten Jugendlichen aus der ganzen Diözese über die „untätigen Seminaristen aus Dillingen, die in den Ferien in ihren Dörfern hocken und sich nicht um die Jugend kümmern“.
Hier fühlte ich mich angesprochen, zog meine Arbeitsbewilligung für das Ausheben von Gräbern aus der Tasche, um mit dieser Tätigkeit Geld fürs kommende Semester zusammenzubekommen. Und die neuen 20 DM aufzubringen, die Rom von mir für die

Frau Oberin der Graubündner Dominikanerinnen

Dispens zur Priesterweihe verlangt, weil ich nicht reinrassig katholisch, sondern aus einer konfessionsverschiedenen Ehe komme. Dieser Diskussionsbeitrag hatte seine Wirkung! In der Pause kamen die beiden Verantwortlichen des Lindauer Dekanates zu mir und wollten wissen, welchen Betrag ich für das nächste Semester benötige. Ich nannte ihnen die Summe, worauf sie meinten, ich solle das Gräber-Ausschaufeln bleiben lassen und in den Ferien zu ihnen nach Lindau kommen, im Dekanat mit den Jugendlichen singen, musizieren und Gruppenstunden halten. Das wurde zu einer herrlichen Zeit. Lindau war ja damals ein einziges Schwarzhändlerpflaster. Ihre frischgeteerten Straßen sollen alle mit Schweizer Kaffee bezahlt worden sein. Jugendseelsorger war Willi Fehrenbacher und das katholische Zentrum für Schwarzhandel war eine Ilanzer Dominikanerin aus Graubünden, die alle Zöllner an der Österreichischen und Schweizer Grenze kannten. Es dauerte nicht lange, da war ich mit gefälschten Papieren in der Schweiz – Pässe waren damals noch eine Rarität – und habe mich vermutlich ein erstes Mal in meinem Leben mit Genüssen satt essen können, die mir bislang großteils überhaupt noch fremd waren. Und da der erste schwarze (klerikale) Anzug meines Lebens an mir hing wie an einem Kleiderständer, veranlasste die gute Schwester einen „Erholungsurlaub“ in einem Graubündner Krankenhaus, das von ihren Ordensschwestern geleitet wurde. Es dauerte nur wenige Tage, dass die besorgten Schwestern ihre gute Absicht vielleicht doch bedauert haben, mich in ihr Haus aufgenommen zu haben: eine Hungerdystrophie tobte sich an meinem Körper aus, Arzt wie Schwester standen total hilflos gegenüber, ein übles Exsudat verkrustete meinen edlen Leib, so dass sie mich wie einen Aussätzigen auf ihre Isolierstation brachten. Nach einigen Wochen war der Spuk vorbei, ich erholte mich langsam – aber die Schwestern hatten nun einen deutschen Priesteramtskandidaten (wie der schöne offizielle Ausdruck hier lautet), dem sie ihre Nächstenliebe aus wohlhabenden Verhältnissen immer wieder angedeihen ließen. Friedhofgräber als Ferienjob waren von mir nicht mehr gefragt!

Ja – und damit war dann auch ein Studieren, ein Vorbereiten auf meinen Beruf möglich – immer in dem Gefühl, nun endlich „durchgekommen" zu sein, in diese neue Welt von lang erhoffter Freiheit. Und dieser Sehnsucht nach Licht nach langem Dunkel.

Dass es auf diesem Weg natürlich auch noch einige Steine gab, sollen die nächsten Seiten erzählen.

* * *

In unserer Nachkriegs-Studien- und Seminarzeit in Dillingen war als Regens und Leiter des Priesterseminars Monsignore Johann Ev. Strobl tätig. Nach seiner eigenen Priesterweihe (1926) war er Kaplan in Kempten, 1930 – 32 dann zu einem weiterführenden Studium in kirchl. Rechtswissenschaften in Rom, nach seiner Rückkehr bischöfl. Sekretär in Augsburg (von daher auch sein Spitzname Bipo = Bischöfliche Polizei), 1936 gerade ein Jahr Pfarrer und ab 1937 bis 51 in der Leitung des Priesterseminars in Dillingen tätig. Hier hielt er dann im Hause Vorlesungen für Pastoral, jener Wissenschaft, die den jungen Seminaristen auf seine praktische Tätigkeit unter den Menschen vorbereiten sollte.
1946 traf ich ihn nach meiner Rückkehr aus Krieg und Gefangenschaft bei meiner Bewerbung zur Aufnahme ins Priesterseminar als dessen Leiter an. Strobl hat sich mit uns Kriegsheimkehrern schwer getan. Insbesondere, wenn sie aus Augsburg kamen und ihnen der Geruch von Knabenseminar oder sonstigen klerikalen Einrichtungen fehlte. Junge Leute, die über Nazizeit und Krieg zu diesem Entschluss kamen, waren Strobl

Bischof Freundorfer und Regens Strobl bei der Priesterweihe in Dillingen

suspekt. Das waren Voraussetzungen zu dieser vielzitierten „Berufung", die Strobl einfach fremd waren. – Umgekehrt taten auch wir uns mit ihm schwer bei seiner Enge, Verklemmtheit und Ängstlichkeit in der hohen Verantwortung seines Amtes. Er hat uns misstrauisch beobachtet, anderseits jedoch auch unser befreites Unbeschwertsein nach diesem vorausgegangenen Desaster bewundert, unsere Gradlinigkeit, Musizierfreudigkeit und mancherlei Klamauk – aber es war nicht seine Welt.

*

Dass ich nicht in seinen Rahmen passte, mag ein kleiner Vorgang zeigen. Bei einer seiner hausinternen Pastoralvorlesungen – für die wir ihn nur bedingt kompetent hielten – machte ein Hörer hinter meinem Rücken eine blöde Bemerkung, worauf ich lachend herausprustete. Strobl hob empört den Kopf, blickte mich tiefverletzt an, schloss sein Manuskript und verließ mit einer streng rügenden Bemerkung (die ich heute nicht mehr weiß) vorzeitig den Hörsaal. Alle – insbesondere die Konformisten und sonstige Fromme erstarrten, die Augsburger „Fremdlinge“ grinsten und so verließen auch wir den Raum. Ein Tag verging, ohne dass Strobl gesehen wurde, ein zweiter Tag verging. Weder bei den gemeinsamen Essenszeiten noch sonst irgendwie trat er in der Hausgemeinschaft auf. Ich wurde unterdessen von den Frommen wie ein Aussätziger gemieden, worauf ich über den Subregens eine Aussprache mit dem offenbar tief Verletzten erbat. Sie wurde mir gewährt. Ich sehe heute noch Strobl an seinem berühmten Stehpult mit den unzähligen, jedoch peinlich geordneten Notizzetteln (Skrupulanz pur). Kühl wurde ich von ihm empfangen. Mit dem bekannt leicht zischenden Lufteinzug durch die geschlossenen Zähne forderte er mich zu einer Entschuldigung auf. Ich erklärte ihm, dass mein Lachen nicht eine beleidigende Reaktion auf seine Ausführungen, sondern die Reaktion auf einen hinter mir blödelnden Hörer gewesen sei. Er erklärte mir darauf seine Zweifel über meine wirkliche Berufung zum Priestertum, worüber er sich nun über zwei Tage hinweg in ernsthafter Verantwortung viele sorgenvolle Gedanken gemacht habe. Damit hatte ich natürlich gerechnet und war deshalb mit einer Antwort nicht verlegen. Ich erklärte ihm, dass ich nun über Jahre hinweg in und aus extremsten Situationen heraus zu diesem Entschluss gekommen sei und nicht bereit bin, diesen Weg, für den er bei mir wohl nicht das richtige Verständnis aufbringe, verbauen zu lassen. Damit war der Fall für beide Seiten offen ausgesprochen. Strobl musste wohl über seinen eigenen Schatten springen, und ich konnte mein Studium an der Hochschule und im Priesterseminar fort-

1951 Priesterweihe in Dillingen

Unser Weihekurs 1950 zum Heiligen Jahr in Rom. Ganz links Prof. Schmid

setzen. Und zwar auf meine, oder besser gesagt, auf unsere Weise, wenn ich daran denke mit welchem Vertrauen und Verständnis wir Unartigen von unserem hochgeachteten neutestamentlichen Lehrer Prof. Schmid angenommen wurden. Im Hörsaal zu seinen Füßen und bei mancher Runde in einer dürftigen Dillinger Nachkriegskneipe haben wir sicher für unseren seelsorglichen Umgang mit den Menschen mehr mitbekommen als von den Pastoralvorlesungen unseres Regens (S.81).

Nach meiner Priesterweihe und nach den ersten Jahren meiner Tätigkeiten als Kaplan und Pfarrer wurde das Verhältnis zu Strobl, der unterdessen Domkapitular in Augsburg geworden war, immer besser. Viele ehemalige „Fromme" der Seminarzeit hatten sich längst als Versager und unbrauchbar für diese Nachkriegsgeneration erwiesen, während wir Unangepassten mit aufgekrempelten Ärmeln auf die Menschheit losgingen und jeder eben in seiner Art bemüht war, die Sache Gottes unter die Menschen zu bringen.

Hier muss zur Ehre unseres ehemaligen Regens Strobl allerdings auch gesagt sein, was er mir und anderen gegenüber immer wieder fast entschuldigend geäußert hat: dass er offensichtlich doch unsere ehrliche und direkte Art verkannt und sich von mancher angelegten Frömmigkeit hat täuschen lassen.

*

In diesem Zusammenhang möchte ich heute und an dieser Stelle doch noch etwas beichten, was für ältere Insider vermutlich überraschend und nicht ganz uninteressant ist.

Ich habe mir natürlich damals bei diesem Fall „Strobl" schon Gedanken gemacht, wieweit dieser Stil solch einer Seminarerziehung heute noch Sinn macht. Und so konnte ich es mir nicht verkneifen, bei einer zufälligen Begegnung mit dem damals allseits bekannten bischöflichen Sekretär Msgr. Kunstmann meine Bedenken über diese unzeitgemäße Seminarleitung vorzutragen. Es war bekannt, dass Kunstmann einen großen Einfluss auf Bischof Freundorfer hatte. „Welchen Vorschlag hätten Sie denn dann?" fragte mich Kunstmann steif in seiner leicht zynischen Art. „Ja – da gibt es einen Pfarrer in Augsburg, ich kenn ihn auch als Beichtvater, dem würde ich das Format und auch die Persönlichkeit zutrauen, junge Menschen auf dem Weg ins Priestertum zu begleiten" Kunstmann: „Rücken sie heraus mit dem Namen, nennen sie mir den Mann!" Ich darauf: „Ich könnte mir den derzeitigen Pfarrer von St. Max, Martin Achter für diese Aufgabe vorstellen". Kunstmann darauf in seinem kunstvollgepflegten Lachen („Sein Name sprach für Qualität") „Haha –was wollen Sie denn mit dem Achter. Wir beide sind Studienkollegen, sind durch diese Dillinger Bauernakademie gegangen, Achter war ja nicht einmal in Rom zum Studium, wie stellen Sie sich denn das vor!" Ich: „Was interessiert mich Rom, ich hätte Interesse, dass ein richtiges Mannsbild nach Dillingen ins Priesterseminar geschickt wird".

Bischofvikar Martin Achter

Msgr. Joseph Kunstmann

Ein halbes Jahr nach meiner Priesterweihe war Achter dann Regens in Dillingen und der gute Strobl wurde ins Domkapitel hinaufgelobt und durfte dort das bischöfliche Ehegericht verwalten.

„Da hat mich der Bischof ganz schön auf ein totes Gleis geschoben" erzählte mir Strobl später selbst einmal. Fazit:

Sollte ich an diesen ganzen damaligen Vorgängen eine Mitschuld haben, so hab ich es jetzt gebeichtet. Beide – Achter und Strobl – sind längst verstorben. Hoffentlich verzeihen sie mir.

* * *

Bischof Freundorfer hat sich – ähnlich wie Regens Strobl – mit einigen Augsburger Weihekandidaten schwer getan. Wenige

Wochen vor dem Weihetermin kam er nach Dillingen, um sich die Kandidaten in einem persönlichen Gespräch vorzunehmen.

Bei der ersten Begrüßung im Hof des Seminars hat er den leider viel zu früh verstorbenen Helmut Fleischmann und mich keines Blickes gewürdigt. Wir waren ratlos. Was hat der Bischof gegen uns? Die Frage konnten wir lösen, hatten wir doch im innersten Gremium einen lieben V-Mann: Subregens Bartholomäus Hebel, einen Kriegsheimkehrer, Priester und später höchster Prälat für die katholische Frauenbewegung in Deutschland. Auch er ist leider viel zu früh verstorben. Ihn fragten wir also, was für Gründe Bischof Freundorfer hat, uns in dieser Weise zu ignorieren. Halb lachend, halb besorgt erklärte er uns, dass Bischof Freundorfer anonyme Briefe mit bösem Inhalt über uns bekommen hätte, worauf ihm Zweifel und Misstrauen über unsere sog. Berufung und Würdigkeit für den Priesterberuf gekommen seien. Vermutlich, so Subregens Hebel, hat ein „älteres“ Mädchen – im weiteren Sinn eine Kriegerwitwe bei unseren dezimierten Jahrgängen – anonym an den Bischof geschrieben, dass wir nicht ausreichende zölibatäre Voraussetzungen in den geistlichen Beruf einbrächten. Worauf Helmut Fleischmann sofort ahnend reagierte und mir erklärte, dass er beim nächsten Wochenende in Augsburg ein Mädchen zum Tanzen einladen werde. Sie hat ihm dann auch an diesem Abend schluchzend gestanden, dass sie die anonyme Briefschreiberin an den Bischof gewesen sei. Der Bischof hat uns daraufhin mehr leid getan als dieses Mädchen.

Subregens Hebel

Subregens Hebel hat mir dann später auch von der Konferenz des Bischofs mit der Seminarleitung über die Entsendung der Neupriester in die einzelnen Pfarreien erzählt. Für manche Kandidaten ja ein wichtiger Vorgang, vor allem wenn sie nicht in einer Stadtpfarrei, sondern irgendwo in der Provinz landen. Bei mir hätte Bischof Freundorfer in dieser Runde verlangt, dass ich im letzten Nest der Diözese anzutreten hätte. Hier hätte sich sogar dann Regens Strobl für mich verwendet, dem ich es – wie oben geschildert – ja nicht gerade leicht mit mir gemacht hatte. „Das können Sie nicht machen, Exzellenz“, so soll er, nach Aus-

Auf dem Weg zum 1. Gottesdienst. Links Heimatpfarrer Fischer, rechts Primizprediger Gustav Wild, ein Freund aus der Kriegsgefangenschaft und drei fromme Primizbräutchen

kunft von Subregens Hebel, sich dem Bischof gegenüber geäußert haben „schließlich kommt Bruno Fess aus einer Stadt und hat vermutlich nur wenig Ahnung über eine Landseelsorge." „Ja – wo gibt es dann einen Posten, der ihn klein hält." „Penzberg bräuchte vertretungsweise eine Aushilfe, da der dortige Kaplan ernsthaft erkrankt ist und mit einem baldigen Wiedereinsatz nicht zu rechnen ist." „Gut – das ist genau der richtige Ort für Fess: eine schwierige Bergarbeiterstadt mit einem noch schwierigeren, kapläneverschleißenden, Ortspfarrer. Schicken wir ihn dorthin".

* *

Und so kam ich also schön brav per Bahn und mit einem Koffer am 16. Juli 1951 nach Penzberg. Ich war gewarnt vor diesem Pfarrer. Was mir allerdings dann begegnete, ging um einiges über diese Warnungen. Der Mann war ein hochgradiger Psychopath. Damit sag ich nichts Neues, nichts Ehrenrühriges, das war nicht nur orts- das war diözesanbekannt. Die Situation näher zu schildern, ist hier nicht der Platz und auch nicht meine Absicht – das Thema ist zu primitiv. Es dauerte nicht lange, da war ich mit ihm überworfen wie alle meine Vorgänger. Beim gemeinsamen Essen totale Funkstille. Wortlos ist man aneinander vorbeigegangen, dienstliche Anweisungen fand man auf einem Zettel vor.

Für einen Anfänger schon ein Hammer. Wo bleibt hier die Hochstimmung eines jungen Priesters, wo der Schwung und die Liebe zu seinem langersehnten Beruf. Sicher – ich hatte vier Kriegsjahre in einer Ausnahmesitu-

Primizsegen Pfingsten 1951, Augsburg St. Max

Penzberger Jugend. Zweiter v. l. Stephan Höpfinger, später Bonner Staatssekretär im Ministerium Blüm

ation hinter mir – aber kann es nun wirklich nicht friedlich weitergehen? So habe ich mich dann halt herumgeschlagen in diesem Penzberg, diesem Völkergemisch zusammengetrommelter Bergarbeiter aus ganz Europa. Unvergesslich die Berufschulstunden im Bergwerk, mit diesen Nachkriegsrabauken, den hungrigen Kindern in den Grundschulklassen. Ein Bub, den ich nach Weihnachten fragte, was das Christkind ihm gebracht hätte, antwortete strahlend mit deutscher Aussprache: „eine Orange". Und bei der Christmette, in der mich der Chef bei seinem Spezialritus nicht brauchen konnte, hab ich am Kirchenausgang Leute, die empört vorzeitig den Gottesdienst verließen, zu Diskussionen abgefangen. Verständlich – dass bei dieser allseits bekannten Situation die Kapläne immer wieder eine besondere Liebe und Aufmerksamkeit von seiten einfachster Leute erfahren durften. Und dann die Jugend in Penzberg! In kürzester Zeit hatte ich einen Chor beisammen, dazu Instrumentalisten. Unglaublich – ein 17-jähriges Mädchen spielte mir in einer einfachen Bergarbeiterwohnung den 1. Satz aus dem Tschaikowsky Violinkonzert vor, dass mir Hören und Sehen verging. Böhmen, Ungarn – alles war hier in Reinkultur vertreten!

Und durch die Nachkriegsparteien waren ebenso in Reinkultur die Kommunisten in Penzberg an der Spitze. Ich hatte die Ehre, dass ich zu ihrer Weihnachtsfeier eingeladen wurde. (Die alten Pfaffenfresser waren halt doch bayrisch katholische Kommunisten!) Ein Ungetüm von Bergmann, Hände wie Schaufeln, ein Schädel mit mächtigem Gebiss sehe ich heute noch an meiner Seite: weihnachtlich voll alkoholisiert legte er seine Pranke auf meine Schultern und forderte mich mit dem Maßkrug auf „sauf, Kaplan, du bist der gleiche arme Hund wie wir – du hast nichts zu melden gegenüber deinem Boss und wir sind auch die letzten Deppen für unsere Bergwerkskapitalisten".

Kurze Zeit später bekam ich einen Brief vom Generalvikar in Augsburg – im Sinne der „Welt" der Vorsitzende im bischöflichen Vorstand – ich soll mich gegen Ende Januar bei ihm melden, da ich versetzt werde. Die Penzberger Kommunisten haben davon erfahren und an den Bischof einen Brief geschrieben, er soll mich in Penzberg lassen, da sie sich mit mir unterhalten könnten usw. Wie ich dann nach Augsburg komme, wird mir dieser Brief unter die Nase gehalten und erklärt, dass so etwas ihnen auch noch nicht passiert sei, dass eine kommunistische Partei und ihr Bürgermeister sich für einen Kaplan einsetzen. Ich soll meine Habseligkeiten zusammenpacken und am 1. Februar meine neue Stelle in Pfaffenhofen antreten. „Ob ich noch einen Wunsch hätte", wurde ich gnädig am Schluss dieser Befehlsentgegennahme gefragt: „Ja, wenn ich schon einen Wunsch äußern darf, dann möge man doch künftig keinen Neupriester mehr nach Penzberg schicken. Bei schwachen Gestalten stelle ich mir diese Situation berufstötend vor". „So – ist schon recht", meinte herablassend der hohe Herr, „das müssen sie dann schon uns überlassen". Darauf wurde der jüngste Priester der Diözese nach Penzberg geschickt, der kurz zuvor seines jungen Alters wegen mit päpstlicher Dispens geweiht worden war. Er hat allerdings an seiner Seele keinen Schaden erlitten, wie er

Der Kaplan

alte Freunde. Offensichtlich hat auch er eingesehen, dass anonyme Briefe junger Damen nicht als einzige Kriterien zur Beurteilung künftiger Priester taugen.

* * *

Anfang Februar 1952 wurde ich nach Pfaffenhofen versetzt. Für einen Augsburger war Pfaffenhofen sehr weit weg, so dass ich schon sehr neugierig und aufgeregt war, welche ersten Eindrücke wohl hier über mich herfielen: Das war als erstes schon die Zufahrt von der Autobahnausfahrt Schweitenkirchen nach Pfaffenhofen: Was man sich heute schon fast nicht mehr vorstellen kann: die Straße war noch nicht asphaltiert, voller Schlaglöcher und Querrillen. Ein hilfsbereiter Penzberger Geschäftsmann, der mich

Der Chef, Geistlicher Rat Lorenz Grimm

mir später lachend erklärte. Er ist zum nächsten Arzt gegangen und hat ihm erklärt, dass er das Klima im Voralpenland nicht ertrage, worauf er mit ärztl. Attest nach einem kurzen Gastspiel diesen Ort wieder verlassen konnte.

So war also der seelsorgliche Anfang gemacht, nicht gerade erhebend aber immerhin mit einigen Erfolgserlebnissen, die zumindest meiner Herkunft und meinem Temperament entsprachen. Und bei Bischof Freundorfer waren die Reaktionen erstaunlich ähnlich, wie ich sie schon von Regens Strobl erzählt habe. Bei einer ersten Begegnung mit ihm anlässlich einer Firmung in Pfaffenhofen kam ich aus dem Staunen nicht heraus, wie der hohe Herr mich ständig nur mit dem Vornamen ansprach, als wären wir

mit meinen paar Habseligkeiten in seinem VW-Kombi nach Pfaffenhofen brachte, konnte bei diesem Straßenzustand nur den Kopf schütteln und meinte mitleidsvoll: „Mei, Herr Kaplan, wo sind sie hinversetzt worden. Da wärens besser in Penzberg geblieben."
Diese Straßenzustands-Ouvertüre war dann allerdings nicht typisch für diese Kleinstadt – im Gegenteil – sehr schnell durfte ich feststellen, dass hier doch ein Publikum ansässig ist, das offensichtlich noch Interesse an einem neuen Kaplan hat.

Das war gleich am nächsten Tag, am Tag des hl. Blasius mit dem traditionellen Blasiussegen. Ich soll mit meinen beiden Kerzen an den Seitenaltar gehen. Sofort bildete sich eine lange Reihe vor dem neuen Kaplan – als Letzter ein Herr mit Knebelbart und streng prüfenden Blick, ein kleines Kind auf dem Arm, etliche weitere hinter ihm, und abschließend offensichtlich die Mutter dieser Schar. Wie ich anschließend in der Sakristei den Chef, Pfarrer Grimm frage, was dies wohl für Leute gewesen seien, meinte er, „das war Georg Hipp mit seiner Familie, Hersteller von Kindernahrung und anderem. Eine Säule im katholischen Pfaffenhofen. Bei der nächsten Beerdigung als Beimesser werden sie weitere prominente Bürger kennen lernen, die beim Opfergang um uns herummarschieren, dann sofort aus der Kirche verschwinden und beim Pfaffl landen, wo sie sich für den Kirchenzug zum Friedhof mit frischen Weißwürsten stärken müssen", meinte der Chef.
Wo bin ich hier hingeraten?
Völlig fremde „Ritualien" für mich: Beimesser, Requiem mit Aufmarsch der trauernden Prominenten, Pfaffe, Weißwürste, Prozession durch die Stadt zum Friedhof – für meine eigene katholische Vergangenheit ein völliges Neuland.
„Aber lassen Sie sich nur Zeit, diese holledauer Sitten und Gebräuche werden Sie alle noch kennen lernen. Vorläufig gehen Sie eifrig zu den Kindern in die Schule und zu den Kranken ins Krankenhaus – da lernen Sie dann auch ein Stück Holledau an der Basis kennen". Stadtpfarrer Grimm, Bischöflich Geistlicher Rat, war ein achtenswerter Chef und eine Wohltat an Korrektheit nach meinen vorausgegangenen Erfahrungen in Penzberg.

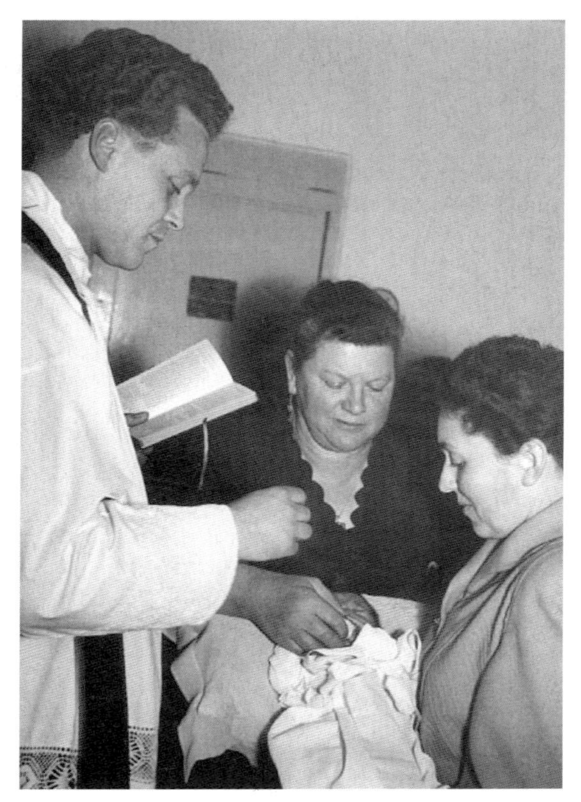

Kinder-Taufen. In der Mitte die bekannte ehem. Hebamme Frau Heckmeier

Leider strahlte er nicht gerade Menschfreundlichkeit aus, was bedauerlicherweise Pfaffenhofener an ihm auszusetzen hatten. Aber damit wurde man ihm sicher nicht gerecht. Bei näherem Kennenlernen bekam jeder, der ihm begegnete, sehr schnell einen anderen Eindruck. Er hatte Humor auf den Stockzähnen und ging zum Lachen sicher nicht in den Keller – man musste ihn nur mit seinen Themen auf den Fuß treten und schon war er mitten drin im Dozieren und Erzählen.

Als 1. Kaplan fungierte damals Michael Ullrich, ein Original und ein Type, die ein eigenes Kapitel erforderlich machen würde. Die älteren Pfaffenhofener erzählen sich heute noch eine Menge Geschichten über ihn.

Bei Tisch herrschte im Hause Grimm strenge Ordnung. Aufgestanden vom Essen wurde erst, wenn der Chef dazu das Zeichen gab und er seine Themen abgeschlossen hatte. Ullrich konnte dieses Ende meist nicht erwarten und wenn ich ihn ärgern wollte, wozu er mich bei seiner Art eigentlich ständig reizte, dann brauchte ich nur eine beiläufige Frage über den bayrischen Adel oder den 1. Weltkrieg am längst fälligen Ende der Tischgemeinschaft noch ins Gespräch bringen und schon verlängerte sich diese Runde der drei Geistlichen Herrn durch die klärenden Ausführungen ihres Chefs um eine weitere halbe Stunde. Blick und Reaktionen des 20 Jahre älteren und durchhaltend siezenden 1. Kaplans brauche ich nicht weiter zu schildern. Der Abschied von Ullrich mit Auto- und Motorradkorso nach Pörnbach ist unvergesslich. Und den Pörnbachern seine folgende Tätigkeit als Pfarrer in ihrer Gemeinde sicher ebenso. Eine herrliche Type in der reichen Vielfalt pfarrherrlicher Originale!

*

Arbeit gab es für einen Kaplan in Pfaffenhofen viel: Eine große Pfarrei mit vielen Schulen, so dass man in manchem Jahr auf 15 – 20 Wochenstunden kam, was für die sonstigen Tätigkeiten eine hohe Belastung war. Grund- und Hauptschulen, für Buben und Mädchen damals noch getrennt, dann Berufschule, Mittelschule, Landwirtschaftsschule und am Abend Gruppenstunden – da wusste man dann schon, was man geleistet hatte. Aber es war schön – und wenn ich heute als Ruheständler in Pfaffenhofen von grauhaarigen Herrn und älteren Damen an eine Schulstunde vor nun fast 50 Jahren erinnert werde, dann ist es Gott sei Dank doch meist eine gute Erinnerung.

Alte und Kranke besuchen. Das Ehepaar Stumm, die Schwiegereltern von Joseph Brückl

Bei der Vielzahl der Kinder und Begegnungen sicher eine der schwierigsten Anforderungen in meinem Beruf, hier immer und allen gerecht zu werden, kein falsches Wort auf die kritische Goldwaage zu legen. Ja oft ist es nur ein Blick oder eine unbedachte Handlung – und schon ist die Enttäuschung passiert, das Unglück für ein Leben lang in der Erinnerung festgehalten.

Das ist bei dem hohen Anspruch, den man an einen Priester und Pfarrer stellt, sehr belastend. Hier bin ich für jede Nachsicht, ja für jedes Verzeihen sehr dankbar.

*

Ein in etwa verzeihlicher Makel war mein schwäbischer Dialekt in dieser urbairischen Umgebung. Bis in den Beichtstuhl hinein

Segelflugzeuge segnen

wirkte sich dies nachteilig aus. Wenn ein alter Bauer mit Restbeständen von originalem Gebiss in den damals noch offenen barocken Beichtstuhl kam, mit seinem Hut als Schalldämpfer an der Seite und er denn durch das Gitter flüsterte, er habe „an diemoi sakramentiert, an diemoi d's Weib gschlagn, an diemoi zvui trunkn" dann war mir dieses Bekenntnis zumindest in der Zahl der begangen Sünden unverständlich. Wie ich ihn dann fragte, warum er dies alles „viermal" getan habe und er mir mit nun deutlich hörbarer Stimme erklärte „an diemoi, net viermal!" Trotz totalem Unverständnis hatte ich ihm die Absolution erteilt, worauf er kopfschüttelnd über die Ignoranz dieses jungen Beichtvaters den Ort seiner Bekenntnisse verließ.

In diesen sprachlichen Nöten half dann am besten der unvergessene Josef Brückl, seines Zeichens Grundschullehrer an der Knabenschule, 2. Bürgermeister, und neben vielen anderen Verpflichtungen auch Experte für bayerischen Dialekt. Wie ich ihm meine Nöte um die Vollständigkeit der Bekenntnisse durch meine geringen Sprachkenntnisse schildere, bricht er in ein dröhnendes Gelächter aus, so dass einige Kollegen in der Schule zu diesem offenbar überaus belustigenden Anlass herbeieilen, denen er dann dieses neuerliche Unglück darlegt, weil schon wieder so ein schwäbischer Kaplan vom Bischof in die Holledau geschickt wurde, der nicht einmal weiß, dass „an diemoi" „dann und wann, gelegentlich" heißt. Musste er sich doch neulich schon verwundern, wie ich verständnislos in seiner Klasse vor diesem zarten 8-jährigen Knäblein – dem einzigen umsorgten Kind eines sog. „Hauptplatzgrafen" – stand, und nicht begreifen konnte, was dieses Kind wollte, das schreiend mit aufgerissenen Augen vor sich auf das Pult verwies und immer nur stammeln konnte : „Rammen, Rammen". Bis die ganze Klasse (immerhin damals 45 Kinder) mir Schwaben schreiend und lachend erklärte: „Nosnrammen". Nur durch die nähere Inspektion des inkriminierten Pultes konnte ich feststellen, das dort ein gesunder, kleiner Rabauke dem Söhnchen eine kräftige Entleerung seiner Nasenhöhlen auf das Pult geklebt hatte, eben „Rammeln, Nasenrammeln".

Der Chef, GR Grimm, inspiziert meine Pfadfinder

*

Um nochmals auf die belastende Tätigkeit im Pfaffenhofener Beichtstuhl zurückzukommen: die Osterzeit in diesem engen Gehäuse, das war eine furchtbare Zeit. Stundenlang Frauenbeichttage, Männerbeichttage, Jugend usw. Der Chef hatte mich gewarnt, dass ich mich auf einiges gefasst machen könne. Sicher – wie ich zum erstenmal bei der Männerbeichte mit Herzklopfen in diese schwere Tätigkeit einsteige, da hat es noch

Und mit der Jugend Theaterspielen. (Kulissen von Sigi Braun)

in etwa friedlich ausgesehen: bei einem neugierigen Blick durch das Beichtgitter entdeckte ich auf jeder Seite zwei, drei Männer, dazu einige bei ihrer Gewissenserforschung in den Bänken. „Das schaff ich" dachte ich mir in meiner naiven Unwissenheit. „Diese wenigen sind auch für mich Anfänger zu bewältigen". Dachte ich. Nach drei Stunden im Beichtstuhl waren es immer wieder und immer nur wenige neue bußfertige Männer auf jeder Beichtstuhlseite. Ich war fertig und wollte anschließend vom Chef nur eines wissen: Wie diese Männer es machen, dass sie nie in langen Schlangen, sondern nur in dieser kleinen Dosierung schön andächtig anstehen: „Ach entschuldigen Sie", meinte darauf grinsend der Chef: „In Pfaffenhofen ist es Praxis, dass die Männer ihren Beichttag beim Pfaffelbräu beginnen, dort zusammensitzen, Kartenspielen, Brotzeit machen und über ihrem Maßkrug warten, bis die zuletzt absolvierten Sünder aus der Kirche herüberkommen und in der Gaststube laut verkünden: „jetzt können die Nächsten losziehen." So verteilt sich dies eben dann gleichmäßig auf unsere Beichtstühle!

III. Teil

ERFÜLLTES LEBEN

1956 – 1991

Ich weiß – ein bisschen vollmundig diese Überschrift vom „erfüllten Leben“.

Im Juni 2000 nahm ich ein erstes Mal in meinem Leben an einer Schiffsreise teil: Südnorwegen mit seinen Fjorden – ein weißer Fleck auf meiner persönlichen Reise-Landkarte. Dabei lernte ich via Fotoapparate ein älteres norddeutsches Ehepaar kennen. Interessante Leute. Später gab es einen kleinen Briefwechsel mit dem üblichen Fotoaustausch. Dabei legte ich zur „Offenbarung“ ihrer unbekannten Schiffsbekanntschaft einen Zeitungsbericht mit kurzer Vita anlässlich meines runden Geburtstages bei. Ihre telefonische Reaktion aus Kiel: „ein erfülltes Leben“.

Es war dies das erste Mal, dass ich von Außenstehenden diese Formulierung über mein Leben gehört habe. Natürlich bin ich darüber ins Sinnieren gekommen, wie weit ich dies selbst für mein Leben bestätigen kann.

Bis zum heutigen Tag habe ich einen hohen Respekt vor diesem neutestamentlichen Schlüsselwort, von „Fülle“ und „erfüllt sein“, „Die Zeit ist erfüllt“ heißt es mächtig und programmatisch am Anfang des Markus Evangeliums (Mk. 1,15) und bei Paulus heißt es gar (Eph. 3,19) „damit ihr mit der ganze Fülle Gottes erfüllt werdet“.
Also, Vorsicht und den Mund nicht zu voll nehmen!
Aber ich lass es nun doch dabei und will versuchen mit den folgenden Seiten in „aller Schwachheit“ aufzuzeigen, dass dieses Leben zumindest in der Fülle Gottes gut aufgehoben war. „Bemüht euch um die Gaben des Geistes“ so schreibt Paulus an die Korinther (1. Ko. 14.12) „so trachtet danach, dass ihr die Gemeinde erbaut und alles in Fülle habt.“
Vielleicht gelingt es mit meinem eingangs zitierten Leitspruch: „Froh lasst uns trinken die nüchterne Trunkenheit des Geistes.“

*

Diesen Teil über meine Tätigkeit als Pfarrer in Rohrbach von 1956 – 1991 möchte ich nun nicht in streng zeitlicher Abfolge oder gar in der Form eines Tagebuches darstellen. Es sind lose zusammengestellte Erzählungen über ganz verschiedene Begegnungen und kleine Ereignisse. Sie sollen zur Atmosphäre und zum Stil meines Arbeitens einiges beitragen und aussagen.

Dies wird dann – so hoffe ich doch – sehr deutlich werden in der oberhirtlich geforder-

Tabernakel Ansicht. Goldschmiedearbeit von Hermann Jünger 1960

ten Begründung und Rechtfertigung über das Fehlen eines Pfarrgemeinderates in meinen drei Pfarreien, bzw. sechs Dörfern. Und konkret wird dieser Stil im Umgang mit meinen Lieben dann sicher jedem Interessierten Leser deutlich bei der Lektüre der beigefügten „Rohrbacher Kirchenzettel". Ich wünsche dazu ein kritisches Vergnügen!

*

Bei den starken manipulativen Einflüssen durch die Medien heute hat der alte Satz vergangener Jahrhunderte sicher kein allzu großes Gewicht mehr, wenn es da geheißen hat: „parochus forma gregis" „ der Pfarrer gibt seiner Gemeinde (Herde) Form und Gepräge". Aber – wenn ich heute als Ruheständler nach zehn Jahren seelsorglicher Aushilfe in vielen Gemeinden sehe, was hier „so alles läuft", dann darf ich vergleichsweise doch wohl sagen, dass ich in diesen 35 Jahren meiner Tätigkeit in Rohrbach einiges bewirkt habe. Die Beurteilung von Umfang und Qualität dieser „Prägung" überlasse ich dann gerne anderen Betrachtern und kritischen Beobachtern.

Aufzeichnungen
von einem Heimatabend beim Alten Wirt in Rohrbach und meinem erzählten Beitrag dazu. (1995)

Der erste Eindruck. Ja, alles war fürchterlich beeindruckend gwesn, weil mir Rohrbach, und überhaupt ländliche Verhältnisse völlig fremd waren. Ich bin in der Stadt aufgewachsen, war in Pfaffenhofen Kaplan. A bisschen war ich informiert durch meinen hochverehrten Vorgänger, der so plötzlich und so jung mit 43 Jahren verstorben ist, Pfarrer Fehrenbacher.

Vor allen Dingen hab ich eines gwusst, dass natürlich ein Kirchenbau anstünde, so dass für mich das schon eine Zitterpartie war, hierher nach Rohrbach zu kommen. Aber das geht vermutlich jedem Pfarrer gleich, der in eine unbekannte Gemeinde kommt.

Ich hab wunderbare Hilfen ghabt. Das war vor allem Herr Johann Thalmeier, oder wie er allgemein nur mit seinem Hausnamen bekannt war: der Bickelschneider Hans. 1956 bin ich hierher gekommen und nach der Glimmer-Hochzeit hat der Bickelschneider seinen Dienst als Mesner angetreten. Er hat mir viel gholfen, vor allen Dingen mit meinen Sprachschwierigkeiten. Als Schwab is des natürlich ein besonderer Mangel, aber bitte, die Holledauer bringen keine Pfarrer raus, und dann müssen halt die Schwaben zum Missionieren rüber kommen, damit's hier ned ganz vom Glauben abfallen. Da hat mir der Bickelschneider also viel geholfen und Tipps und Ratschläge gegeben, aber oftmals hab ich es ned ganz verstanden.

Mesner Hans Thalmeier

Zum Beispiel am ersten Sonntag, wo er tätig war, in der alten Kirche. Da war ich natürlich selber auch fürchterlich aufgregt gwesn. Wie er nämlich wieder vom Altar in die kleine Sakristei zurückkommt und sagt: „Herr Pfarrer, jetzt hob i ent und rent scheed zwoa Kerzn okennt“ hab ich kein Wort verstanden, i hab bloß gmerkt, dass er fürchterlich aufgeregt gewesen is und hab gsagt: „Is scho recht, dann.“ Aber i hab ned gwusst, um was es gegangen ist. (Für Nichtkundige meinte der Bickelschneider Hans „Rechts und links habe er nur zwei Kerzen angezündet“)

Eines Tages kommt er daher und fragt, warum i denn ned an Seelenbeschrieb verkündt. Hab i gsagt: “Was soll i verkünden? An Seelenbeschrieb?“ „Fürchterlich, also die jungen Pfarrer, die aus der Stadt komma, de wissen ned amal was a Seelenbeschrieb is. Ja, die Bäuerinnen warten doch drauf, dass sie ihre Eier abliefern, s'Gräucherte und die Beichtzettel bringen“ hat der Mesner gmeint. Nun hab i mi also von ihm aufklären lassen, wie es früher so war. Der Pfarrer hat eine Liste ghabt von den einzelnen Häusern, wie viel Leut' da drauf waren. Der alte Bauer, die Jungen, die Kinder bis zum Knecht und für jeden Hof wurde nach einem bestimmten Modus und je nach Größenverhältnissen berechnet, wie viele Eier man abliefern musste, und da sind also dann die Bäuerinnen dahergekommen, des war noch im alten Pfarrhof in Waal und haben also erwartet, dass ich kontrolliere, ob alle gebeichtet haben, ob sie die nötige Zahl von Beichtzetteln ghabt haben, je nachdem was auf der Liste draufgestanden ist. Dann haben sie mir die Eier und des Gräucherte abgeliefert.
Mir is dann später vom lieben Pfarrer Burger in Hög, der hat da diese Sachen natürlich sehr gut gekannt, gesagt worden, da hät's Kollegen gegeben, die genau kontrolliert hätten. Mir is des dann im zweiten Jahr zu dumm worden, und hab gsagt, dass i des

nimmer mach. I war doch ned dafür da, dass i de Beichtzettl kontrollier. So hab ich dann halt im nächsten oder übernächsten Jahr verkündet: „Also liabe Leut, des lass ma bleiben, mit dene Beichtzettelkontrollen, aber des was halt zusätzlich noch dabei war, des könnte man so weiterpflegen.“ Und des is ja des nette, dass das teilweise bis zum heutigen Tag passiert, dieser schöne Brauch, dass also die Beichtzettel nicht mehr kontrolliert werden, aber wenigstens das was noch drum rum ist – das gibt es immer noch.

Ich möchte vom Bickelschneider noch was erzählen. In de 60er Jahr hab i dann die Idee ghabt, man muss a bisserl a Kultur nach Rohrbach reinbringen und hab dann gebrauchte Klaviere zusammengekauft für manche Häuser – unter anderem beim Bickelschneider. Da warn noch die beiden Nachzügler, s’Fannerl und d’Traudl. Und eines Tages hab i dem Bickelschneider erklärt: „Horch, eure beiden Kinder werden jetzt Klavier lernen.“ Der hat also bloß den Kopf gschüttelt, wia ma von so am Bauern so an Blödsinn verlangen will. Also wenn i dran denk, der Bickelschneider, des war für mich der Inbegriff an Kraft und der hat Finger ghabt, die haben – entschuldigens – mehr an Regensburger erinnert als an Finger. Ich hab mi da weiter auf keine Diskussion eingelassen, hab gsagt, dass i ein Klavier gfunden hab und wir würden es morgen Abend in Pfaffenhofen droben abholen. Der hat sich sicherlich gedacht, der unverschämte Kerl fragt gar ned weiter nach meinem Einverständnis. Ich hab gsagt: „An Karren hab i vom Müller Mich’ kriegt und Bandl zum Tragen nimm i auch mit.“ Er soll schaun, dass er noch zwei Mannsbilder herbringt, die dann des Klavier transportieren können. Des is alles gegen den Charakter und des Empfinden vom Bickelschneider gegangen, dass er noch zwei andere holen soll. Der tragt doch des Klavier selber runter. I hab gwusst, dass es in Pfaffenhofen im 2. Stock droben war. Aber er hat gsagt: „Die Bandl könnt ma daheim lassn.“ I hab natürlich alles besorgt, dann sind ma losgfahrn. Da haben wir uns über eine enge Treppe plagn müssn, und erst wo der Bickelschneider festgestellt hat, dass so a Klavier ja schwarer als a Sau is, dann hat’s passt.

Ich kann mir nicht verkneifen, einen rührenden Abschluss dazu noch zu erzählen. Der Bickelschneider war ein sehr bescheidener Mann und i hab also gwusst, dass er sich lediglich am Sonntag beim Wirt eine Zigarre leistet, sonst die Woche über hat er sich das nicht gegönnt und hat gespart. Die beiden Mädchen haben fleißig am Klavier geübt und ganz nette Fortschritte gemacht. Sie haben mir verraten, nach zwei, drei Monaten, wär da Pap’ dann am Sonntag Mittag, nach dem Mittagessen dahergekommen und hat gsagt: „So, und jetzt spielt’s mia wieder vor, was ihr glernt habt.“ Und da hat er sich dann ganz genüsslich aufs Kanapee gsetzt, bevor er

zum Wirt gangen ist, hat sich sei Zigarre angezündet und hat sich von seinen Töchtern vorspielen lassen was sie die Woche gelernt haben, und is dann absolut zufrieden vor zum Wirt gegangen.
1965 haben sie den Bickelschneider Hans, draußen auf seinem Acker tot unter dem umgestürzten Traktor gefunden. R.i.P.

* * *

1956 kam ich als junger Pfarrer nach Rohrbach. Ins „alte“ Pfarrhaus bin ich damals eingezogen, in dieses drei Jahre zuvor erbaute Haus mit dem Garten gegenüber der Schloss-Rückseite. Und 1957 hab ich dann mit den ersten Planungen für einen Kirchenneubau begonnen.
Diese Planungen haben zuerst einmal hauptsächlich darin bestanden, einen geeigneten Baugrund für die künftige Kirche zu finden. Sehr schwierig bei den damaligen vorherrschenden Überlegungen auf Seiten der Kirchenverwaltung, der Ortsbewohner und insbesondere bei den Vorstellungen des alten Herrn von Koch, Landrat und Mitglied

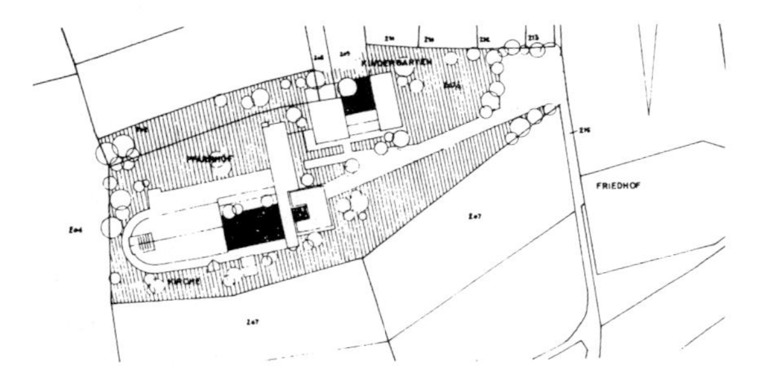

der Rohrbacher Kirchenverwaltung. So bin ich manche Nacht heimlich herumgeschlichen, damit mich die Leute ja nicht bei meiner Suche nach einem möglichen Bauplatz sehen und entdecken könnten. Heute kann ich es ja verraten, dass ich in warmen Sommernächten 1957 manche Stunde oben in der Schönauer Wiese gelegen bin und mir vorzustellen versuchte, wie man hier vielleicht eine Kirche auf dieser Anhöhe erbauen könnte ....

Spatenstich 1959

Darüber habe ich dann auch nach Augsburg, meiner vorgesetzten Behörde berichtet. Von maßgeblichen Herren dieser Stelle wollte ich zuerst einmal hören, ob sie mit dieser Lage für die neue Kirche überhaupt einverstanden wären.
Ergebnis: unangemeldet und völlig überraschend stehen an einem Nachmittag zwei stattliche Herrn an der Pfarrhaustür. Umwerfend für mich und vorstellen brauchten sie sich auch nicht. Es waren die beiden „absoluten Spitzen“ des bischöflichen Ordinariats, die das Sagen und vor allem, das Geld hatten: Generalvikar Dr. Vierbach und der noch mehr gefürchtete Finanzdirektor Prälat Rampp.
Wenigstens pro forma haben sie sich entschuldigt, weil sie so unangemeldet hier vorbeikämen, um die vorgesehene Situation für eine neue Kirche zu begutachten. Sie kämen gerade von einer dienstlichen Verpflichtung aus Manching und wären an meinem vorgesehenen Baugrundstück interessiert. Meine erste Reaktion dagegen: ob ich sie anschließend zum Kaffee hier im Pfarrhaus einladen dürfe? Nun war das Erstaunen über meine spontane Einladung auf ihrer Seite, worauf sich Prälat Rampp in seiner bekannt ruppigen Art nicht die Bemerkung verkneifen wollte: „Geben Sie doch nicht so an“ polterte er in seinem schwäbischen Bass los „das wäre das erste Mal, dass ich in einem Pfarrhaus

einen anständigen Kaffee bekomme!“ Worauf der Generalvikar mild seinen hohen Mitbruder glaubte besänftigen zu müssen: “Nun sei doch nicht so hässlich mit dem jungen Herrn, wir schauen uns das vorgesehene Grundstück an und dann fahren wir weiter.“ Das war nun genau ein Fall für mich.

Die Blank Leni

Ich hatte damals aushilfsweise ein altes Fräulein aus dem Pfaffenhofener Altenheim hier im Pfarrhaus. Die Blank Leni. Den Älteren in Rohrbach noch eine liebe Erinnerung. Sie war eine Type: Nach Aussehen und Auftreten hatte man bei ihr den Eindruck, dass sie nicht auf Drei zählen kann, aber – in ihrem haushälterischen Können war sie raffiniert und überaus gewandt. Sie hatte ein Leben lang in guten Privathäusern gearbeitet und kannte sich folglich aus, wie man mit solchen Herrschaften umgeht. Ein Blick und ein leises Zischen genügte: „Bitte – in einer halben Stunde steht ein weiß gedeckter Kaffeetisch mit Blumen im Esszimmer und dazu ein Kaffee, der den hohen Herrn die Augen verdreht!“

So war’s dann auch:

Die Herren haben nicht nur über den erwünschten Bauplatz über dem Ilmtal gestaunt, sondern auch über Stil und Kaffee im Pfarrhaus dieses jungen Herrn. Ich bekam die Erlaubnis – und natürlich jetzt auch das Geld – um mit den Grundstücksbesitzern in Verhandlungen zu treten und für einen möglichst günstigen Preis das Grundstück zu erwerben. Und zum Kaffee hat sogar der kritische Finanzprälat ehrlich bekannt, dass er solche Qualität schon lange nicht mehr bekommen habe. Er trinke sonst gerne seinen Nachmittagskaffee im Dasinger Rasthaus, wo er dann im angrenzenden Wald meist eine Stunde spazieren gehe und sein Brevier bete. Er war einer dieser Typen, die um 6 Uhr früh in ihrem Büro sitzen und um 22 Uhr dann das Licht löschen, die Arbeit am liebsten allein erledigen und nicht verstehen konnten, dass Büroleute erst um 8 Uhr kommen und um halb 5 schon wieder nach Hause wollen.

Spätestens bei der Verabschiedung der beiden Herrn wusste ich dann, dass der 1. Akt in diesem zu erwartenden Theater gut verlaufen war, – auch dank meiner exzellenten Blank Leni!

Finanzdirektor Rampp bei der Grundsteinlegung, Dezember 1959

Die Planungen mit Herrn v. Branca im folgenden Jahr sind dann allerdings „leicht ausgeufert". Größe und architektonisches Format, Bauprogramm mit neuem Pfarrhaus und anfangs sogar mit vorgesehenem Kindergarten gingen schon weit über das Maß sonstiger Bauvorhaben. Und dies alles für Rohrbach?
Den Bischof – Letztinstanz ! – bekam ich hier verhältnismäßig leicht auf meine großspurigen Absichten. Ihm erzählte ich immer wieder, dass wir in Rohrbach an der Grenze zu drei weiteren Diözesen liegen: zu München, Regensburg und Eichstätt. Gegenüber diesen Nachbarn möchte ich mich doch nicht mit einer mickrigen Baumaßnahme lächerlich machen. (Schließlich sind auch Bischöfe Menschen, die immer wieder einmal unter Ehrgeiz und Konkurrenzgefühlen leiden). Außerdem wusste ich, dass Bischof Freundorfer damals das Referat „Bauen" innerhalb der deutschen Bischofskonferenz leitete. Hier war es dann wirklich keine allzu große Mühe, Seiner Exzellenz die überdimensionalen Absichten schmackhaft zu machen.

Architekt Alexander von Branca

Schwieriger schon bei meinem Finanzprälaten Rampp, diesem knurrenden 1,90 Meter Potentaten. Wie komme ich bei ihm zu Geld, das immer mehr erforderlich wurde und ich mir von ihm einige dicke Rüffel über meinen Größenwahn einstecken musste.

Hier sind mir zwei Dinge sehr entgegenkommen: Einmal – dass ich damals noch geraucht habe, was bei diesem starken Raucher sehr positiv „zu Buche" geschlagen hat. So erinnere ich mich, wie ich einmal Geldbettelnderweise in seinem Amtszimmer in Augsburg gesessen war, er sich in seinem verrauchten Zimmer eine Zigarette angezündet hat, worauf ich ganz schüchtern ihn fragte, ob ich hier auch rauchen dürfe. Worauf er mir erfreut und fast kollegial eine Zigarette angeboten hat. Wie ich ihm dann erklärte, ich wär' auf eine andere Sorte eingeraucht, da meinte er als erfahrener Raucher, diese Marke würde nichts taugen, ich soll von ihm eine versuchen. Damit war das „Vertrauensverhältnis" schon wieder um einige Rauchergrade gestiegen! Natürlich bin ich nicht nur mit einer geschenkten Zigarette, sondern mit einer kräftigen finanziellen Zusage von dannen gezogen, näher hin von Augsburg zurück nach Rohrbach, beschwingt und reich beschenkt!

Das dickste Stück meiner „Erweichungsversuche für weiterfließende Zuschüsse" war dann allerdings mein "zufälliger" Kaffeestop im Dasinger Rasthaus. Ich hatte auf dem dortigen Parkplatz das Auto des hohen Herrn entdeckt und konnte nicht dem Bedürfnis nach einer Zigarette plus Kaffee widerstehen, wobei ich nur „zufällig" den

Herrn Finanzprälaten antraf. Er konnte natürlich nicht umhin mich zu fragen, wie es mit dem Bau stehe? „Zögerlich“ erzählte ich ihm halt dann, dass Zahlungen aufliegen, die Handwerker auf ihr Geld drängen usw. Was man hier halt so als leidgeplagter Bauherr erzählt. Am nächsten Tag war dann auch diese Not nach einem Anruf aus der bischöflichen Finanzkammer geklärt, mit dem Hinweis, dass die nächste Geldrate überwiesen würde. (Später kam unter neididgen Mitbrüdern die üble Nachrede auf, der Fess würde sich sein Geld beim Rampp im Dasinger Rasthaus besorgen!)

1960 waren wir dann mitten im Rohbau. Immer wieder kamen Besuche und wollten die Anlage sehen. So erinnere ich mich, dass ich an einem herbstlichen Sonntagnachmittag mit einigen Leuten auf der Baustelle war – und wer schleicht da plötzlich zwischen den Mauern herum?: mein lieber Finanzprälat Rampp! Was will der denn hier? Offensichtlich ist dies sein Sonntag-Nachmittag-Vergnügen, in seiner weiten Diözese kirchliche Baustellen abzuklopfen und nachzusehen, was mit seinem Geld geschieht. Ich hab ihn überrascht begrüßt, mich über sein Interesse und seine Bemühungen verwundert. Er war irgendwie zurückhaltend, wahrscheinlich weil er den nicht ganz abwegigen Verdacht hatte, dass ich ihn nun gleich wieder abklopfe. Sicher hätte er lieber unentdeckt seine Inspektion vorgenommen.

Es war unterdessen dämmrig geworden. Der hohe Prälat hat sich wieder einmal mehr über diese doch sehr abgelegene Rohrbacher Pfarrei geäußert, was damals sicher eine berechtigte Feststellung war für jeden, der von Augsburg aus diesen entlegenen Winkel unserer Diözese ansteuern musste. Dazu muss man sich nämlich vorstellen – was heute fast nicht mehr vorstellbar ist – dass damals keine der Straßen Richtung Pörnbach zur B 300 asphaltiert war, sondern ganz im Gegenteil – oftmals in einem hundsmiserablen Schlaglöcherzustand waren. Wie ich daher dem Prälaten angeboten habe, ihn nach Pörnbach zur B 300 zu leiten, da war er sichtlich erleichtert. Und so fuhr ich mit meinem Käfer voraus – allerdings in einer fiesen Gesinnung, über die ich mit heute fast schäme: Meine Überlegung war: Du, lieber Herr Finanzprälat und Baustelleninspekteur, warst mir das letzte Mal unangemeldet in Rohrbach. Und so habe ich ihn über Fürholzen! durch Schlamm und Dreck nach Gambach und weiter durch den Wald nach Pörnbach zur B 300 „geführt“ Hier hat sich der hohe Herr dann überaus dankbar für meine liebe Hilfe auf dem nächtlichen Weg nach Pörnbach verabschiedet – und ich

Prälat Rampp (Mitte) und Dekan Fischer aus Adelshausen

habe ihn daraufhin nie mehr in Rohrbach erlebt. Er möge mir vom Himmel aus verzeihen.

20 Jahre später – 1979 – hat Prälat Lachenmayr beim Weihegottesdienst in der Rohrer Kirche, die wir zu ihrem 100-jährigen Jubiläum aufwendig renoviert hatten, gemeint: „Euer Pfarrer erinnert mich immer wieder an die lieben römischen Straßenjungen, denen die Pilger liebevoll über die Haare streicheln, währenddessen diese netten Knaben eben diesen Pilgern das Geld aus der Tasche klauen!“ Ich könnte darauf nun allerdings sagen, dass ich offensichtlich beste römische Traditionen gepflegt habe.

Wie man dies auch immer interpretiert – Tatsache ist, dass wir unsere Kirchen schön und aufwendig renoviert haben und – schuldenfrei sind. Das soll uns jemand nachmachen! Die Pfarrangehörigen, die Kirchenverwaltungen, die vorgesetzten Behörden und nicht zuletzt mein lieber Nachfolger wissen dies wohl zu schätzen.

Wenn sich dann der liebe Gott über seine acht schön gepflegten Kirchen in der Pfarrei Rohrbach auch noch freut – dann wird mir vielleicht doch manche Gaunerei verziehen.

* * *

Über den Priestersitz an der Stirnseite unserer neuen Kirche – hervorgehoben durch drei Stufen und diesen baldachinähnlichen Rahmen – war Bischof Freundorfer 1961 bei der Weihe der Kirche sehr empört. Er hat mich darüber getadelt und es als anmaßend bezeichnet, was ich mir hier zusammen mit dem Architekten erlaubt habe. Bitte – diese „Anmaßung“ ist immerhin Jahre vor dem Konzil passiert und Freundorfer war bekanntlich ein sehr konservativer Bischof. Das später oftmals sehr unglückliche „Umräumen“ in den Altarräumen unserer Barockkirchen mit Volksaltar und Priestersitz, wie es dann durch das Konzil erlaubt und üblich wurde – solch eine unerlaubte Vorwegnahme in der neuen Rohrbacher Kirche war für Freundorfer ein Gräuel.

1961 vor der Weihe – Altarraum mit Priestersitz und Altar

Trotz seiner Verärgerung habe ich mich jedoch am Weihetag unserer neuen Kirche (14. Okt. 1961) nicht abhalten lassen Bischof Freundorfer zu bitten, ob er nicht auch einmal in Rohrbach das Sakrament der Firmung spenden könnte. Unsere Kinder müssen dazu immer nach Pfaffenhofen fahren. Darüber war der Bischof nun gar nicht begeistert, da die Firmorte damals noch sehr spärlich und ein Privileg größerer Orte und Pfarreien waren.
Jedoch – ich ließ in meinem Wunsch nicht locker und erzählte ihm lachend, dass ich von meinem verehrten ehemaligen Chef, Pfarrer Grimm in Pfaffenhofen, erzählt

bekommen habe, dass nach alter Tradition Pfarrer, die eine Kirche gebaut habe, zum „Geistlichen Rat" ernannt würden und in dieser neuen Kirche dann auch eine Firmung stattfinden würde. Bei dieser Vorstellung „Geistlicher Rat" für mich jungen Hupfer – diese Auszeichnung galt damals noch als „Alterserscheinung" – musste nun auch der Bischof lachen, worauf ich ihm sofort einen „Kompromiss" vorgeschlagen habe: Er brauche mich nicht zum „Geistlichen Rat" ernennen (was ich ja auch heute noch nicht bin, obwohl ich mit unterdessen 77 Jahren die altersmäßigen Voraussetzungen mitbrächte!) aber eine Firmung könnte er schon einmal in Rohrbach abhalten. (Was ja auch bis in unsere Zeit regelmäßig geschieht, so dass unsere Kinder nie mehr nach Pfaffenhofen mussten.)
„Also, gut" meinte Seine Exzellenz, „Herr Sekretär, wann haben wir in diesem Jahr noch einen Termin frei? Aber das sag ich Ihnen" meinte er weiter zu mir gewandt „kommen werde ich nur, wenn bis dahin dieser anmaßende Priestersitz von diesem Platz an der Apsis entfernt ist!" „Um Himmels willen" dachte ich nur, wie soll ich diesen Marmorkoloss bis zu dieser Zeit aus der Kirche schaffen? Und außerdem will ich ja gar nicht, dass er entfernt wird, sondern dass er weiterhin an dieser (mir so „angemessenen") Stelle erhalten bleibt! Was mach ich nur .....
Hier kann nur einer helfen – das ist der bischöfliche Kammerdiener, Fahrer, Zeremoniar und diözesanbekanntes Faktotum Karl Heiß. 14 Berufe würde er ausüben, hat er mir einmal erklärt, und Sekretär Msgr. Kunstmann meinte von ihm, dass es keinen gäbe, der die Augsburger Diözese besser kenne. „Ohne den Herrn Kammerdiener geht nichts".

14. Oktober 1961. Bischof Freundorfer weiht die neue Kirche „Verklärung Christi auf dem Berge"

Ihn nun habe ich mir während der verdienten Siesta des Hochwürdigsten Herrn vorgeknöpft und ihm erklärt, dass er dafür zu sorgen hat, dass a) dieser Priestersitz an dem Platz bleibt, wo er jetzt ist, b) dass sein Herr trotzdem zum vereinbarten Termin hier seine Firmung hält und c) dass ich zu diesem Thema nichts mehr hören will.

Hier muss ich nun allerdings einfügen, dass ich mit Karl Heiß seit den 30er Jahren befreundet war. Er war damals schon Kammerdiener bei Bischof Kumpfmülller, diesem überaus liebenswürdigen Vorgänger von Bischof Freundorfer. Ich war Augsburger Gymnasiast und einer der Wenigen, die in der verbotenen kirchlichen Jugendarbeit noch tätig waren. Von daher war ich im Bischofshaus wohlbekannt, wie ich schon an anderer Stelle erzählen konnte.

Diese Freundschaft mit Karl Heiß aus vergangenen turbulenten Zeiten kam mir nun – und auch indirekt den Rohrbachern – kräftig zugute. Der Kammerdiener in seiner umwer-

Salbung des Portals

fenden Souveränität: „Jetzt reg dich doch nicht auf, ich krieg das beim Chef schon hin" und wie er das hingekriegt hat! Einige Tage später bekomm ich von ihm bereits einen Anruf aus Augsburg: "Bist du zuhause? Ich komm mit dem Bruder des Bischofs schnell zu dir nach Rohrbach. Er will deine neue Kirche sehen. Er ist Kapuziner und für die Baumaßnahmen seines Ordens in Süddeutschland zuständig" Dieser Ordensmann – fortschrittlicher als sein bischöflicher Bruder – hat sich sehr über diesen Priestersitz begeistert und damit war der Fall geritzt.
Und wirklich – der Priestersitz, der heute noch an der gleichen Stelle steht, war kein Thema mehr beim 2. Auftritt des Bischofs zur Firmung in der neuen Kirche. Allerdings – auf diesen Thron hat er sich nicht gesetzt. Sein Kammerdiener musste ihm stattdessen einen Stuhl vor den Altartisch stellen und hier hat er dann die Kinder gefirmt. Bitte – auch ein Bischof will noch etwas zu bestimmen haben gegen solch einen anmaßenden jungen Rohrbacher Pfarrherrn.

Dieser Priestersitz zusammen mit Altar und Ambo in der Apsis unserer neuen Kirche war dann für viele Interessierte, Kirchenbauer, Pfarrer und Besucher beispielhaft. Dies entsprach den Vorstellungen des 2 Jahre später beginnenden Konzils und dessen Empfehlungen für die Gestaltung eines liturgiewürdigen Altarraums.
Sicher war es für viele ungewohnt und auch unbekannt, einen Altarraum in dieser Weise zu gestalten. Und hier war es wieder im Besonderen der Priestersitz, dieser hervorgehobene Thron für den Zelebranten. Dieses Zeichen eines Vorsitzes im gemeinsamen Loben und Preisen beim festlichen Gottesdienst ist heute nach 40 Jahren den Rohrbachern zum bestimmenden Eindruck geworden, für viele Fremde aber immer noch ungewohnt. Und auch heute noch – so meine ich – ist diese Lösung vorbildhaft, insbesondere wenn man immer wieder diese hilflosen Bemühungen erlebt wie in unseren barocken Kirchen versucht wird, diese Vorstellungen einer erneuerten Liturgie unterzubringen.

Bischof Kempf von Limburg kam 1962 mit einer Gruppe Interessierter nach Rohrbach, weil er diese neue Branca Kirche sehen wollte. Er zupfte mich grinsend zur Seite und wollte von mir wissen, wie sein konservativer Augsburger Kollege auf diese Lösung reagiert habe. Ich erzählte ihm die Story, er lachte herzhaft und ich wusste, dass ich in ihm zumindest einen kräftigen Befürworter gefunden hatte.

* * *

In meiner Dankrede zur Verleihung der Ehrenbürgerwürde 1993 erzählte ich von dem kleinen Gespräch mit Bischof Freundorfer am Weihetag unserer neuen Kirche (1961). Wie er mich fragt, ob ich nun zufrieden bin mit meinem Werk antwortete ich in der jugendlichen Euphorie dieses Tages: „Jetzt kann es losgehen! Nun sind die Voraussetzungen geschaffen, um mit der Arbeit beginnen zu können. Jetzt habe ich eine Kirche, in der man die Sache Gottes vertreten, einen Gottesdienst würdig feiern und Sein Wort den Rohrbachern mitteilen kann." Und eine Woche später, nachdem ich selbst ein erstes Mal allein mit meiner Gemeinde die Eucharistie feiern konnte, bekam ich in einer geradezu prophetischen Weise durch unseren Schlossherrn und Senator Franz von Koch eines der schönsten Komplimente meines Lebens: „Und wenn ich auch nie mit Ihrem Kirchenbau einverstanden sein werde, so habe ich doch heute bei Ihrem ersten Gottesdienst gespürt, was Sie letztlich wollen: einen herausgehobenen Mittelpunkt, in dem Sie in vornehmer, fast benediktinischer Weise mit Ihrer Gemeinde Liturgie feiern. Ich gratuliere Ihnen dazu". Er weinte und ging weg.

Es wird nun nicht jedermann interessieren – aber es gehört sicher zu meinem Verständnis von priesterlicher Existenz, dass dieses Feiern der Liturgie, dieses Bemühen um Gestalt und Gestaltung der Gottesdienste mich zeitlebens beschäftigt hat.
Das hat vermutlich schon damals angefangen, als ich in früher Kindheit die „Klosterneuburger Messtexte" auf dem Nachtkästchen meiner Mutter entdeckte, sie mir sehr bald einen kleinen „Schott" kaufte (wie ich S. 23 schon erzählte). Es setzte sich fort in den sehr intimen Frühmessen in St. Gallus vor Schulbeginn bei St. Stephan. Dann die ersten „Gemeinschaftsmessen" und „Betsingmessen" mit aufgeschlossenen

Blick in den Umgang beim Seiteneingang

Priestern und unter dem misstrauischen Blick mancher lateinisch fixierten Bischöfe.

Hochformen lernte ich dann bei St. Stephan in der Gestaltung durch den Schulchor und Orchester mit den Aufführungen der Klassiker Mozart, Haydn bis hin zu den großen Schinken Haller, Goller, Filke. Gregorianik und Polyphonie war nicht gerade eine besondere Spezialität der Augsburger Benediktiner. P. Gregor Lang einmal zu mir: „Die Maria Laacher Benediktiner spinnen ja. Die stehen beim Singen der lateinischen Psalmen in ihren Chorstühlen abgehoben auf den Zehenspitzen!"

Starke Anregungen bekam ich dann durch die Gottesdienste im Kriegsgefangenenseminar in Chartres. Bei den einfachen Mitteln, die uns zur Verfügung standen, sehr eindrucksvoll. Es gab dort etliche „Liturgiebesessene" die in den Nachkriegsjahren sich einen guten Namen in Deutschland mit ihren Bemühungen gemacht haben: Willy Nyssen, Josef (Jupp) Seuffert, Lothar Zenetti u.a. Hier bekam man dann schon einen guten Einblick, was sich im Bereich der sog. „Liturgischen Bewegung" vor dem Krieg in Deutschland entwickelt hatte. – Sehr anregend in Chartres war für mich dann auch der Auftritt Solesmer Benediktiner, die uns in die „französische" Art des Choralsingens eingeführt hatten.

Dies war dann wohl auch der Grund, weshalb ich bereits nach dem 1. Semester in Dillingen die Choralschola anvertraut bekam (und daher sehr bald mit dem Luxus eines Einzelzimmers belohnt wurde!). In „schlimmer" Erinnerung ist bei den Mitalumnen der damaligen Jahre meine Pflicht, am Samstag-Nachmittag – unter Aufsicht des

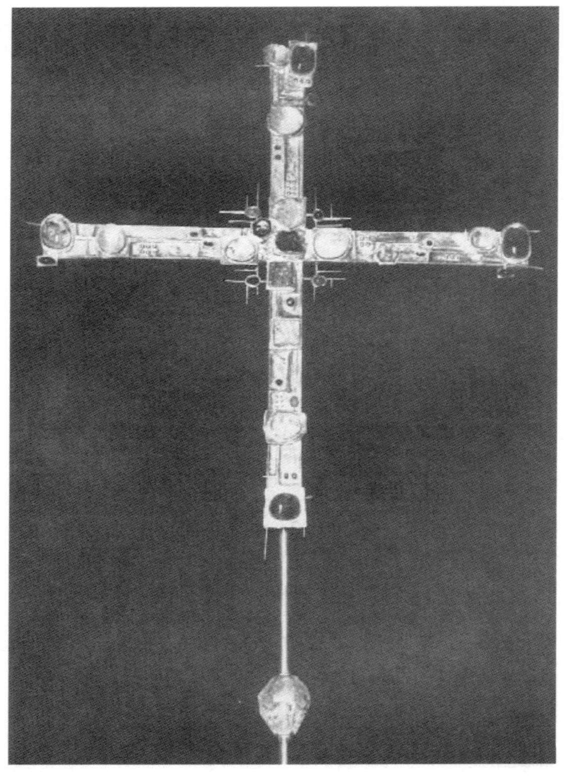

Vortragekreuz beim Ambo. Entwurf und Ausführung Hermann Jünger 1961

begeisterten Subregens Hebel – Choralprobe und Einführung in den Sonntagsgottesdienst für die ganze Communität halten zu müssen. Aber die Erfolge ließen nicht auf sich warten: Nach meiner Weihe übernahm der bekannte Liturgiker Maurus Pfaff OSB aus Beuron die Schola. Er hatte einen Lehrauftrag für Gregorianik an der Musikhochschule in München und kam bei dieser wöchentlichen Verpflichtung nach Dillingen, um dann mit meiner ehemaligen Schola sogar Plattenaufnahmen mit gregorianischem Choral zu machen. P. Albert in St. Ottilien, den ich ebenfalls aus der Chartrenser Zeit kannte war uns mit seiner Schola und den klösterlichen Voraussetzungen natürlich überlegen. Aber vermutlich waren wir damals in den Nachkriegsjahren doch die bekanntesten Choralscholen im südd. Raum. Unser beliebter Spiritual P. Bleienstein SJ hat mich immer wieder aufgemuntert, ich soll ja nicht nachgeben und die „französische Dynamik im Gegensatz zur germanischen Schwerfälligkeit“ durchhalten. Der folgende Regens Achter hat mir in späteren Jahren immer wieder erzählt, dass mein Name im Zusammenhang mit Liturgie und Gregorianischem Choral im Dillinger Seminar immer noch bekannt und präsent sei.

Und wenn ich heute Mitbrüdern der Nachkriegsjahre begegne, dann kann ich davon

„Verbotene“ Osternacht 1950 in der Wies.

ausgehen, dass mir lachend meine Übungsstunden mit gregorianischem Choral am Samstag Nachmittag in Dillingen vorgehalten werden. Für viele von ihnen jedoch – wie sie dann gerne bekennen – eine der wenigen und seltenen Erfahrungen ihres priesterlichen Lebens um diese urchristliche Hochform liturgischen Singens und Betens.

In diese Nachkriegsjahre fällt dann auch die Begegnung mit „verbotenen Osternachtfeiern“ in der Wieskirche. Satzger und Dischinger, die berühmten Wiespfarrer, nahmen es auf ihre Kappe, trotz oberhirtlichem Verbot die Osternacht im Kreis einer begeisterten Schar junger Leute in ausgiebiger und geradezu urchristlicher Weise zu feiern. Das Sacrum Triduum, Gründonnerstag, Karfreitag und Osternacht mit Auferstehungsliturgie wurden intensiv und ausgiebig zelebriert. Und wenn wir uns in aller Frühe um das Osterfeuer vor der noch dunklen Wieskirche versammelten, dann waren die anschließenden 12 Lektionen eine Selbstverständlichkeit. Ich bekam damals den Spitznamen „Nabuchodonosor“ weil ich flott und lustig eine Beuroner Vertonung dieser Lesung vortrug, worauf jedes Jahr der ganze Haufen mit Lachen wartete.
Und dann der Einzug mit dem neuen Licht in die dunkle Wieskirche, leer und kühl an diesem Ostersonntagmorgen – das ist unvergesslich und sicher auch prägend gewesen für meine sehr frühen Bemühungen um diese Osterliturgie in Rohrbach.

Dieses „lumen Christi“ in die Dunkelheit der Nacht ist für mich auch alljährlich eine nicht zu verdrängende Erinnerung an die zwei Osternächte während des Krieges in Saloniki: Das war die einzige Nacht, in der die deutsche Besatzung die Ausgangssperre aufhob und den Griechen erlaubte mit dem Mitternachtsschlag der Glocke ihr „Phos tou Christou“ zu jubeln. Unvergesslich für mich: vermutlich als einziger Landser stand ich oberhalb des dunklen Hofes vor der Hagia

Osterfeuer vor der Wies mit Satzger und Dischinger.

Sophia und erlebte dieses mir bis dahin unbekannte Schauspiel in großer Ergriffenheit: wie innerhalb kürzester Zeit dieses aus der Kirche getragene Licht, dieses Symbol des Auferstandenen, in vielen tausend kleinen Kerzen in den Händen der Gläubigen aufleuchtete. Ein spürbares Zeichen des Glaubens und der Hoffnung für diese bedrängten Menschen. „Christos aneste, alethos aneste“ hallte es in dieser Nacht durch die Stadt und begrüßten sich die Menschen in den kommenden Osterwochen. „Christ ist erstanden, er ist wahrhaft auferstanden“. Eine starke Erinnerung.
Als ich dann als Kaplan nach Pfaffenhofen kam, als liturgisch „Bewegter“, war ich natürlich erfüllt von diesen vorausgegangenen Erlebnissen und wollte sie nun halt mit Schwung und Elan auch in diese holledauer Kreisstadt, zu Pfarrern und Publikum bringen. Wie dies von diesem Schwaben bei den Altbayern ankam, brauch ich wohl nicht weiter zu schildern!

Der Chef, Stadtpfarrer Grimm war natürlich ganz und gar ein Vertreter der alten lateinischen Schule. Und Anfangs hatte er ja auch Rom mit seinen konservativen Vorstellungen im Rücken. Aber bereits im folgenden Jahr sickerte es – kurz vor Ostern! – in informierten Kreisen durch, dass Rom kurzfristig eine Ausnahmegenehmigung erteilt hätte: Man dürfe – ad experimentum, versuchsweise – heuer einmal die Auferstehungsliturgie vom Karsamstag – Vormittag (!) auf den Abend verlegen. Von wegen Auferstehungsliturgie am Ostermorgen, wie wir es schon heimlich in der Wies praktiziert hatten – streng verboten! Ich ließ dem Chef keine Ruhe mehr – ich wusste, dass ich etliche Sympathie bei ihm hatte, trotz mancher ungewohnter „geistlicher Formen“. Und so erlaubte er mir, nach den römischen „Erweichungen“, in eigener Verantwortung die Auferstehungsliturgie ausnahmsweise vom Samstag Vormittag auf den Abend zu verlegen. „Da können Sie sich ganz schön abstrampeln, wenn Sie dies den Holledauern beibringen wollen“. Es hat geklappt: Chor, Mesner, sogar Lektoren habe ich traktiert und mit meinen Pfadfindern und erstmals gut geübten Ministranten haben wir eine schöne Abendliturgie gefeiert. Schwer für den Chef, dies einzugestehen. Sein Triumph dagegen: Im Radio habe er gehört, dass Rom den Gottesdienst noch am Vormittag gefeiert habe. Meine Antwort:“ Das ist doch nichts Neues, dass diese reaktionären Langweiler dort unten immer länger brauchen bis sie sich für moderne Entwicklungen entscheiden können.“
Einige Jahre später – unter Johannes XXIII, unserem Freund aus den Tagen in Chartres, wurde es dann allerdings radikal anders. Mit seinem Konzil, 1959 angekündigt und

1962 – 65 einberufen, hat er Veränderungen in allen Bereichen unserer Kirche gebracht, die vorher so nicht denkbar waren. (Und heute – noch im Jahr 2001 – von den ewig Gestrigen und Bornierten am liebsten wieder rückgängig gemacht würden.)

Im Landkreis und vermutlich weit darüber hinaus waren wir in Rohrbach die Ersten, die sich mit Erlaubnis des Konzils an die nächtlicher Auferstehungsliturgie heranwagten. Angereist – von Ingolstadt bis Pfaffenhofen konnte ich alljährlich mehr Liturgieinteressierte entdecken, die bereits um 4.30 Uhr vor dem Osterfeuer bei unserer neuen Kirche verharrten um dann zu warten, bis sich die große Eingangstür öffnete und ich mit dem neuen Licht der Osterkerze in die dunkle und bereits dichtgefüllte Kirche einzog. Es dauerte nur wenige Augenblicke bis das

Tabernakel von Hermann Jünger. Bischof Freundorfer wollte den Tabernakel noch auf dem Altar. Bischof Stimpfle erlaubte dann die Aufstellung in einer eigens vorgesehenen Sakaramentskapelle.

von den Ministranten weitergereichte Licht an vielen hundert kleinen Kerzen aufleuchtete und das jubelnd gesungene „Exsultet“ durch den kühlen morgendlichen Raum hallte. Später dann, im Ablauf der eindrucksvollen Liturgie, das dreimal höher gesungene Osterhalleluja, der festlichen Klang der Orgel und aus Jerusalem zurückgekehrten Glocken, das sich aufschwingende „Christ ist erstanden“ bis zur frohen Verkündigung der Botschaft vom Auferstandenen. Das war für die damalige Dorfgemeinde ein neues aber bis heute ein festes und festliches Erlebnis. – Wie bei den Griechen wurde das neue Licht dann behutsam von Kindern und Eltern nach Hause gebracht. Dort versammelte sich die ganze Familie an diesem Ostermorgen um den Tisch mit dem neuen Licht und den geweihten Osterspeisen, dem Brot, den Eiern, dem Fleisch, den ersten Kräutern.

Rückblickend mit diesem kleinen Excurs: „Liturgie in meinem Leben, Gottesdienst und Feiern mit meiner Gemeinde“, darf ich wohl sagen, dass ich dies gut durchgehalten habe, was ich eingangs zum Wesen priesterlicher Existenz gemeint habe. Nicht als abgehobener Kultdiener und schon gar nicht als gottesdienstlicher Funktionär. Ich glaube, dass dies in vielen „Kirchenzetteln“ zum Ausdruck kam und von den Menschen in meinen Gottesdiensten immer wieder anerkannt wurde.

Und es berührt eigenartig, wenn man beim Zurückblättern in seinem Leben plötzlich wieder solche Dinge entdeckt, die seit Jahren und Jahrzehnten in irgendwelchen Akten verborgen waren: Eine Seminararbeit aus den Dillinger Studienjahren mit dem Titel: „Das Kultmysterium im Zeugnis der Hl. Schrift. Odo Casel und seine Mysterientheologie.“

Oder wenn man die letzten Sätze meiner Rechtfertigung 1974 für das Arbeiten ohne Pfarrgemeinderat liest, wo Josef Goldbrunner meint: „Die Christen kommen zum Brun-

nen und der Priester schöpft lebendiges Wasser; sie setzen sich erschöpft von ihrem Weltdienst an den Tisch im Hause Gottes, und der Priester teilt das Brot des Wortes und das Brot der Eucharistie zur Stärkung aus." Oder – man kann nur staunen – die moderne Analyse eines christlichen Soziologen unserer Tage, des Jesuiten M. Kehl der meint: „Die Christen sehen und suchen im Priester am ehesten noch die sakrale oder mystagogische Kompetenz der Kirche ... darunter meine ich die aus persönlicher Vertrautheit erwachsene Befähigung, die Dimension des Heiligen in unserer Wirklichkeit offen zu halten" (Pax-Korrespondenz 3/2000)

Visitation 1974

Die geforderte schriftliche Erklärung, warum ich keinen Pfarrgemeinderat in meinen Dörfern habe.

Über die folgenden Seiten habe ich mir lange überlegt, ob ich sie in dieses Buch der erzählten Erinnerungen aufnehmen soll. Sie wurden auf Aufforderung des damaligen Augsburger Weihbischof und heutigen Bischofs von Regensburg Manfred Müller nach einer Visitation meiner Pfarrei im Jahre 1974 von mir verfasst. Damals mit drei Durchschlägen unter Kohlepapier, weil ich noch über kein Kopiergerät verfügte. Das Original ging an Weihbischof Müller in meiner naiven Annahme, dass diese schriftliche Rechtfertigung dann in den Visitationsakten verschwindet.
Ich betrachtete diese Ausführungen als sehr persönliche Gedanken zu dem gestellten Thema der „fehlenden Pfarrgemeinderäte in meinen Pfarreien". Kurze Zeit darauf wurden mir jedoch schon von verschiedenen Leuten Passagen und Gedanken daraus erzählt, worüber ich mich nur verwundern konnte. Offensichtlich wurde mein Bericht von vorgesetzter Seite vervielfältigt und weitergegeben. Deshalb kann mir heute nach 27 Jahren niemand mehr böse sein, wenn diese verderblichen Gedanken nun in diesem Buch erscheinen. Ja, ich möchte sogar sagen, dass der Wandel von meiner damaligen Diskretion zur heutigen Offenlegung mich mit einigem Stolz erfüllt: Es findet sich darunter etliches Prophetisches, das 1974 in der Euphorie um diesen „organisierten Laienkatholizismus" (Herder Korrespondenz Juli 2000) sich viele kaum zu denken, geschweige denn zu sagen gewagt hätten. Von daher ist diese jugendliche apologia pro vita mea diese Rechtfertigung für mein Tun und Lassen ein ganz lusti-

Taufbecken, Entwurf und Ausführung Leo Kornbrust (1962). Broncedeckel als Hinweis auf das Taufgeheimnis. Gottes Geist „über den Wassern". Als stilisierte Taufe eingeprägt schafft er aus Chaos den Kosmos.

ges nun fast schon historisches Dokument eines eifernden Querdenkers.
Lediglich einige Stellen und Beispiele von zu persönlicher Art habe ich in dieser „Neuauflage“ nicht mehr wiedergegeben.

Thema: Warum ich keinen Pfarrgemeinderat in meinen Dörfern habe.

A. Einleitung

1. Anlass dieser Ausführung.
Bei den Visitationen im Januar/Februar dieses Jahres wurde durch Herrn Weihbischof Müller festgestellt, dass in meinen sechs Gemeinden kein Pfarrgemeinderat (PGR) besteht. Dies sei verwunderlich bei der Größe der Gesamtpfarrei. Andere Pfarrer in benachbarten kleineren Gemeinden berufen sich beim Fehlen dortiger PGR auf mein schlechtes Beispiel.
Weihbischof Müller bat mich um eine schriftliche Darlegung meiner Gründe.

2. Mangel dieses Schreibens.
Ich bin „literarisch“ nicht so gewandt, um meine Argumente auch schriftlich überzeugend vortragen zu können. Hier kapituliere ich gerne gegenüber jenen bekannten Schreibtischstrategen und Theoretikern von grünen Tischen – angefangen von kompetenten Amtsleitern bis zu Geschäftsführern, Assistenten und gut geölten Teams. Deren Terminologie über Strukturen, Substrukturen, Basen, Management und Organisation, Aktivität und Kreativität beherrsche ich nicht. Ich brauch nur ein Heft der „Synode“ durchzublättern, um durch dessen Gescheitheit, Absolutheit, Formulierung und Sprache, Zweifel an meinem eigenen Verstand zu bekommen.
Allerdings möchte ich in diesem Zusammenhang auch die bescheidene Frage aufwerfen, was diese Flut hochwichtiger pastoraler Strukturtraktate für unsere berühmte „Basis“ eigentlich bedeutet? Meint wirklich jemand, dass diese Ratschläge, Empfehlungen, Beschlüsse, Aktionen, Statistiken, Analysen und Umfragen und wer weiß sonst noch alles – über den Papierkorb hinaus Bedeutung haben?
Oftmals komme ich dabei nicht um den Eindruck herum, dass sich hier Mangel an Phantasie und geistige Impotenz mit gehäuftem Bla-Bla kompensiert. Effizienz soll bei dieser Sterilität nicht erwartet werden!
Schließlich ist es bei meinem ausgedehnten Ein-Mann-Betrieb auch eine Zeitfrage, die eine ausgefeilte Arbeit unmöglich macht. (Wie schön müsste es sein, einmal einen Artikel mit zehn Literaturangaben und zwanzig Fußnoten verfassen zu können!)

3. Abgrenzung des Themas.
Was ich an Vorbehalten gegen den PGR vorzubringen habe, bezieht sich ausschließlich auf meine Tätigkeit, meinen Stil in meinen Gemeinden. Ich bitte also, das Thema geographisch auf diese sechs holledauer Gemeinden mit deren derzeitigem Pfarrer und Verfasser dieses Schreibens zu begrenzen. Wieweit sich Parallelen zu anderen Gemeinden finden lassen, ist der Beurteilung des Einzelnen anheim gegeben. Zwar werde ich es mir nicht ganz verkneifen können, zur Verdeutlichung dieser meiner persönlichen Situation „Kontrastbeispiele“ anderer Verhältnisse zu zitieren. Dies geschieht aber nur zur Argumentation für das gestellte Thema.

So habe ich gar keine Zweifel, dass in einer Stadtpfarrei und bei entsprechend veranlagten Mitbrüdern die Situation eine völlig andere ist. Hier mag heute ein PGR zu einer selbstverständlichen Notwendigkeit gehören. Dies ist unbestritten und steht hier nicht zur Debatte.

Beispiel:
Die überzeugendsten und für mich geradezu begeisternden Aktivitäten eines städtischen PGR fand ich bisher in der Pfarrei St. Matthias in München Fürstenried II.

Einige Daten: Völlig neue Pfarrei, sehr gemischtes Publikum, Arbeiter in großen Wohnblocks bis zu hochdotierten Akademikern in Atriumhäusern, interessante Anlage von Kirche, Pfarrhaus und Pfarrzentrum (Architekt v. Branca). Nach Bericht des mir persönlich gut bekannten Pfarrers braucht er sich kaum mehr um liturgische Details zu kümmern. Dies macht der Verwaltungsdirektor des Krankenhauses „Rechts der Isar" mit zwei theologisch ausgebildeten Laien. Geselligkeit: Regelmäßig Wald- und Pfarrfeste für diese so junge und differenzierte Stadtpfarrei durch PGR. Leiter: Ein Bauamtsdirektor der Bundesbahn. Dazu der Pfarrer: „Ich brauche nachmittags nur das Fass anzuzapfen, ca. 3000 Leute waren in den vergangenen Jahren dabei. Jedermann weiß, dass dies von der Pfarrei veranstaltet wird". Dann Diskussionsabende für alle Schichten und Richtungen, veranstaltet weitgehend mit „eigenem Gewächs". Vier weitere theologisch ausgebildete Laien veranstalten und gestalten Familienkreise. Der Pfarrer koordiniert und besucht nur.
Bitte – hier ist wirklich etwas geboten und was diese Stadtpfarrei und deren PGR für diese zusammengewürfelten Menschen leisten, das ist großartig. Aber – was hat dies mit meiner Situation hier zu tun?

Kontrastbeispiel:
Eine holledauer Marktgemeinde bringt ca. vierteljährlich einen lokalen Zeitungsbericht über Sitzungen des dortigen PGR. Peinlich. Reaktion von Lesern auf diese Berichterstattung über Tagesordnung und Probleme des PGR:" Deren Sorgen möchte ich haben!" z. B. zweistündige Debatte über Prozessionsordnung, Uneinigkeit darüber, ob die Mitternachtsmette an Weihnachten auf 22 Uhr vorverlegt werden kann. Ergebnis: die Entscheidung darüber wird vertagt! (die Rohrbacher Lösung dieses „Problems" war vor Jahren schon ein „Hammelsprung" an einem der vorausgegangenen Adventsonntage: wer dafür ist soll durch die rechte Tür, wer dagegen ist durch die linke Tür die Kirche verlassen. Damit war der Fall demokratisch, klar und eindeutig durch Volksbefragung entschieden – ohne den PGR. Schlimm?)

Wenn weiter zu lesen ist, dass der Pfarrer gerne einen Osterkerzenständer, Preis DM 1.200 haben möchte, dann wird dies nicht genehmigt. Und alles unter der Überschrift über dem vierspaltigen Bericht mit 2/3 Seitenumfang „Bestätigung der Abstimmung: künftig nur noch Abendmesse":

Damit können wir uns bei den Leuten nur lächerlich machen. Dieses Niveau nimmt uns niemand mehr ab.

B. Durchführung

1. Gründe für meine Vorbehalte

a) Hier weiß ich wohl, dass diese Vorbehalte vielfach persönlich motiviert sind: meine Herkunft, meine Art, die sehr persönlichen Auseinandersetzungen religiöser Art in Nazizeit und Krieg, eine „pathologische Aversion" (Ausspruch eines Freundes) gegenüber Gleichschritt, Masse, Manipulation, Vereine und reglementierte Organisationen.

Dann meine pastoralen Intentionen seit meinem Amtsantritt in einer mir völlig fremden Landpfarrei und deren Mentalität. Seit 1956 habe ich mich eigentlich immer bemüht, sehr bewusst und kritisch die Möglichkeiten gerade dieser Situation zu erfassen und sie pastoral umzusetzen.
Sehr hilfreich war mir zum damaligen Beginn das Buch von C. Maier „Dorfseelsorge" in einer Neuauflage bei Herder. Ich werde später noch darauf zu sprechen kommen. Diese meinen Intentionen, in der Art und Anlage einer Seelsorge hier, standen nun – so glaube ich – in einem vielfachen Gegensatz zu jenen nachkonziliären Formen mit Räten und ähnlichen Strukturen.

b) Vielleicht ist es in diesem Zusammenhang doch auch erforderlich, altbekanntes über die Situation dieser Landgemeinden schnell zu rekapitulieren. 1956 steckten sie doch noch stark in vielerlei Brauchtum, in Überliefertem, das ohne überzeugendem Inhalt in den folgenden Jahren schnell abgebaut wurde. Es kommt der immer stärker werdende außerdörfliche Einfluss durch die wachsende Mobilität der Leute, durch Flüchtlinge, Pendler, Fernsehen. Die Technisierung ihrer Arbeitswelt, Hopfenzupfmaschinen, Monokulturen, konzentrierter Arbeitsrhythmus, erstaunlicher technischer und auch kaufmännischer Aufwand, Wohlstand ja Reichtum allenthalben bei den Hopfenbauern und ihrer Umgebung. Damit Selbstsicherheit bis Protzerei und Angeberei, Verlust jeglichen Maßstabes.
Dies schafft eine völlig neue Einstellung zum Religiösen. Sie sind fasziniert vom Neuen, kritisch bis wegwerfend gegenüber dem Alten. Religion, Kirche, Pfarrer, Sonntagsgottesdienst – dies sind Relikte von Vergangenem, nicht mehr aktuell, nicht mehr ernst zu nehmen. Sie können Religion nicht mehr in ihre neue berauschende Welt mit einbringen. Hilflos bis gradheraus lachend, habe ich sie schon erlebt, wenn ich mit meiner „Ware" vor ihnen auftauche.

c) Hier ist nun wohl auch der Ansatzpunkt und die Frage nach der Methode, wie diese neue Situation einer Landgemeinde seelsorglich anzugehen ist.

Excurs. Mit nostalgischen Gefühlen denke ich an jenen Einführungstag in Leiterhofen, als wir durch Msgr. Hirschvogl auf die Aufgabe der zu bildenden PGR hingetrimmt wurden. Er war so freundlich und hat trotz überzogener Zeit (wegen der Wichtigkeit seiner eigenen Ausführungen) uns noch zur Diskussion aufgefordert. Als dies nicht recht ins Laufen kam, erlaubte ich mir die Frage, ob die Aufstellung eines PGR in allen Gemeinden erforderlich sei. Ich hätte deren fünf (damals 1968). Außerdem zweifle ich doch ein wenig die Sinnhaftigkeit solcher Räte in Dörfern an, nach meinen Kenntnissen bringen sie mehr eine „Mauer" zwischen Pfarrer und Gemeinde („das sind die, die immer zum Pfarrer rennen") als dass sie den angestrebten stärkeren Kontakt zw. Pfarrer und „Laien" schaffen. Mit souveräner Handbewegung und mildem Lächeln hat Msgr. Hirschvogl meine Bemerkung abgetan. Es geht heute nicht mehr um die Frage der Sinnhaftigkeit. Ob PGR gegründet werden sollen oder nicht, ist keine Frage mehr, dies ist längst entschieden, sondern es geht nur mehr um die praktische Durchführbarkeit. „Wer hat hier bitte noch eine Frage?" Aus. Amen. Keine Diskussion über andere Möglichkeiten, Modellfälle, über Differenziertheit von Stadt und Land, kein behutsames Einführen und Sammeln von Erfahrung. Auf, los geht's – ob's die Pfarrer können oder nicht, ob sie wollen oder nicht.
Ergo und was ich abschließend hier sagen möchte: Für mich und meine Situation war von Anfang an die Form der PGR keine überzeugende Methode, um in den hiesigen Gemeinden auf die Zukunft hin religiös effizient wirken zu können.

I. Begründung dieser Behauptung

1. Das Dorf ist für mich – immer noch – eine Familie. Ja, ich werde mich heute mehr denn je für dieses Verständnis von Dorf einsetzen. Auflösungen sind schnell geschaffen, soziologisch glaubt man, es fixieren zu können. Aber dies sind alles sehr vorschnelle, trügerische und falsche Objekteinstellungen. Das Dorf ist keine soziologisch fixierbare Struktur (neulich hat – Gott sei Dank – ein hoher Augsburger Prälat erklärt, er könne dieses Wort nicht mehr hören!), es ist kein irgendwie klassifizierbares Ballungszentrum mit Grünflächen und glücklichen Kühen, es ist kein inhaltsleeres Basisgebilde, das von irgendwelchen blutleeren Schreiberlingen analysiert werden kann. Es ist Gott sei Dank

immer noch eine Familie mit allen Varianten. Das hat mir damals 1956 C. Maier mit der Lektüre seiner „Dorfseelsorge“ beigebracht und das kann ich heute noch bestätigen. Er hat in richtiger Voraussicht der kommenden Veränderungen in seinem Buch überzeugend den Gedanken vom familiären Charakter des Dorfes durchgehalten – und ich finde diese Einsicht aus meiner nun 18-jährigen Erfahrung absolut richtig, heute fast mehr denn je! Ich weiß auch, dass diese An- und Einsicht Außenstehenden oftmals nicht erklärlich gemacht werden kann.

2. Auffallend ist für mich die starke Bezogenheit zum Leben, wie ich es – gerade als Kind der Stadt – immer wieder in den Dörfern angefunden habe und im Empfinden der Menschen, die hier leben. Hierin sehe ich ein starkes Argument gegen jede gewaltsame Form eines organisierten Überbaus, gegen Konstruktionen angeordneter, jedoch für sie un-organischer Formen. Vitalität und oftmals recht derbe Ursprünglichkeit stehen hier höher als synthetisches Bier und religiöser Kunststoff.

3. Dazu gehört wohl auch das Prinzip des Wachstums und des Wachsen lassens. Entwicklungen können hier – bewusst oder unbewusst – noch erwartet werden. Man respektiert deren Gesetzlichkeiten und meidet die Willkür. Krampfhaftigkeit ist selten, organisierende Wichtigtuerei kommt schlecht an. Man braucht einige Erfahrung und Antenne, um die Einstellung einer Dorfgemeinschaft gegenüber Wahlen, Posten, Funktionären, Vorständen, Beauftragten, Räten usw. kennen zu lernen.

So kann ich immer wieder feststellen, dass einer Sache die Luft abgelassen wird, bevor sie eigentlich begonnen hat. Und dies mit ganz einfachen Mitteln: Sie wählen die Wichtigmacher, Gschaftlhuber, Vereinsmeier, Schreier und Postenjäger – und damit ist dann alles geliefert.

4. Im Hindergrund sind es ganz andere Leute, die bestimmen. Nicht die Räte. Leute, die deswegen nicht abzutun sind mit der Bemerkung, dass sie keine Verantwortung oder ähnliches übernehmen wollen. Meist sind es doch die wirklich „tragenden“ Kräfte, ohne sich groß aufzuspielen, ruhig, mit viel unmittelbarer und vitaler Beziehung zum Ganzen. Sie können hemmen, aber auch sehr stark fördern. Via PGR sind sie jedenfalls nicht ansprechbar. Oftmals – so stelle ich immer wieder fest – sind es Leute mit einer ganz starken Beziehung zur Tradition, ohne deswegen von gestern zu sein, sind zuerst einmal kritisch gegenüber Neuem, aber dann auch voll dabei, wenn sie von dessen Gewicht und Sinn überzeugt sind. Schlicht – und davor habe ich Respekt: sie verstehen etwas vom „Leben“ und vom „Wachstum“.
Aufgesetzte Konstruktionen – dies ist für sie eine Totgeburt und in ihrer Mitte nicht lebensfähig.
Moderne Eiferer und warmer Zinnober bringt sie nicht einmal zum Lächeln. Solche Propheten haben hier schnell keinen Boden mehr unter den Füßen. Wortreiche reisende Referenten in Sache Kirche, Gott oder gar PGR werden nicht notiert.
Wenig Worte – klare Bezogenheit zu ihrer Welt – Stil im Umgang mit ihnen – das kommt an. (Ich denke hier gerade an einen sehr gewandten Außendienstmann der Pfründepachtstelle Regensburg).

5. Hierher gehört dann wohl auch das in letzter Zeit immer wieder beklagte Versagen der Pfarrer im Umgang mit ihren Lieben. Dies verwundert mich nicht. Bei diesen gewaltsamen Versuchen, diese neuen Formen einem Dorf aufzuzwingen, müssen sie oftmals kapitulieren, werden verunsichert, verlieren ihre Individualität mit mühsamen Themen und künstlichen Problemen, kommen vor lauter Organisation nicht mehr zum Leben.
„Identitätskrise“ wie es dann so schön heißt – sie wissen wirklich nicht mehr, wen oder

was sie in der Gemeinde darstellen sollen. So finde ich, dass diese Tagungsexperten uns in Ruhe mit unseren Gemeinden leben lassen sollen. Ich bilde mir ein, dass ich schon so wach bin, um zu wissen, was hier gespielt wird und wie ich dieses Spiel selbst mitgestalten kann. Wenn einer schläft, dann ist mit Räten auch guter Rat teuer.

Exkurs: Die Betreuung der priesterlosen Gemeinden in der Zukunft.

Diese Frage wird heute im Zusammenhang mit der Entwicklung der PGR gerne gestellt.

(Ich betreue hier – jeweils nach dem Tod des letzten Pfarrers – neben meiner Pfarrei Rohrbach/Waal/Ossenzhausen seit 1964 die Pfarrei Rohr/Gambach und seit 1970 Fahlenbach als nebenamtlicher Vikar)

a) nach dem Voraus-Gesagtem kann ich mir schlecht einen Mann aus der Mitte der Gemeinde vorstellen, der überzeugend und anerkannt irgendeine gottesdienstliche Funktion in seiner Gemeinde ausüben könnte (Wortgottesdienst, Kommunionspendung, Verlesung von Predigten usw.) Auch glaube ich nicht, dass dies eben daran läge, weil ich durch PGR und entsprechende Schulungen die Voraussetzung dafür nicht geschaffen habe.
Ich kann aber – falls nötig – morgen bereits zwei Studenten aus Rohrbach in die Filialgemeinden schicken, die dies einigermaßen akzeptabel bewerkstelligen würden. (22-Jähriger der Militärakademie und 25-jähriger Physikstudent, die fast jeden Sonntag hier eine Funktion übernehmen.)

b) Für meine hiesige Situation halte ich mehr von einem umgekehrten Weg: bei der derzeitigen allgemeinen Mobilität und dem gegenwärtigen Kirchenbesuch eine Zentrierung auf die Hauptkirche in Rohrbach. Die Entfernungen sind nicht unüberwindlich groß, notfalls könnte ein Bus viele Dienste tun, so dass zwei Vormittags- und ein Abendgottesdienst für die Gesamtzahl der Kirchgänger ausreichen würde.
Aber dies ist eine Sache von längerer und nicht leichter Erziehung und einem notwendigen Abbau bekannter Emotionen bei Gläubigen, denen der Pfarrer durch Tod oder Weggang genommen wurde: Wir „wollen unsere eigene Kirch“, Großbauern wogmöglich noch vor der eigenen Haustür, am besten mit Hofkaplan.
Sie verlangen vom Pfarrer auch 5 Gottesdienste (vgl. Visitationsdiskussion in Fahlenbach), Hauptsache „mir haben unsere Kirche“ (eigenen Gottesdienst) und es komme ja keiner und verlange von ihnen, dass sie drei km weiter ins Nachbardorf fahren sollen. Von daher und auf die Zukunft hin besehen, (um die man sich ja Sorgen macht) halte ich es auch – mit Verlaub gesagt – falsch, dass der Bischof in Eya eine Kapelle oder in Gambach einen Stockplatz einweiht. Damit kommt dann bei den Herrschaften die triumphierende Stimmung auf: Bitte, die Hochwürdigen Herrn brauchen nur ein wenig bedrängt werden, dann kommen sie schon zu uns. Ein, zweimal im Jahr – vermutlich würde sich ein Bischof wundern, wie viele seiner andächtigen Zuhörer nach dieser Schau bei einem schlichten Sonntagsgottesdienst noch zu finden sind! Eine Erziehung zur Bereitschaft der Leute, sich auf andere Situationen in der künftigen Pastoration einzustellen, wird damit behindert – und gewonnen ist mit diesem dekorativen Auftritt eines Bischofs auf die Zukunft kaum etwas. Höchstens die grinsende Bestätigung des Veranstalter: den haben wir – samt Staatsminister – wieder einmal hergebracht. Die Pfarrer können sich dann im normalen Sonntagsbetrieb wieder abstrampeln, wie und wo sie ihr Publikum in die Kirche bekommen.

c) Für meine Situation stimmt es einfach nicht, dass ein PGR eine Arbeitserleichterung darstellt. Die Leute hier sind mit den herrlich erdachten und großartig propagierten Themen meist überfordert. Außer man sieht die wesentlichen Aufgaben eines PGR darin, dass seine Räte in den priesterlosen Gemeinden Zeitschriften für Katholikentage und Opfertüten für Misereor verteilen und nebenbei Unterschriften für Voten gen § 218 und Mitglieder für den „Gong" sammeln.

Die Pfarrer sollen selbst mehr Stil, Phantasie und Beweglichkeit für ihre Arbeit entwickeln. Jeder hat heute Auto und Telefon, vielleicht sogar eine Schreibkraft, die Technik gibt mancherlei Hilfen. Von daher ist der gewachsene Umfang der Pfarreien im Vergleich zu früher auch ohne PGR leichter zu bewältigen.

(Ich empfinde Statistiken über den Priestermangel immer für eine unfaire Augenwischerei: Soviel Pfarreien früher so viele Priester, heute nur mehr so viele Priester usw. Wann wird denn einmal gesagt, dass es in unserer Welt einfach eine Unverantwortlichkeit im Vergleich zur Arbeitsbelastung der heutigen Menschen wäre, wenn der Pfarrer noch in einem 600 Seelendorf Bienen züchtet und sich ansonsten andächtig langweilt).

Nun geht es aber – idealerweise – beim PGR ja nicht nur um technische Hilfen und Arbeitserleichterung, sondern um die „lebendige Kontaktstelle zwischen Pfarrer und Gemeinde"! Für meine Situation brauche ich dazu wohl nichts mehr zu sagen. Wenn ich nicht selbst Stil und Form im Umgang mit den Menschen beherrsche, dann hilft mir dazu auch kein PGR als Kontaktstelle. Aber dies – Stil und Format des Pfarrers – ist natürlich um einiges schwerer zu „organisieren" als der nächste Termin für die PGR-Wahl. Heißt es dazu doch so schön im Konzilsdekret über „Dienst und Leben der Priester" 1. Kap. 3/23 „Dabei (i.e. bei der Kontaktnahme des Priesters mit seinen Gläubigen) helfen ihnen gerade jene Eigenschaften viel, die zu Recht in der menschlichen Gesellschaft sehr geschätzt sind: Herzensgüte, Aufrichtigkeit, Charakterfestigkeit und Ausdauer, unbestechlicher Gerechtigkeitssinn, gute Umgangsformen und ähnliches". Die kann nun einmal kein PGR abnehmen.

6. Abschließend noch ein paar Überlegungen zu der vielzitierten Erziehung zur „Mündigkeit" des Laien durch jene Form des PGR.

Ich weiß nicht, wie dieser Ausdruck im Zusammenhang mit der Bildung der PGR je und je verstanden wird. Gehe ich vom paulinischen Begriff des „Vollalters" aus, dann ist wohl gemeint, dass wir Priester in unserer Seelsorge für die Zukunft auf jenes Christsein hinwirken sollen, in dem sich der Mensch als Kind Gottes in Freiheit und Gläubigkeit von Gott berufen weiß.
Wie ist dies konkret zu machen? Via PGR oder sonstige elitäre Gruppen? Dadurch dass ich glaube, einzelne Leute meiner Gemeinde religiös auf 100 Grad erhitzen zu müssen? Aber Sektierer, Eiferer, Berufene, Auserwählte, Sendungsbewusste, Leute mit messianischem oder prophetischem Wahn nützen einer Gemeinde nicht. (Dies gilt meines Erachtens auch für andere, ähnliche Gruppierungen mit dem frommen Wahn für Radikalität!)

Hier gilt für mich das gleiche wie schon oben gesagt: In meiner „Methodik" im Umgang mit dem Menschen, der zu einer christlichen Mündigkeit kommen soll, habe ich wohl all das zu beachten, was ich zur Charakterisierung meiner Gemeinde bereits erwähnte: deren Familiarität, die Beziehung zum Leben und deren organischem Wachsen. Zielstrebig – aber langatmig, bewusst – aber nicht verbissen, freundlich – aber nicht betulich, väterlich, gläubig – aber nicht fanatisch, natürlich – aber nicht hemdsärmlig, fröhlich – aber nicht volkstümmelig, persönlich – aber mit Distanz.

So möchte ich meine Gemeinde, und zwar in ihrer Gesamtheit, mit der „Sache Gottes" zu einer Mündigkeit bringen.
Nicht auf Sparflamme, sondern schon mit dem Ehrgeiz, sie mehr und mehr zu erwärmen. Dies ist sehr schwer heute, das weiß ich. Aber Räte empfinde ich dabei nicht als Hilfe.
Ich möchte hier mit meiner Meinung noch einen Schritt weitergehen: all das, jene Hin-Führung meiner Gemeinde zu einer Mündigkeit, letztlich zu Gott, dies kann ich nur alleine leisten, dies nimmt mir keiner ab.
Wer glaubt, dies sei anmaßende Arroganz, der möge sich einmal Gedanken darüber machen, welche Stellung und welches Ansehen auch heute immer noch im tiefsten der Pfarrer in seiner Gemeinde hat: er ist für sie immer noch – der Repräsentant Gottes, kein bloßer Funktionär seiner institutionalisierten Kirche, auch nicht ein schön demokratisch Nivellierter, wie manche es gerne wünschen würden.
Diese Repräsentanz nimmt ihm keiner ab, kein Bischof und schon gar nicht ein PGR. Dies ist furchtbar – aber die „Mündigkeit" der Leute wächst in dem Maße, wie jener Repräsentant – schön alleine – in ihrer Mitte die Sache Gottes mit seinem Leben vertritt.

C. Schluss

Abschließend mein Wunsch an die Bischöfe:

Prüfende Distanz gegenüber jener bekannt gut deutschen Art, möglichst alles, auch PGR, zur Perfektion zu bringen. (Rom ordnet an, die Deutschen führen es vorbildlich aus!) Oftmals mit einer blinden Verbissenheit, so dass am Schluss nur mehr die Organisation der Organisation und die Form der Form wegen gehalten wird. Jene Distanz, die das Modische vom Inhalt zu unterscheiden weiß. Was haben wir seit Ende des Konzils doch schon alles durchexerziert, angefangen vom Geschrei über den „Dialog mit der Welt", der „Mündigkeit der Laien", dann war „Gott nur mehr im Menschen", zwischendurch einmal war „Gott tot", dann wieder machten wir ein bisschen in „Ökumene", auch mit den „Juden", heute ist „Spiritualität und Meditation" dran, dann wieder eine „Synode" mit „Strukturen der Basis".

Wie wär's, wenn man mir dazu in einem Winkel der Diözese zugestehen würde, ein bisschen gelassener mit den Menschen umzugehen, mir erlauben würde, diese Menschen in ihrer Art zu nehmen und ich mir dazu persönlich die je erforderlichen Gedanken in aller Verantwortlichkeit mache: Man belasse mir diese gewisse persönliche „Eigenbrötelei" oder besser „Eigenart". Vermutlich ist es Relikt und Mixtur einer interessanten Zeit der Ausbildung nach dem Krieg in Dillingen, als ich (vermutlich kann ich hier sogar im Plural von uns Heimkehrern schreiben) als wir eben in unserer Art zu Füßen unseres hochgeschätzten Lehrers Prof. Josef Schmid (NT) saßen und von ihm immer wieder hörten, dass es der „Einzelne" ist, der von Gott gefragt , gemeint und gefordert ist. Oder wie es ein wenig hochtrabender bei Goldbrunner zu lesen ist (gefunden in „Anzeiger f. d. Kath. Geistlichkeit" – Mai 74 S. 163) „Wenn jedoch die Zeichen der Zeit nicht trügen, geht mit dem Überschreiten der Kulturschwelle auch die Zeit der Öffentlichkeitswirkung des institutionellen Christentums zu Ende. Das unmittelbare und direkte Weltengagement wird hauptsächlich ein solches des Einzelchristen sein."

Weihbischof Manfred Müller zum Abschluss der Visitation 1974

Und weiter Goldbrunner – fast zu schön, was er hier schreibt – aber damit soll dann auch der Schluss meiner Zeilen gesetzt sein:
„Die Christen kommen zum Brunnen, und der Priester schöpft ihnen lebendiges Wasser; sie setzen sich erschöpft von ihrem Weltdienst an den Tisch im Hause Gottes, und der Priester teilt das Brot des Wortes und das Brot der Eucharistie zur Stärkung aus. Die Christen suchen Zuflucht an der Tür zur Transzendenz, und der Priester führt in die Stille der Mysterienfeier ein; die Christen suchen das verschwiegene Gespräch, und der Priester bemüht sich, gemeinsam mit ihnen den Sinn für die verworrenen Lebenswege zu finden.

Soweit meine schriftliche Rechtfertigung 1974 nach der Visitation durch Weihbischof Müller.

Lehrer

Lehrer im wahrsten Sinn des Wortes für meine theologische Ausbildung war sicher Prof. Josef Schmid, eine hochangesehene Autorität in den neutestamentlichen Wissenschaften, der uns Dillinger Nachkriegsstudenten in seinen Vorlesungen an die Schönheiten wie an die Geheimnisse, an die Kenntnisse wie an die Beschäftigung mit der Hl. Schrift herangeführt hat.

Es überfordert meine Fähigkeit diesen Menschen auch nur in etwa vorzustellen, noch liegt es vermutlich im Interesse vieler Leser, die einzigartige Originalität dieses Lehrers näher kennen zu lernen. Es gibt viele Geschichten um ihn, auch sehr persönlicher Art, die man nicht schildern kann, um ihm auch nur annähernd gerecht zu werden. Kurz nach unserer Weihe und unserem Weggang von Dillingen erhielt Prof. Schmid einen Ruf auf den neutestamentlichen Lehrstuhl der Universität München. Eine Berufung, die seinem wissenschaftlichen wie menschlichen Format angemessen war.

Professor Josef Schmid

Ich stehe nicht an, ihm das geistliche und religiöse Fundament meines Lebens zuzugestehen. Ein Fundament, das von ihm in Zurückhaltung und Diskretion, in großer Bescheidenheit und ohne jegliches Pathos angelegt wurde. Meilenweit entfernt von blumiger Emphase oder gar frommen Sprüchen, von falscher Gedrechseltheit oder literarischen Eitelkeiten.
Guardini hat er nicht ernst genommen und alte katholische Morallehre hat er mir gegenüber im Vergleich zur neutestamentlichen Bergpredigt einmal als „Himbeersaft in der Donau" bezeichnet.

Weihnachten 1950 war er nach einer ungemütlichen Bahnfahrt mit uns ein erstes Mal in Rom. Ich sehe ihn heute noch in seinem abgetragenen Mantel die ganze Nacht im Gang unseres Wagons stehen, jederzeit bereit, sich mit uns in ein Gespräch einzulassen. Er hatte einen ganz trockenen Münchner Humor und wusste Geschichten zu erzählen, dass wir aus dem Lachen nicht herauskamen.
Pius XII. mit Tiara, getragen auf dem päpstlichen Thron – konnte er nur mit deutlicher Überwindung bewundern, während die Menge um ihn herum ihr eviva il papa aus heiserem Halse schrie.

Bei einer Christmette in einer römischen Hauskapelle drängten wir ihn dann zu einer Predigt. Sie ist die einzige, die ich von ihm gehört habe. Sie ist mir bis heute unvergessen: eine Schlichtheit, ja eine Kindlichkeit und von verhaltener Ergriffenheit – unvergleichlich zu dem, was man sonst zu hören bekam. Prof. Mußner, sein erster Münchener Habilitant, erzählte mir später einmal, dass sie am Sonntag immer wieder in eine kleine

Münchner Friedhofkirche gepilgert seien, wo sie wussten, dass dort Prof. Schmid einen Gottesdienst hält und in einer völlig schlichten Weise dann wirklich das Wort Gottes verkündet habe. Ohne jedes Pathos aber im eigentlichen Sinn des Wortes „ergreifend".

Ich habe sicher in meiner ganzen seelsorglichen Tätigkeit nie eine klassische Moralpredigt gehalten – habe aber immer wieder mich und meine Zuhörer aufgefordert, hinzuhören, was uns in den Texten der Liturgie vorgelegt wird. Nachzudenken, was Jesus Christus von seinen Jüngern, von den Scharen, die ihm gefolgt sind, gefordert hat: Jene Wachsamkeit und jenes Mühen um das Reich Gottes, diese Dankbarkeit und Erwiderung von Gottes Liebe, die er uns in seinem menschgewordenen Wort geschenkt hat. Immer wieder wollte ich diese Freude und Hoffnung vermitteln, die uns der Glaube zu geben vermag. Schön wäre es, wenn ich damit hätte weitergeben können, was dieser großartige Lehrer, Professor Josef Schmid, in uns als überzeugendes und tragendes Fundament gelegt hat.

GR Lorenz Grimm, der strenge Lehrmeister in Pfaffenhofen

In der Aufgabe und Pflicht, das Wort Gottes zu verkünden, möchte ich in Dankbarkeit noch einen anderen Lehrmeister erwähnen: Geistlicher Rat Grimm, mein Chef in der Pfaffenhofener Kaplanszeit.
Es gab ja damals noch die brutale Weise, eine halbe Stunde lang, (!) von 8.30 bis 9.00 Uhr, vor (!) dem Gottesdienst die „Predigt zu halten". Das ist heute nicht mehr vorstellbar! Nur Spuren von ein paar frommen Alten waren unten von der erhabenen Kanzel herab in den Bänken zu entdecken. Und während man sich hier oben über eine halbe Stunde mühsam abstrampelte, füllten sich in einem ständigen Kommen die Bänke, so dass es eine wahre Erlösung war, wenn mit dem Glockenschlag um 9.00 Uhr dann der Chef mit seinen Ministranten plus mächtigem Orgelklang zum feierlichen Hochamt an den Altar schritt. Grimm hat von uns Kaplänen verlangt, wie er es ja auch selbst tat, dass wir frei ohne jegliches Manuskript auf die Kanzel gingen und „aus der Fülle unseres Herzens" die Menschheit belehrten. Gleiches verlangte er dann in einer halbstündigen Predigt zur Nachmittagsandacht an den Fastensonntagen und zu den Marienandachten im Mai. Auch das ist heute nicht mehr vorstellbar. Beim guten Kaplan Reichart hatte diese Methode zur Folge, dass er am Samstag keinen Bissen mehr hinunterbrachte. (Bis ich dem liebenswerten Asketen empfahl, er soll wenigsten ein großes Glas Rotwein trinken und ich daraufhin von seiner Mutter, einer altbayerischen Bäuerin, gelobt wurde, weil ich ihrem Sohn „a Mai voll" Wein empfohlen hatte, „da geht's dann gleich besser") Wenn Reichart dann mit zitternden

Knien am Sonntag um 8.30 auf die Kanzel stieg und die kleine Schar der Frommen für ihn ebenso zitterte, dann konnte man damit rechnen, dass er beim zweiten Satz in eine Leichenblässe verfiel und nach dem stockend hervorgebrachten 3. Satz dann mit erbarmungswürdigem Blick einen Rosenkranz anstimmte, worauf die mitleidsvollen Anwesenden sofort freudig und kräftig einfielen.

Mitkaplan Georg Reichart – 1987 mit 61 Jahren verstorben (im Bild rechts). In der Mitte der bekannte Expositus Höfler von Langenbruck (1981 verst.)

Das waren harte Lehrjahre für einen jungen Prediger. Aber sie haben mir zeitlebens sehr gut getan und der Befehl des gestrengen Chefs machte Sinn – schließlich war Grimm ja Offizier im ersten Weltkrieg, was ihm zeitlebens nachhing – dass wir unsere gut durchdachte Predigt-Gliederung auf dem Schreibtisch zurücklassen und sie im Hinterkopf speichern sollten. So könnten wir dann auch überzeugend vor eine Zuhörerschaft hintreten.

Wenn ich solch eine Ausbildungsmethode und auch solch eine bis heute praktizierte Predigtweise meinen jüngeren Mitbrüdern anempfehle, dann kann ich mir sicher einige Beschimpfungen anhören! Aber so will ich es ja! Bei diesem Tabuthema „Predigt" kann man nur provozieren, denn mir wird heute übel, wenn ich erlebe, wie in der frontalen Ansicht einer Zuhörerschaft am Ambo vom herausgerissenen Blatt einer perforierten Predigtzeitschrift die Ergüsse irgendeines Schreiberlings tiefsinnig vorgelesen werden. Da schalte ich ab. Bei unserem Predigen haben wir es ja nicht mit einer Vorlesung, sondern mit einer Verkündigung zu tun. Dass dies schwer ist, weiß ich – aber dass wir es uns möglichst leicht zu machen haben – dies steht ja auch nirgendwo geschrieben.

Große Dankbarkeit empfinde ich deshalb heute noch, dass ich in meinem Leben solch einem Lehrer wie Prof. Schmid begegnen durfte. Eine Predigtvorbereitung am liebsten mit dem griechischen Urtext, einen guten Kommentar, dazu ein Nachdenken, wie das Ganze in unsere Zeit und in unsere Situation passt, – um dies dann in schlichter Weise, behutsam und fragend unter das Volk zu bringen – das sind für mich die Voraussetzungen, um heute das Wort Gottes den Menschen zu verkünden. Oder wie es Rom mit seinen Worten immer eindringlicher von uns Pfarrern fordert: Die „Neuevangelisierung" des ehemals christlichen Abendlandes kraftvoll anzugehen. Gut gemeint, aber bekanntlich „kommen selbst die schönsten Programme nur auf menschlichen Beinen voran". Ich weiß, dass ich mit dieser Einstellung unter Kollegen für arrogant und anmaßend betrachtet werde. Soll es sein – per-

Msrg. Kunstmann 1963 bei der Weihe des Broncebeckens im Vorhof. Ein vorzüglicher Prediger.

sönlich werde ich weiterhin dankbar dafür sein, dass ich durch einen überzeugenden Lehrer in den biblischen Wissenschaften und durch einen gestrengen Chef in meiner Kaplanszeit bei diesem geistlichen Intimthema „Verkündigung" so belehrt und erzogen worden bin.

Fahnenweihe

Eine meiner größten Leistungen in einer außergewöhnlichen Kombination von Pfarrer, Seelsorger, Friedenstifter, Modeberater, Tröster und energischer Entscheidungsträger war 1976. Der „Krieger- und Veteranenverein" unter der tatkräftigen Führung eines

Aufmarsch der Fahnen

stämmigen Metzgermeisters wollte eine neue Fahne im Rahmen eines großen Ortsfestes weihen lassen. Ich hatte als Seelsorger die ehrende Aufgabe den Gottesdienst im Freien zu gestalten.

Jahre zuvor durfte ich schon einmal in einer fremden Gemeinde dieses ehrende Amt ausüben – für mich als Kind der Stadt etwas völlig Neues und Fremdes, mit seinen traditionellen Sitten und Gebräuchen, die ich dabei ein erstes Mal als Festzelebrant miterleben konnte.

Diese vorausgegangenen Erfahrungen ließen mich dann im eigenen Pfarrort ein wenig sicherer sein, was den zu erwartenden Auftritt von Prominenz, von Fahnenmutter, Fahnenbraut und Festjungfrauen, von Abordnungen und Gästen betraf. Trotz allem gab es für mich bei dieser Rohrbacher Fahnenweihe eine „spezielle Aufgabe", die ich in ihrem Umfang und ihrer Schwere nicht im Geringsten ahnen konnte.

Ein abendlicher Telefonanruf im Pfarrhaus eröffnete das Drama. Besagter Vorstand des „Krieger- und Veteranenvereins", Metzgermeister M. rief zu ungewöhnlich später Stunde an, ich möge doch sofort ins Café Lemle herunterkommen: Die Festjungfrauen und deren Mütter sind seit Stunden bei dem Problem der Festkleidung hier versammelt und unterdessen völlig zerstritten. Er sieht überhaupt keine Lösung mehr, um in dieser nun wirklich letzten und entscheidenden Sitzung zu einem Ergebnis in der Frage der Festtagskleidung zu kommen. Nochmals: ich soll doch bitte sofort herunterkommen und versuchen, diesen total zerstrittenen Haufen zur Raison und die Kleiderfrage womöglich zur Entscheidung zu bringen.

Man stelle sich meine Situation vor: Als Pfarrer – und dazu noch als unerfahrener Schwabe aus der Stadt – soll ich in dieser dramatischen Frage der Festtagskleidung vor zerstrittenen Ehrenjungfrauen und deren kampfbereiten Müttern Frieden stiften und womöglich auch noch entscheiden, was sie bei diesem Fest anzuziehen hätten. Blitzartig schoss mir die Erinnerung an das ähnliche Fest vor etlichen Jahren wieder in den Sinn, sah mich im Talar hinter den Ehrenjungfrauen und deren Fahnenmutter im Gleichschritt marschieren – und musste

Festprediger mit Ehrenjungfrauen

hellauf lachen. „Auf in den Kampf, Torero“ rief ich mir innerlich zu, bereit hier Lösung und Frieden zu stiften.

Allerdings – was meine zu erwartenden Aufgabe als Modeschöpfer anbetraf, sollte sich dies nun wirklich nicht wiederholen, was mir immer noch reichlich plastisch aus dem ersten Fest in Erinnerung war: Die Prachtgewänder der damaligen Fahnenjungfrauen: schwere dunkelblaue Samt- und Taftkleider, die die üppigen Formen der kräftigen Bauerntöchter bodenlang umhüllten. Nein, das wollte ich vermeiden, nicht nur aus ästhetischen Gründen, sondern auch wegen den Versuchungen zu unkeuschen Gedanken um die sekundär erotischen Zonen, die beim Gleichschritt hinter der Marschmusik – so in meiner Erinnerung – kräftig mitwogten. Aber – lass ich mich überraschen, steige ich herab vom Berg der Verklärung in das Schlachtgetümmel aufregender Festvorbereitungen!

Das war nun allerdings schockierend, was ich beim Eintritt in die zerstrittene Versammlung erleben musste: Verbittert böse Gesichter bei den Müttern, heulende Mädchen, eine verstörte Trachtennäherin aus der Kreisstadt, die mich misstrauisch beäugte, weil ihr in ihrer jahrelangen Erfahrung als Festjungfrauenausstatterin so etwas wohl noch nie widerfahren ist: Ein Pfarrer als Konfliktlöser in Modefragen. Ich ging an die Arbeit, hatte offenbar nicht nur von Anfang an die notwendige Autorität, sonder auch die allseitige Bereitschaft der Anwesenden, in gewohnt andächtiger Stille meinen Ausführungen zu lauschen. „Bitte zeigt mir die Modelle“. Daraufhin gab ich dem ersten Mädchen – je nach Haut- und Haarfarbe – das erste Modell, der zweiten und den weiteren die übrigen Modelle. „Jetzt geht hinaus in die Küche, zieht die Kleider an, dann wollen wir weiter sehen“. Einige Minuten später dann der Auftritt der Rohrbacher Festjungfrauenmannequins. Die Erste, die Zweite, die Dritte usw. Ich kannte sie und ihre Familien natürlich alle beim Namen, erklärte ihnen, dass ich nun wirklich nicht parteiisch und persönlich die eine oder andere vorziehen werde, sondern möglichst neutral und sachlich das Gewand aussuchen werden,

Rohrbacher Mädchen führen Hochzeitskleider zwischen 1945 und 1995 vor

das mir für diesen und viele späteren Anlässe als das geeignetste erscheint. Und so kam es dann auch: brav hörten sie zu, was mir an dem einen Gewand mehr und an dem anderen weniger gefiel. Und am Schluss verkündigte ich im Ton kirchlicher Unfehlbarkeit, dass dieses und nur dieses Gewand das Richtige sei: ein nettes Modell, Leinen, dezente Farben, natürliches Mieder und eine wundernette spitzendurchbrochene Schürze. Ja – und was soll ich weiter sagen, der Fall war damit gelöst, das Fest mit der Fahnenmutter – der unvergessenen Renate von Koch, – der Fahnenbraut und den Festjungfrauen gerettet. Alle wussten, dass es nun nichts mehr zu streiten gibt und die völlig verdutzte Trachtennäherin bekam an Ort und Stelle noch ihren Auftrag für circa zwanzig Kleider meiner Wahl.

Der Festveranstalter

Noch etliche Jahre habe ich bei Aufzügen unserer Rohrbacher Mädchen auf anderen Ortsfesten sie in ihrer lieben Tracht gesehen und wurde natürlich von ihnen auch immer wieder mit frohem Winken als Zuschauer, Pfarrer und Modedesigner am Straßenrand herzlich lachend gegrüßt. Und wenn sie heute als Mütter ihren Kindern diese Geschichte erzählen, dann ist die Dramatik von damals sicher nicht vergessen – aber hoffentlich nur mehr Grund, darüber ebenfalls herzlich zu lachen. Darum habe ich diese Geschichte aus meiner Erinnerung ja auch gerne erzählt.

Rohrbacher Kirchenzettel

KATHOLISCHES PFARRAMT ROHRBACH / ILM

Nun also die schon mehrmals erwähnten „Rohrbacher Kirchenzettel“.

Nach einer mühsamen Auswahl glaubte ich anfangs in naivem Sinn, sie „thematisch“ über das ganze Buch verteilen zu können. Aber da ist mir dann doch die Luft und die Geduld ausgegangen. Deshalb also hier en bloc, als Paket, das langsam zu öffnen vielleicht auch seinen Reiz hat.

Manche „Kirchenzettel“ habe ich sicher das letzte Mal vor 15 Jahren gelesen und musste beim Wiederentdecken oftmals herzlich lachen, wie ich doch mit meinen Lieben umgegangen bin. Aber sie sind sicher ein kräftiges Zeugnis für Stil und Atmosphäre einer Fess'schen Pastoration und bieten manch nette Begebenheit aus diesen Jahren meiner literarischen Bemühungen.

Was mir heute bei dieser Neuauflage fehlt, ist der verborgene Hintergrund. Sagte doch einmal eine bekannte Rohrbacherin zu mir – und dies hat mich natürlich sehr gefreut – „Ich weiß genau, dass man Ihre Zettel zwischen den Zeilen lesen muss. Hier bringen Sie dann das an, was Sie den Rohrbachern unter die Nase reiben wollen“. So war es in der Tat sehr oft: ein Gerede, ein Ereignis, ein Gerücht, eine Veranstaltung, überflüssige Aufregungen, falsche Erwartungen und vieles andere konnte ich hier unterbringen, ohne gleich Ross und Reiter benennen zu müssen. Und die Leute haben es verstanden: oftmals bekam ich nach solch einem Zettel die grinsende Bestätigung: „Wir haben schon begriffen, was Sie hier wieder durch die Blume sagen wollten.“
Dieser aktuelle Hintergrund fehlt heute, wenn man die Zettel wieder liest. Aber das macht nichts.

Vielleicht hätte ich auch die eine oder andere Vorderseite bringen müssen. Wenn nach der „Gottesdienstordnung“ noch Platz übrig blieb, so war dies gerade recht für kurze Personalien, über Geburtstage, Jubiläen, Todesfälle, Lustiges aus Kindermund, ein Zitat, Statistik, Sammelergebnisse, vorweg Betteleien natürlich, Veranstaltungen, Verlautbarungen und vieles andere aus dem Rohrbacher Alltag. Aber dies wäre nun alles zu viel geworden und ich bin schon froh, wenn der Drucker die Rückseiten diese berühmten „Rohrbacher Kirchenzettels“ wenigstens gelten lässt.

So kann ich also den Lesern nur mehr viel Vergnügen und den Rohrbachern eine hoffentlich liebe Erinnerung an diese wöchentlichen Schreibmaschinenprodukte aus dem Pfarrhaus wünschen.

Selbstverständlich habe ich meinem jungen Nachfolger immer wieder einmal gerne mit dieser für ihn ungewohnten Rohrbacher Spezialität geholfen, wenn er mit seiner umfangreichen Pfarrei ins Schleudern kam. Aber dies kann er dann später selbst einmal auf den Rohrbacher Büchermarkt der Erinnerung bringen.

Herzlichen Dank für Ihr Gebet! Es hat wirklich geholfen, daß wir an Frankreichs herrlicher Mittelmeerküste mit Sonne reichlich beschenkt und von dunklen Pinien, rotem Felsen und tiefblauem Meer bezaubert wurden. Gracia von Monaco hat uns nicht empfangen und Brigitte Bardot hat sich in St.Tropez auch nicht sehen lassen. Aber dafür viele Menschen, Gesichter, den „Mann auf der Straße" und die Hausfrau auf dem Gemüsemarkt in Nizza, den verbissenen Spieler im Casino von Monte Carlo und unseren herrlichen Jean Claude, den Wirt vom Bistro um die Ecke mit seinem furchterregenden Schnauzbart, die beiden Damen mit ihrem Zwergpudel, unseren Freund, den Nachtportier im Hotel und die Mädchen vom Casino Ruhl .....
Tausend Gesichter, tausend Schicksale, jeder Mensch mit seiner eigenen Geschichte um Liebe und Leid.
Auf dem Heimflug habe ich in der „Süddeutschen" einen Abdruck aus Präsident Giscards neuestem Buch gefunden: „Der französische Charakter hat sich nicht verändert: hurtig bis zur Wechselhaftigkeit, von Natur aus großzügig, aber durch bäuerliche Besitzinstinkte doch zurückgezogen auf sich selbst. Diskutierwütig.... allen Ideen gegenüber aufgeschlossen und doch ein Bewahrer all dessen was ihn umgibt.... Scheinbar zynisch, ein Aufschneider, aber im ganzen betrachtet das feinfühligste Volk der Welt!"

Warum ich Ihnen das schreibe? Ich finde, es ist eine Fortsetzung zu meinen letzten Briefen mit dem Thema der Verschiedenartigkeit von Menschen und Völkern. Bei unserem Sonntagsgottesdienst in der Sacre Coeur meinte ich dann auch, daß bei diesem Gegenüber das Gesetz Christi in unserem Alltag seinen eigentlichen Platz hätte: Liebe, Verständnis, Toleranz, den Blick und das Gespür für den Anderen.
Zur Beruhigung aller Daheimgebliebenen: Selbstverständlich sind wir alle wieder gerne nach Rohrbach zurückgekehrt! Aber es ist halt zwischendurch auch ganz schön, ein bißchen auszubrechen.

Ehrlich – kennen Sie aus Ihrer Schulzeit noch das Hauptgebot der LIEBE?? — Also, so hat es geheißen:

„Du sollst den Herrn, deinen Gott, lieben von Ganzem Herzen und ganzer Seele, mit all deiner Kraft und deinem ganzen Denken, und: Deinen Nächsten sollst du lieben wie dich selbst."

Lk.10,27 – vgl. GL 63/3)

Frage ich da in dieser Woche in einer 6. Klasse nach diesem Gebot.
Die erste Antwort eines 12jährigen Buben lautete: Das Hauptgebot der Liebe heißt: „Du sollst nicht ehebrechen!" Ich schlucke leicht und frage ein Mädchen, die es offensichtlich besser weiß.
Ihre Antwort: Das Hauptgebot der Liebe heißt: „Du sollst nicht begehren deines nächsten Weib!"

Ich bin k.o. Wie ich wieder zu mir komme, fange ich zu sinnieren an:
Was haben wir – auch bei Kindern! – eigentlich aus dem Wort „Liebe" gemacht? Furchtbar.
Liebe 77, das ist im Hirn vieler Zeitgenossen schlicht und einfach: Beziehung der Geschlechter, – oder noch einfacher: Sex. – Aus, Amen, sonst nichts mehr.

Liebe – verstanden als Ehrfurcht vor Gott, Ehrfurcht vor dem Nächsten, das ist vorbei, ein Ladenhüter aus dem Religionsbüchlein, fromme Reden von Zurückgebliebenen. „Du sollst den Herrn, deinen Gott, lieben.... Du sollst deinen Nächsten lieben...."

Ist das wirklich von vorgestern?

Bekommen Sie eigentlich nicht auch von Zeit zu Zeit Bedenken, daß wir langsam aber sicher verblödet werden? Richtig auf Schwachsinn hingetrimmt werden?

So ein Fernsehabend, wie in dieser Woche, mit drei Stunden Fußball ist für mich – im Nachhinein – so eine Art von nationalem Verblödungsvorgang. Nicht daß ich Fußball nicht gern hätte – ich habe nachts um 11 Uhr selber noch zugeschaut. Aber hernach rührt sich bei mir Verstand und Gewissen, wenn ich von höchsten Einschaltquoten höre, von leergefegten Straßen und wenn ich mir vorstelle, daß nun eine ganze Nation von Flensburg bis Garmisch und darüber hinaus sich vor dem Fernsehschirm austoben darf, debattieren, kritisieren und es besser wissen darf. Und am Schluß dann im wohligen Gefühl der Siege ins Bett gehen darf. Spätestens in diesem Augenblick läßts dann bei mir aus und ich bekomme plötzlich Angst, ob da nicht mit uns allen etwas veranstaltet wird, was zu Schwachsinn führt.

Aktivität, Phantasie, Initiative, persönliche Interessen und Eigenart, zupacken und unternehmerischer Geist werden dabei jedenfalls nicht verlangt und nicht gefordert. Diese Eigenschaften haben vermutlich nur mehr die ganz Anderen: Die großen Vereinsmanager, die Fernsehbosse und journalistischen Einheizer, die Leute mit Zuckerbrot und Peitsche. Sie lassen die Puppen tanzen, die Spieler wetzen und uns – gegen Eintrittsgeld und TV-Gebühren – uns lassen sie zuschauen. Viel Vergnügen – aber wie gesagt: ich habe dabei plötzlich wieder einmal Bedenken bekommen.

Meine Ansprache am vergangenen Sonntag bei der Sportheimeinweihung in Gambach zum Thema „Alkoholismus unter unserer Jugend" scheint einigen Leuten an die erweiterte Leber gegangen zu sein. Das wollte ich eigentlich genau. Mit einer schönen und frommen Predigt zu solch einem Thema regt man heute niemand mehr auf. Und so eine Sache wie Alkoholismus unter unserer Jugend – wie dessen Folgeerscheinungen bis hin zum Unfalltod – so etwas ist schließlich eine aufregende und keine schöne Sache mehr. Ja, ich möchte behaupten, daß dies auf die Zukunft hin betrachtet für unsere Jugend und damit für unser Volk eine Katastrophe ist. Wer dies nicht begreift oder nicht begreifen will, dem darf es auch ein Pfarrer bei solch einer Gelegenheit ruhig einmal deutlich sagen.

Um nun nicht in den Verdacht zu kommen, ich nütze meine Situation als Prediger aus, wo ein öffentlicher Widerspruch nicht möglich ist, mache ich folgendes Angebot an alle, die mit meinen Ausführungen am vergangenen Sonntag nicht zufrieden waren:

a) ich stelle mich gerne einer weiteren Diskussion zu diesem Thema. Ich würde es sogar für sehr gut finden, wenn vor einem möglichst breitem Publikum in einem eigenen Diskussionsabend einmal ausführlich darüber gesprochen wird.

b) außerdem hat jedermann bei voller Namensnennung mit dem nächsten Kirchenzettel Gelegenheit sich kritisch mit meinen Ausführungen auseinanderzusetzen. Bitte, schreiben Sie mir Ihr Mißfallen, ich werde es das nächstemal als Ihre Meinung widergeben.

Die allgemeine Sorge von staatlichen Behörden und vielen Verantwortlichen über den Alkoholismus unter unserer Jugend ist wirklich zu ernst, als daß dies nur mit Debatten hinter dem Maßkrug abzuhandeln wär. Der Kummer der Eltern und die Hilflosigkeit unserer jungen Leute gegenüber einer hemmungslosen Werbung wie gegenüber dem Sog der Masse – dies einmal aufzuzeigen gehört sicher auch zu den Aufgaben eines Pfarrers.

Gut, daß mir die Kinder wenigstens noch im Abfassen des Kirchenanzeigers helfen. Mit den Erwachsenen ist ja hier nichts zu wollen. Einmal biete ich eine Gegenerklärung und Diskussion zu meinen Äußerungen über Jugendalkoholismus an. Reaktion: Null. Dann versuche ich es wieder mit akutellem Volksfest- und Bierzeltrummel – nichts darauf. So habe ich mich hilfesuchend an meine lieben Kinderchen in der Schule gewandt. Hier das Ergebnis:

„Liebe Pfarrgemeinde! Heute in der Religionsstunde hat der Herr Pfarrer uns erklärt, daß er sich jeden Freitag so plagen muß, damit ihm etwas für seinen Kirchenzettel einfällt. Deshalb schreiben wir – die Klasse 3 b – Ihnen heute einmal diesen Brief. Wir erzählen Ihnen, wie es in der Religionsstunde und beim Schülergottesdienst so zugeht. Im Religionsunterricht geht es immer recht lustig zu. Der Herr Pfarrer macht immer Faxen und wir müssen immer lachen. Und wenn jemand seine Hausaufgabe nicht gemacht hat, wird er grantig. Und immer wenn ich was richtig gesagt hab lobt er mich, sodaß mir ganz heiß wird und einmal da hab ich an die Tafel schreiben müßen was er diktiert hat. Und immer wenn der Herr Pfarrer geht, dann müßen wir „Grüß Gott" sagen."

Bitte, ist das nicht ein herrlicher Beitrag! Und da schimpfen dann die verehrten Erwachsenen auf die Jugend von heute! Erst einmal nachmachen oder besser machen!

A propos Kinderchen. Hoffentlich versäumen Sie nicht am nächsten Sonntag (24.7.) bei der Einweihung des Kindergartens Ihre Kinderchen gebührend zu bewundern. An diesem Tag (Beginn 9,30 Uhr mit dem feierlichen Gottesdienst) können Sie z.B. das erstemal unsere Jugendkapelle hören, Sie können Theateraufführungen und Schülerarbeiten bewundern. Und Sie können natürlich auch Bier vom Fass trinken und Ihren Hunger bei diesem Fest mit Schweizerkäs stillen. Womit wir dann ja wieder beim alten Thema wären. Also – Prost – Entschuldigung: Mit freundlichem Gruß, wollte ich natürlich sagen!

Neulich ist mir wieder einmal gesagt worden, daß meine Predigten zu „hoch“ wären. Das ist ein alter und schon vielfach diskutierter Vorwurf. Die Meinungen gehen dabei – auch unter meinen Kritikern – weit auseinander. Darf ich Ihnen daher heute einmal ein paar Gedanken zu diesem Thema „Predigt“ niederschreiben.

Unter Pfarrern geht der Spruch, daß eine gute Predigt gleichermaßen bei Kindern wie anspruchsvollen Erwachsenen „ankommen“ muß. Ich halte diese Meinung in den meisten Fällen für eine große Selbsttäuschung. Wenn ich Kinder und Erwachsene, liebe Omas und kritische Leute, Anspruchsvolle und weniger Anspruchsvolle, Andächtige und weniger Andächtige vor mir sehe – dann soll mir einer einmal vormachen, wie er alle diese lieben Zuhörer in ihrer Vielfalt und Verschiedenartigkeit noch gleichermaßen mit seiner Predigt aus den Stühlen und dem Schlaf reißt. Diese Behauptung nehme ich einem nur sehr unter Vorbehalt ab. So etwas von einem Prediger zu verlangen, ist schlicht eine Über-Forderung. Ich kann das nicht. –
Was ich vielleicht kann (oder besser gesagt: können möchte) ist ganz bescheiden die Kunst, wenigstens Einzelne mit meinen Gedanken anzusprechen. Und hier verrate ich Ihnen ganz gerne einmal etwas aus meiner „Predigtküche“. Oftmals ist es wirklich nur ein Einzelner, vielleicht hinten an der Tür oder irgendwo zwischen den Bänken, der mich „auf Touren“ bringt. Und bewußt oder unbewußt fängt es dann bei mir im Hinterkopf zu surren an: Diesem seltenen Gast sage ich es heute einmal, der soll auch nicht meinen, daß Glaube und Religion nur eine Kinderkrankheit ist, der muß mit anderen Gedanken aus der Kirche gehen als wie er hereingekommen ist......
Und so verfängt man sich oft ungewollt in die fixe Vorstellung von einem einzelnen Gegenüber, dem man etwas sagen möchte. Und die vielen Anderen? Die schütteln dann den Kopf und denken sich: „Was der nur heute wieder so hochgestochen daherredet!“
Und warten auf das Amen von Ihrem Pfarrer.

„Augenblicklich haben die Kirchenzettel keinen rechten Rhythmus“ hat die Frau Nachbarin gemeint. Ich soll mein hochgestochenes Zeug mit Psychologie, Komplexität, Kennen und Beurteilen von Menschen bleiben lassen und wieder so lustig blödeln und schreiben wie früher. Aber mei – immer gelingt dies auch nicht und zwischendurch möchte ich einmal etwas „Gescheites“ schreiben.
Und außerdem paßt vielen meine Blödelei nicht. Diese meinen dann wieder, ich soll endlich einmal etwas Frommes schreiben. So wie es andere Pfarrer mit ihren Pfarrbriefen tun.

Sie sehen, es bewahrheitet sich wieder einmal der Spruch: „Allen Leuten recht getan, ist eine Kunst, die niemand kann“, oder Oberbayrisch: „Wie mans macht ist's verkehrt.“ Deshalb werde ich es am besten weiterhin so machen, wie es mir eben liegt. Denn das müssen Sie mir zugestehen: Was Sie auf diesem Zettel finden, ist „Eigenbau“, persönliche Meinung, auch wenn es manchen oftmals nicht so recht behagt. Mit abgeschriebenen frommen Reden habe ich Sie auf diesen Blättern noch nie gelangweilt. Da würde ich lieber vorher mit dem Schreiben aufhören. Und so wird es auch in Zukunft immer wieder passieren, daß den Einen dies und den Anderen jenes (nicht) gefällt.

+

Ich muß meine letzten Briefe noch zu einem Abschluß bringen. Wieder im Fernsehen gehört und gesehen, in Georg Büchners Drama „Dantons Tod“ 1. Akt.
JULIE „Glaubst Du an mich?“
DANTON (ihr Mann) „Was weiß ich, wir wissen wenig voneinander.
Wir sind Dickhäuter, wir strecken die Hände nacheinander aus,
aber es ist vergebliche Mühe – wir sind sehr einsam.“
JULIE „Du kennst mich, Danton.“
DANTON „Ja, was man so kennen heißt.
Du hast dunkle Augen und lockiges Haar und einen feinen Teint,
und sagst immer zu mir: lieber Georg!
Aber (er deutet ihr auf Stirn und Augen) da, da, was liegt hinter dem?
Geh, wir haben grobe Sinne. Einander kennen?“

+

Jetzt werden Sie wieder den Kopf schütteln und fragen, was dieser Text nun wieder bedeuten soll? Er hat mir halt gefallen und paßt so gut zu meinen letzten Briefen.

Urkomisch empfinde ich immer wieder jene gar nicht so seltenen Opas zwischen 20 und 30 Jahren, die mit wahrer Empörung von der „heutigen Jugend" zu sprechen verstehen. Den berühmten zweiten Satz ihrer empörten Rede kennen Sie ja dann sicher auch: „Mir – zu unserer Zeit...." Und dann bekommt man zu hören, wie dies in „ihrer Jugend" (vor 5 Jahren vielleicht – kurz nach ihrem Stimmbruch) gewesen ist: ganz anders, viel strenger und natürlich viel besser. Nein – diese Jugend von heute!

Ehrlich gesagt, bei solch lebenserfahrenen Weisheiten verschlägt es mir meist die Gegenrede und ich hör mir halt dann dieses abgedroschene Zeug an. Und da ich sowieso bei vielen „Erwachsenen" in dem Verdacht stehe, daß ich zuviel zu und von der Jugend halte, bin ich halt stad. Daher heute nur eine Überlegung dazu:

J u g e n d ist immer eine Vielzahl und eine Vielfalt von e i n z e l n e n Jugendlichen. Von dieser Vielfalt haben wir z.B. auch in unserer Gemeinde „solche und andere". Gott sei Dank! Wenn nämlich alle Jugendlichen so wären, wie diese „Erwachsenen" glauben, daß sie nach ihrer Vorstellung sein müßten, dann wär dies vermutlich stinklangweilig. Verallgemeinernde Urteile („die Jugend von heute") sind daher einfach falsch. Sie kommen aus der Unfähigkeit zur Differenzierung (Vgl. Mitteilungen Nr. 70)

Ein Beispiel zum Ganzen:
Rohrbach diese Woche, Religionsunterricht in einer 9. Klasse. Ich lasse die 15- bis 16jährigen Themen nach ihrer Wahl aufschreiben, die wir in diesem letzten Schuljahr beim Religionsunterricht miteinander diskutieren könnten. Vorschlag einer Schülerin:
1. Leben nach dem Tod.
2. Wie kann man die Lehre Christi vereinfacht in unser Leben einplanen?
3. Wie sollte Gott für uns vorstellbar sein?
4. Haben andere Religionen Ähnlichkeiten mit der katholischen Lehre?
5. Ist Selbstmord ein Verbrechen?

Frage an die „Erwachsenen": Waren diese Themen „in Ihrer Jugend" auch schon Probleme?

Kirtanudln – Kirchweihsonntag, Kirchweihgans und großer Kirta!
Herrlich diese Begriffe! Das Wasser läuft einem im Mund zusammen und die Magensäfte fangen an zu gurgeln. Bloß – ich komm damit nicht auf den "religiösen Kern" dieses Tages. Aber der ist ja auch nicht gefragt bei so viel leiblicher Seligkeit. Soll ich von Schmalznudeln schwärmen und von früheren Zeiten, wo die Dienstboten nach einem harten Sommer ihre dampfenden Schüsseln serviert bekommen haben und abends, beim Kirchweihtanz, noch etliches nachgespült wurde? So erzählen es wenigstens die Alten und der vom Bayerischen Rundfunk – abends bei der Stubnmusi oder beim Hoagast. Grad schön wars, die guate alte Zeit!? Aber – entschuldigen Sie:

K i r c h e – das ist für mich auch so eine blöde Barackenbude mit Riesenparkplatz in einem Vorort von Chicago. Dort habe ich einen Italo-Amerikaner mit einer bunten Ami-Gemeinde in einem katholischen Gottesdienst Wechselgesänge singen hören....

K i r c h e – das ist für mich auch eine kleine gebückte und runzlige alte Frau in einer dunklen sizilianischen Dorfkirche. Mit ihren dünnen knochigen Fingern hat sie vor einer Papierbild-Madonna eine Kerze angezündet....

K i r c h e – das ist für mich auch Sacré Coeur in Paris, diese architektonische Crèmetorte, wo ich mit etlichen Frauen unserer Gemeinde gerade zum Vespergottesdienst am Herz-Jesu-Fest hineingeraten bin ....

K i r c h e – wenn 10- und 11jährige hier beim Schulgottesdienst vorsingen und eine 16jährige ein freies Gebet spricht ....
wenn eine ganze Gemeinde 20 Sekunden lang still sein kann, sich konzentriert, sich zum Beten sammelt....
wenn vielleicht irgendwann einmal im Jahr ein Funke überspringt und zündet, wenn plötzlich jemand Trost empfindet, Dankbarkeit, Freude und Geborgenheit....

DAS ALLES IST K I R C H E !

Feiere es jeder auf seine Weise! Bloß – freuen wir uns, daß es überhaupt „eine Kirche" gibt.

Eine vornehme Erscheinung, eine junge Frau von gepflegtem Aussehen gehört seit langem als treues Mitglied zu unserem Rohrbacher Kirchenchor. Bei jeder Probe in der Kirche ist sie dabei, bei jedem Gottesdienst selbstverständlich auch. Ich kann es nicht verleugnen: ich habe eine Schwäche für sie. Sie trägt kostbaren Schmuck, zwei herrliche Perlen als Ohrgehänge, ein kleines Diadem auf der Stirn, Perlen am Hals und beiden Armen. Und sie ist künstlerisch begabt, sehr musikalisch, spielt Orgel, singt. Verständlich, daß solch ein bezauberndes Geschöpf mich völlig verwirrt. – Auch in Waal ist sie immer zu sehen. Sie läßt mich nicht aus den Augen, ruhig, schön, mit vornehmem Charme.

Sie kennen die Dame nicht? Ist sie Ihnen noch nie aufgefallen?
Schauen Sie doch einmal am Sonntag zur Orgel hinauf, in Rohrbach oder in Waal. Sie können diese Frau nicht übersehen:

Die heilige Cäcilia, die Patronin der Musik,

schön gemalt auf einem Tafelbild in Rohrbach und elegant an der Brüstung der Waaler Orgelempore. Sie mit Musik zu ehren, gehört sicher zu den Traditionen unserer Gemeinde, sonst hätten unsere Vorfahren nicht mit so viel Liebe diese kostbaren Bilder uns Heutigen überlassen.

Sie, die Patronin der Musik zu ehren, das wollen auch wir wieder tun. Ich lade Sie daher ein zu einem kleinen Konzert zu Ehren der Hl. Cäcilia

Übermorgen, am Sonntag den 20. Nov. nachmittags 3 Uhr

in der Turnhalle unserer Rohrbacher Schule. Es musizieren Kinder und Erwachsene unserer Gemeinde, Sie hören Geigen und Trompeten, Klarinette und Klavier, Gesang und Musik zu unserer Freude und zu Ehren dieser vornehmen Frau, der hl. Cäcilia.

Es war schon ein Vergnügen, Kinder und Erwachsene musizieren zu sehen: Am vergangenen Sonntag, zum Fest der hl. Cäcilia, am Nachmittag in unserer Turnhalle, das war ausgesprochen nett. Herzlichen Dank nochmals allen, die gekommen sind. Die Plätze waren besetzt, wir haben nicht vor leeren Stühlen singen und spielen müssen.

Und trotzdem – irgendwie enttäuscht mich doch auch immer wieder die Gleichgültigkeit vieler Leute, wenn in unserem Dorf der Versuch zu ein bißchen „Kultur" gemacht wird. Ich finde: Ohne Kultur ist eine Gemeinde eine primitive Arbeits- und Schlafsiedlung. Und das finde ich zu wenig, wenn man für seine Heimatgemeinde ein bißchen Stolz und Ehrgeiz fühlt. Von daher sollte man dann Bemühungen anerkennen, die über Verkapselung und Isolierung hinaus etwas anbieten, was zum „Niveau" einer Gemeinde beiträgt.
Nur zu schimpfen, daß Rohrbach ein „langweiliges Nest" und jede gesellige Bemühung ein „blöder Verein" sei, das ist zu billig. Mir imponiert es, wenn in unseren Gemeinden Leute da sind, die Phantasie und Einfälle, Können und Initiative mitbringen, denen Wirtshaus und Fernsehen allein zu wenig ist. So ist es herrlich, wenn heute wieder aus vielen Häusern Trompeten und Klarinetten, Geigen und Klavier und mancherlei andere Instrumente erklingen. Und es ist prima, wenn an einer Ladentür die ganz private Initiative einer Bäuerin zu lesen ist, die anderen Frauen die Kunst der Adventsgestecke beibringen will, wenn in unserer Gemeinde Theater gespielt, getöpfert, gemalt, an selbstgebauten Webstühlen gewoben und manch andere Kunstfertigkeit gepflegt wird. Darüber soll man sich freuen. Doppelt freuen, wenn diese unsere Mitbürger ihr Licht und ihr Können nicht unter den Scheffel, sondern auf den Leuchter stellen, damit es allen im Hause, (in unserer Gemeinde) leuchte. Wie es schon im Evangelium heißt.

+

Advent wär wieder eine Zeit für Phantasie, für Gestaltung, für ein bißchen „Niveau und Kultur" in unseren Familien.
Lassen wir uns etwas einfallen!

„Staatsbegräbnis 3. Klasse“ oder “Hochzeit des Jahrhunderts“?
Für was soll man solche Bürgerversammlungen im Zuge der Eingemeindung von Fahlenbach und Gambach halten? Ich muß Ihnen gestehen, daß meine Gefühle bei solchen Veranstaltungen „sehr gespalten“ sind: Soll man traurig sein, wenn man den Rechenschaftsbericht zum Abschluß einer Selbständigkeit hört – soll man sich freuen, wenn wir immer zu größeren Gemeinschaften zusammenwachsen? Auf jeden Fall komme ich bei solchen Ereignissen nicht um ein paar bewegende Gefühle herum....
Betrachten wir das Ganze einmal aus der Geschichte unserer bayerischen Heimat. – Seit dem 1.Januar 1806 war Bayern Königreich und ein souveräner Staat. Die vielen großen und kleinen, geistlichen, weltlichen und bürgerlichen „Staaten“ und Städtchen, Herrschaftsgebiete verschiedenster Herkunft hörten auf. Die Welt begann großräumiger zu denken. 1808 bekam Bayern eine Verfassung. Gegen Ende des vorigen Jahrhunderts, insbesondere unter dem Einfluß Bismarcks, geht die Entwicklung dann auf einen deutschen Nationalstaat zu.
Und heute? Wie oft hören wir heute das Wort „Europa“, europäische Wahlen, europäische Gemeinschaft? Das sind einfach Tatsachen in der geschichtlichen Entwicklung unserer Welt. Denen kann man sich nicht engstirnig verschließen. Damit würde man sonst nur beweisen, daß unser geistiger Horizont nicht über den heutigen Tag hinausreicht.
Auf der anderen Seite – und das ist für mich im gleichen Zusammenhang ebenso wichtig – haben wir mit aller Kraft darauf zu achten, daß wir unsere „Eigenart“, unsere „Originalität“ und unser besonderes Gepräge nicht aufgeben. Großräumiges Denken heißt nicht kommunistischer Masseneintopf. „Mir san mir“, das gilt auch weiterhin für die Feilnbecker und die Gambecker. Aber darüber hinaus gibts dann auch noch etwas anderes.
Als am 1. Januar 1806 meine Heimat- und freie Reichstadt Augsburg dem Land Bayern einverleibt wurde, da schrieb damals ein schwäbischer Pfarrer: „Wir sind nun also bayerisch! Gott gnade uns allen!“
Gott gnade Euch Fahlenbachern und Gambachern!

Neulich im Fernsehen, BR, 3. Programm. Diskussion über „Ende der Aufklärung"? Vermutlich sagt Ihnen das nicht viel. Es war spannend und hochdramatisch. Sechs blitzgescheite Leute haben sich temperamentvoll darüber gestritten, ob eine nun 200 Jahre währende Entwicklung, von den Historikern „Aufklärung" genannt, zu Ende geht. Mit anderen Worten: ob dieser Traum von Wissen und Vernunft, Gescheitheit und Verstand, dieser Wahn von einer machbaren und durchschaubaren Welt nun endlich ausgeträumt ist. Und ob es auch den Letzten klar wird, daß dieser Hochmut einer gescheiten Welt mit ihren idiotischen Ergebnissen und Produkten bis hin zur problemlosen Vernichtung einer ganzen Menschheit – daß dieser Hochmut einer ganzen Epoche gescheitert ist.

Was ist zu tun? Man kann die Geschichte und man kann eine Entwicklung nicht zurückdrehen. Die „Ewig Gestrigen" überzeugen nicht und bringen nichts für unsere Gegenwart und schon gar nichts für die Zukunft.

Aber man kann sich besinnen, man kann nachdenken. Und man kann Konsequenzen daraus ziehen:
Wir brauchen einfach wieder einen Sinn für das Geheimnis, für das Unerklärliche und Unbegreifliche. Einen Sinn für die Demut, für die Einfachheit des Herzens, für die Liebe, für den Glauben!

Mir sind diese Gedanken gekommen, als ich die Kinder bei ihrem Spiel um den Kreuzweg unseres Herrn gesehen habe. Und wie ich Sie so zahlreich am Karfreitag in der Kirche gesehen habe. Zum Gedenken an Jesu Tod, beim Anhören seiner Leidensgeschichte.

Wir kommen nur weiter, wenn wir zum ehrlichen Akt des Glaubens wieder fähig werden. Nur dann erfahren wir etwas von diesem „neuen Leben", das uns an Ostern verkündet wird.
Ich wünsche es Ihnen von Herzen!

Bleiben wir noch einwenig beim Thema vom letztenmal:
Unser Urteil – unser Geschmack. Über die Rohrbacher Kirche im besonderen und über Religion ganz allgemein.

Sie haben sicher gemerkt, was dabei meine Absicht war: Jedem ist sein Urteil zugestanden, nur sollte man nicht gleich a l l e s wegwerfen, wenn einem etwas nicht in die persönliche Geschmacksrichtung paßt. Denn – Gott und die Religion ist keine Sache des Geschmacks – auch wenn einem die Kirchen nicht immer passen, die die Menschen dafür gebaut haben.

Vor 20 Jahren wollten die Rohrer schon einmal ihren Hauptaltar renovieren lassen. Die beiden Seitenaltäre waren bereits entfernt, weil sie unserem Zeitgeschmack nicht mehr entsprachen. Ein bekannter Professor vom Landesamt für Denkmalpflege sollte sein Gutachten darüber abgeben. Ich erinnere mich noch genau: Pfarrer Mühlbauer hatte mich damals miteingeladen, um anzuhören, was dieser wichtige Mann dazu zu sagen hat. Ich sehe ihn heute noch, den Herrn Professor, wie er mit schnellem Kennerblick in Richtung Hauptaltar feststellte: „N a c h 1830, interessiert uns nicht“. Ich fragte darauf daraufhin reichlich blöd, warum bei ihm die Zeit mit 1830 aufhöre? „Weil nach dieser Zeit in den Kirchen keine echte Kunst mehr anzutreffen sei“. Woher er das wisse? Nur ein verärgerter Seitenblick war die Antwort auf meine anmaßende Fragerei. – Um es kurz zu machen: Sie wissen es vermutlich alle, daß heute mit dem bayer. Gesetz bereits jeder schief hängende Fensterladen unter Denkmalschutz steht.
1830 ist längst vergessen.

Jedoch – die Rohrer waren schlauer und weitsichtiger.
Ihnen gebührt alle Achtung. Sie haben damals die beiden abgebauten „wertlosen“ Seitenaltäre auf dem nächsten Heuboden verschwinden lassen und jetzt haben sie diese wieder ausgekramt, herrlich renovieren lassen und demnächst werden sie uns alle wieder an ihren alten Plätzen erfreuen.

Ja, so ist das halt, mit dem Geschmack und dem Urteil: Sogar ein Professor (der's gwieß woaß) scheint dabei zu irren!

Das Thema vom letztenmal hat vereinzelte Reaktionen ausgelöst. Dafür bin ich immer sehr dankbar, merke ich damit doch, daß meine Zeilen „ankommen".

Es ging um Gründe und Ursachen, warum viele Leute nicht mehr zur Kirche gehen (Beispiel: letzter Sonntag schlechter Kirchenbesuch). Dazu meinte eben eine Frau, daß es oftmals die Hemmung vor dem Nachbarn sei. „Was würden die sagen, wenn ich plötzlich wieder zur Kirche gehe?!" Der soziale Zwang ist also heute auf unseren Dörfern genau umgekehrt wie früher. Früher hätte es geheißen: „Was würde der Nachbar sagen, wenn ich n i c h t zur Kirche gehe?"

Nun gibt es aber anscheinend doch Menschen (viele oder nur wenige?), die sich kaum etwas um einen Nachbarn pfeiffen. Sie tun, was sie für recht halten und kümmern sich nicht um des Nachbars Meinung. So ist mir wenigstens gesagt worden. Aber – entschuldigen Sie – ich glaub das nicht so recht.

Mehr oder weniger – ob wir's wissen oder nicht – stehen wir alle unter einem gewissen Zwang, unter einer Rücksicht auf den Andern. Die Angst, ins Gerede zu kommen, ist vermutlich bei den allermeisten Menschen da; vielleicht ist sie nur sehr verborgen im Menschen da.
Aber ganz verleugnen kann diese Angst wohl niemand....

Eine Frau hat bei dieser ganzen Diskussion um die „Psyche des Kirchenschwänzers" allerdings geradeheraus gelacht und mir frisch und frei erklärt: „Herr Pfarrer, die Dinge liegen bei mir viel einfacher: ich bin am Sonntag einfach zu faul und zu bequem, und deshalb geh ich nicht in die Kirche!"

Schlimm – aber damit hab ich's wieder gewußt!

(Tagebuch-Eintrag J.A.Schmeller v. 18. Januar 1824 – Schluß –)

„Nach dem Biere wurde der Johannis-Segen herumgereicht. Dann folgten ein paar Bouteillen (Flaschen) anderen Weins. Es wurde die Gesundheit des Brautpaares mit allgemeinem Aufstehen von den Sitzen die unsers Königs ausgebracht, der, wenn er davon in Kenntnis gesetzt wird, an dem Leide und an der Freude auch seines geringsten Untertanen väterlich Anteil nimmt. Auch auf das Wohl des Hofmarksherrn wurde getrunken....
Nun wurde, von einigen Gästen zum erstenmal in ihrem Leben, der Kaffee getrunken, und nach frohem Dankgebete die Tafel aufgehoben. Das graue Brautpaar fuhr auf dem hochzeitlichen Wagen, die übrigen Brautleute gingen seelenvergnügt in ihre Rimberger Hütten zurück. Auch der menschenfreundliche Ceremonarius und die in der Kirche als aushelfender Schutzengel erschienene Mademoiselle Kati machten sich auf den Heimweg nach Ainau".
Soweit also der liebenswerte Eintrag unseres großen Rimberger Bürgers Johann Andreas Schmeller zur Goldenen Hochzeit seiner Eltern im Jahre 1824. Solch ein Bericht gilt übrigens in Fachkreisen durch seine detaillierte Schilderung auch kleiner Einzelheiten als kulturgeschichtlich interessantes Dokument. Umso mehr sollten wir, die wir ja die Nachfahren dieser Leute und in diesen Orten sind, die Erinnerung daran und die Tradition ohne falschen Zauber lebendig erhalten.

Die Rohrer und die Gambacher haben mit ihrer Kirchenrenovierung sicher ein großartiges Beispiel dafür gegeben, daß ihnen Tradition und kirchliches Erbe noch etwas bedeuten. Dafür haben sie – wie natürlich auch die Waaler und jetzt auch die Ottersrieder – unsere hohe Achtung.

Dienstag diese Woche, Religionsunterricht in der Erstkommunionklasse. Ich steigere mich hinein in die Erzählung von der wunderbaren Brotvermehrung: die Leute waren begeistert von diesem Jesus von Nazareth, Brot soviel sie wollten, Fische soviel sie wollten, sie fangen zu schreien an: Du mußt unser König werden, kein Hunger mehr, immer Brot und Fisch, einfach toll!!.... Klar, auf diesem pädagogischen Höhepunkt muß natürlich der Armin wieder den Finger heben und zeigen. „Was ist los, Armin?" „Herr Pforra, warum ham die Leit nix zum Dringa kriagt?"

Aus. Wir sind wieder auf dem Boden der Wirklichkeit.
Aus ist es mit dem Wunder in der Wüste, wir sind wieder mitten in der Holledau. „Warum ham d'Leit nix zum Dringa kriagt?"
Ich weiß es nicht... ich weiß überhaupt keine Antwort mehr. Das Wunder mit dem vielen Brot und den vielen Fischen zählt jedenfalls ab sofort nur mehr halb, weil d'Leit nix zum Dringa kriagt ham.

So ist das heute mit dem Religionsunterricht in der Holledau.

+

Jede Menge zum Dringa gibt's dafür am kommenden Freitag beim Pfarr-Ball auf dem KASTL-BERG. Noch einmal:
Alle sind herzlich willkommen. Maskierte sind besonders herzlich willkommen. Und außerdem – damit Sie's gwieß wissen, daß Sie herzlich willkommen sind (zum 3.mal nun. Weitere Anfragen „Herr Pfarrer, dürfen wir auch kommen?" werden ab sofort nicht mehr beantwortet) – damit Sie es also glauben, daß Sie willkommen sind, deshalb finden Sie unten auf diesem Kirchenzettel sogar einen Coupon zum freien Eintritt für die Abonnenten dieses Gottesdienstanzeigers. Bitte abtrennen, Name drauf und an der Abendkasse abgeben. Ansonsten 5,– Eintritt.

Also dann Auf Wiedersehn am Sonntag in der Kirche und am Freitag den 16. Februar ab 19 Uhr beim Pfarrball auf dem Kastl-Berg.

Bleiben wir noch beim Thema vom letzten Mal – weils gar so schön ist:
Mode und Modenschau in der Kirche. Ein beliebtes Thema.

Schaffen wir gleich klare Verhältnisse zu dieser Überschrift.
Ich sage Ihnen meine Meinung – und sie können mir dann die Ihre sagen:

Eine Modenschau in der Kirche regt mich überhaupt nicht auf. Was mich aufregen könnte (wenn ich wollte), sind vielmehr jene primitiven Heuchler, die glauben, sie könnten sich mit ihrer künstlichen Empörung über die "Modenschau in der Kirche" für ihre Kirchenschwänzerei einen billigen Grund vorlügen.
„Da geh ICH nicht hinein, wo sie nur ihre neuen Klamotten herzeigen!" Freilich – diese Heiligen würden nur in die Kirche gehen, wenn alle Anderen, wie sie selbst, in Sack und Asche und garantiert frommer Gesinnung vor den lieben Gott hintreten. Pharisäer. Diese Leute sollen doch schlicht eingestehen, daß sie einfach zu faul und zu gleichgültig sind und daß sie deshalb nicht in die Kirche gehen. Sie sollten es bleiben lassen, mit ihren Fingern auf andere Leute zu zeigen und zu glauben, sie könnten sich damit eine billige Entschuldigung verschaffen.

Dies meine Meinung zum beliebten Thema.

Daher – liebe Frauen – auf zur Modenschau am Sonntag in der Kirche! Lassen Sie sich nicht abhalten, schön gekleidet den Gottesdienst mitzufeiern!. Seien wir dankbar und froh, daß wir die Möglichkeit zu dieser Feierlichkeit in unseren Dörfern haben. Sollten die Andern übers Mittagessen hinaus mit dem Schlafanzug oder dem Werktagsgewand herumrennen – das ist deren Vergnügen. Nur lassen wir uns über unseren „Aufzug" nichts vorschreiben. Und sollte tatsächlich einmal eine einwenig „gschpinnet" in die Kirche stelzen – dann freuen wir uns auch daran.

Ich halte es jedenfalls weiterhin mit diesem Waaler Pfarrer, der schon vor 150 Jahren ins Verkündbuch unserer Pfarrei geschrieben hat: „Die Frauen sollen prangen!"

„Herr Pfarrer, mei Oma hat gsagt, wenn i a Pfora werd, kaufts mir a Auto!" Beitrag eines Drittkläßlers zu unserem aktuellen Unterrichtsthema: Primiz in Wolnzach. Bevor ich zu dem großartigen Angebot der Oma Stellung nehmen konnte, hatte sich schon der Banknachbar dazwischengeschaltet. Er deutete mit seinem Zeigefinger in der bekannten Weise an die Stirn und meinte ungefähr, daß dafür – was hinter der Stirn seines Nachbarn zu erwarten sei – daß dafür das Auto der Oma auch nicht mehr helfe.

Nächste Klasse, 8. Jahrgang. Auch hier diskutieren wir zu diesem Thema. Welche Gründe junge Menschen wohl abhalten, Priester zu werden? Es kommen die bekannten Antworten: Ehelosigkeit (Zölibat) – Erwartungen an das Leben, die einem Pfarrer versagt seien – allgemeine religiöse Gleichgültigkeit – Kirche und Gott bedeuten nicht mehr viel.

Das sind Einzelheiten, die einem 8.Kläßler so gut vertraut sind, wie sie in einer hochgestochenen Situationsanalyse über den gegenwärtigen Priestermangel nachzulesen sind. Das ist nichts Neues. Damit komm ich nicht weiter und bei meinen Lieben nicht auf den Kern der Sache. Ich will es wissen, was sie gegen die Pfarrer haben. Sie sollten es doch eingestehen, daß sie es allesamt „mit den Pfarrern nicht so sonderlich haben!" Auch wenn jetzt am Sonntag vielleicht wieder 10.000 Leute auf dem Wolnzacher Marktplatz um diesen Primizianten herumstehen wie um ein göttliches Wundertier. Zeigt mir doch diese Eltern – nicht nur Jugendliche! – die n i c h t die Hände über dem Kopf zusammenschlagen, wenn ich zu ihnen komme und ihnen sage, der Sohn soll Priester oder die Tochter soll Klosterschwester werden!
Nicht nur die jungen Leute – die man bekanntlich recht schnell und bequem zum Buhmann für unsere priesterarme Zeit macht – nicht nur die Jungen, die E l t e r n würden mich interessieren, was sie gegen den Beruf des Priesters oder gegen den klösterlichen Stand ihrer Tochter ehrlicherweise einzuwenden haben.

Daß die Oma ihrem geistlichen Enkel ein Auto kauft – das glaub ich schon.

P o l i t i k sollten wir Pfarrer nicht betreiben. Vor allem nicht in der Kirche. Das ist gut so und ich glaube, daß mir hier niemand einen Vorwurf machen kann. Ich gehe auf keine Partei- oder Wahlversammlung und versuche, mein Amt als Pfarrer in dieser Gemeinde aus dem politischen Tagesgeschehen herauszuhalten. – Auf der anderen Seite bin ich natürlich auch Bürger dieses Staates und habe als solcher ein sehr lebhaftes Interesse an dem, was in diesem Staat geschieht. Das ist mein persönliches Recht, ja sogar meine Pflicht gegenüber diesem Staat. Von daher hat man manchesmal Mühe, das Amt (als Pfarrer) und die Person (als Bürger) auch wirklich sauber auseinander zu halten. Vielleicht geht das letztlich auch gar nicht – dieses „Sauber-Auseinanderhalten" in einer und der gleichen Person. Aber schließlich war der Papst auch nicht nur zum Rosenkranzbeten bei seinen Polen oder mit den Campesinos zur Wallfahrt in Mexico. Beides war darüber zugleich ein höchst politischer Akt dieses einen Papstes.
Darüber soll man sich nichts vormachen. Wie dem auch immer sei – ich werde mich weiterhin um Zurückhaltung bemühen, auch wenn uns jetzt wohl einiges bis zur nächsten Bundestagswahl ins Haus steht.

„Panem et circensis" haben die alten Römer empfohlen, wenn es darum gegangen ist, die Menschheit einzuwickeln und zu verblöden.

„Brot und Zirkus" – das ist sicher auch die Methode der Wahlkampfstrategen in den kommenden Monaten.

„Brot" – somit müßten wir ohne Preiserhöhung, Benzinverknappung, Geschwindigkeitsbegrenzung, Steuererhöhung und ähnliche Scherze bis zur Wahl durchkommen. (Hernach ist sowieso alles anders!)

„Zirkus" – den haben wir bis dahin garantiert jeden Tag im bundesdeutschen Fernsehen.

Diese Woche ist mir wieder etwas Nachdenkenswertes passiert. Ich will es Ihnen kurz erzählen:
In der 5. Klasse ist ein kleines Türkenmädchen. In den zwei Jahren, seitdem ich die Klasse habe, ist sie immer in meinem Religionsunterricht geblieben. Oftmals hatte sie die schönsten Hefteinträge von meinen Stunden, obwohl ich sie natürlich nie dazu ermuntert oder gar aufgefordert hatte. Sie ist eine „gschnappige" kleine Person, weiß immer etwas zu erzählen und kommt oft dahergerannt, um mir etwas gewichtiges zu berichten. Diese Woche nun kam sie mit zwei kleinen türkischen Büchern daher. Eines war ganz primitiv in ein altes abgegriffenes Leinen eingenäht. Und voll Wichtigkeit mußte sie mir nun erzählen, daß sie diese beiden Bücher in den Ferien von einer Tante in der Türkei mitbekommen habe. Bis zu den nächsten Ferien müsse sie viele Seiten in diesen Büchern auswendig lernen. „Was steht denn in diesen Büchern, kannst du mir etwas davon übersetzen, ich versteh ja nichts davon?!"
Und nun übersetzte sie mir da und dort kurze Abschnitte: vom Beten des frommen Mohammedaners, vom Fasten, von religiösen Waschungen. Sie zeigte mir einfache Zeichnungen in diesen Büchern über Gebetshaltungen, Knien und Verneigen. Und das müsse sie also alles bis zu den nächsten Ferien lernen.
„Wer verlangt denn das? Ist das ein <Pfarrer> bei euch in der Türkei oder ein türkischer Lehrer in München?" „Nein, die Tante verlangt dies. Sie will auch haben, daß ich das nächste mal eine geschloßene Bluse mit langen Ärmeln trage. Sonst komme ich in die Hölle!" Und immer wieder, wenn diese 11jährige eine weitere Vorschrift nannte, wiederholte sie am Schluß: „Sonst komme ich in die Hölle!" „Halten deine Mama oder dein Papa, die ja hier in Rohrbach sind, auch diese Vorschriften? Deine Mama ist doch so gekleidet, wie unsere Frauen?" „Ja, deshalb kommt meine Mama auch in die Hölle!"

+

Was ist mit diesem Kind „in Sachen Religion" während ein paar Ferienwochen gemacht worden! Das ist doch schrecklich! Da hat diesem kindlich neugierigen Mädchen eine fanatische muselmanische Tante gesagt: das und das mußt du machen, „sonst kommst du in die Hölle!" Und dieses unschuldige Gemüt nimmt dies auf, ohne darüber nachzudenken oder sich dagegen wehren zu können. Allein dieser furchtbare Satz bleibt am Ende stehen: „Sonst kommst du in die Hölle!"

Für mich war dieses kleine Erlebnis wieder einmal mehr ein Ansporn, den Kindern von einem Gott der Güte und der Liebe zu erzählen. So ein Höllen-Glaube ist doch furchtbar. Ehrlich – wie sieht Ihre Erzählung von Gott aus, wenn Sie darüber von Ihren Kindern gefragt werden?

„Correctio fraterna“ heißt eine der meistgebräuchlichen Floskeln unter den Pfarrern. Zu deutsch: “Brüderliche Zurechtweisung“. Bla-bla und viel Theorie hinter diesen beiden Worten – nur geschehen tut nicht viel auf diesem Sektor unter den lieben Mitbrüdern. Leider. Da lob ich mir die beiden Rohrbacher Frauen, die mir diese Woche einmal recht deutlich den Kopf gewaschen haben. (Mildes Shampoon – hätte ruhig auch stärker sein dürfen!) Jedenfalls – ich habe einen Krankenbesuch gemacht, die Nachbarin hat mein Auto vor der Tür stehen sehen und schon war sie mit von der Partie im Krankenzimmer. So richtig mit dem spürbaren Schwung: Jetzt haben wir ihn einmal, jetzt kriegt er's einmal gesagt.

Und dann gings also los: In der letzten Zeit häuft es sich immer mehr, daß ich recht grantig vor die Gemeinde hintrete, schon beim Einzug in die Kirche würde man es mir ansehen, wenn ich schlecht gelaunt sei, Falten in der Stirn, bös dreinschauen, unwillig, ungeduldig usw.....

Am Abend dieses “Waschtages“ war ich dann noch mit dem Kirchenchor beisammengesessen (siehe Rückseite): Hier habe ich dann von meinem “erschütternden“ Erlebnis mit den beiden Frauen am Nachmittag erzählt. Doch – anstatt Trost zu finden, geht es hier in ähnlichem Tonfall weiter: Schon bei der Sonntagsverkündigung erkenne man meine Laune, und dann bei den “Gfriesern“ beim Predigen, Mundwinkel nach unten, Falten oben, bös, unwillig (s.o.).

Jetzt hab ichs also gewußt! Daraufhin bin ich häßlich heim in mein Kämmerlein und dort dann anschließend zerknirscht in mich gegangen. Und in dieser Stimmung von Zerknirschung und Gutem Vorsatz schreibe ich nun also diese Zeilen.

+

Was ist passiert?
1. daß einige Frauen sich Gott sei Dank den Mut genommen haben und diese offensichtlich notwendige und höchst fällige Korrektur einmal angebracht haben. Denn schließlich hatte ich von mir und meiner bezaubernden Freundlichkeit eine ganz andere Meinung.
2. daß ich wieder einmal mehr bestätigt bekommen habe, daß ein katholischer Pfarrer (ohne fest angetrautes Eheweib) zu wenig Grenzen gesteckt bekommt. Was natürlich für mich ganz angenehm ist (lb. Männer, ich bin für Euer Schicksal nicht ganz verständnislos!), aber auf der anderen Seite bin ich dadurch natürlich immer in einer gewissen Gefahr zu unbegrenzter Narrenfreiheit: Man läßt sich gehen, wird grantig, ungeduldig und rechthaberisch. Berufskrankheit? Denn schließlich hat man als Pfarrer ja die Wahrheit gepachtet und den Hl. Geist von berufswegen hinter sich!
Schlimm – aber Sie sehen, die Selbsterkenntnis ist da und damit ist bekanntlich noch nicht alles verloren.

Ich will nun auch nicht in der bekannten Tonart dagegen losschimpfen: über die klingenden Kassen, den „leise rieselnden Schnee", das tagelange „Stille Nacht" im Kaufhaus-Lautsprecher, über die berühmte weihnachtliche Hetze, die gestapelten Geschenke und dann dazu wieder im Kontrastprogramm – wie es sich für einen Pfarrer gehört – den berühmten Aufruf zur Stille und Besinnlichkeit an diesen heiligen Tagen.
Ist alles so billiges Moralin im christlichen Weihnachtsgebäck!

+

Ja, was machen wir jetzt dann? Was soll ich denn schreiben, was empfehlen, wenn ich heute früh schon so böse bin?

Machen wir einmal gar nichts besonderes. Konstruieren wir einmal nichts „Gehaltvolles". Lassen wir die Tage und die festlichen Zeiten auf uns zukommen. Schön langsam auf uns zukommen.

Ich biete Ihnen meine Gottesdienstordnung mit ein paar Gebeten, schönen Liedern wie jedes Jahr – und ein paar Gedanken werden dann auch noch kommen....

Sie bieten Ihrer Familie einen ruhigen Hl. Abend, eine warme Stube (Gott sei Dank!), ein bißchen was zum Knabbern.

Und ansonsten bieten wir uns gegenseitig Zufriedenheit und Freundlichkeit. Einverstanden oder ist das schon wieder zu viel verlangt?
Zufriedenheit und Freundlichkeit.

Lassen wir es dabei. Wem es zuwenig ist, der schalte den oder das Radio ein, den Fernseher, höre sich die Weihnachtsansprachen an, lese die Kirchenzeitung oder den Ilmgaukurier, den "Altöttinger Liebfrauenboten" oder die "Stadt Gottes".

Sie werden überall Frommes, Andächtiges – usw. siehe oben – finden.

Daher – schöne Weihnachten!

Das ist natürlich schon eine „Wucht" für einen Pfarrer, über drei Tage hinweg volle Kirchen vor sich zu haben!
Begonnen hat es schon mit der großen Beerdigung am Montag Vormittag in Fahlenbach und ein letztesmal verwundert war ich am Stephanstag in Rohr und Rohrbach. Herzlichen Dank daher für Ihre so zahlreiche Teilnahme bei den Gottesdiensten. Und auch herzlichen Dank für Ihre so a n d ä c h t i g e Teilnahme. Ich bilde mir ein, diese Andacht und Konzentration einer versammelten Gemeinde zu verspüren. Ja, ich kann Ihnen verraten, daß ich sehr davon abhängig bin, wie die Leute „mitgehen". Das ist sicher ein gegenseitiger „Austausch" von Andächtigkeit, vielleicht sogar von Ergriffenheit, wie sich hier Gemeinde und Priester wechselseitig inspirieren. Bei jedem Gebet, bei jeder Handlung bin ich hier abhängig von Ihrer Aufmerksamkeit. (Von daher erklärt sich vielleicht auch mein empflindliches Reagieren bei Störungen, Zuspät-Kommenden, Ratschereien in der Kirche)

Es ist jedenfalls eigenartig (wenn ich das heute einmal sagen darf): Um diesen Kontakt am Altar zu meinen Leuten zu verspüren, bedarf es kaum eines Blickes, auch wenn ich die Augen und die Gesichter meiner versammelten Gemeinde immer wieder suche. Oftmals ist es noch mehr die Stille in einem Gottesdienst, die fasziniert und Ergriffenheit auslöst: Die Stille nach dem Sanctus über die Wandlungsworte hinweg oder bei der einleitenden Gewissenserforschung.
Mein Dank auch den Kindern mit ihren Vätern, Omas und Opas beim Besuch der Kindermette. Prima haben sie alle mitgemacht, einschließlich des kleinen Hansi, den ich taufen durfte.
Und Dank für die "Adveniat-Kollekte" bei Groß und Klein.
(Das Ergebnis gebe ich noch bekannt).

+

Nicht vorstellbar, wenn jeden Sonntag soviel Leute zur Kirche kämen! Das ist natürlich die Kehrseite der Überlegungen nach solch zahlreichen Gottesdienstbesuchen an den Weihnachtsfesttagen. Wie singt doch Marlene Dietrich so inhaltvoll und schwermütig in ihrem bekannten Lied: „Wo sind sie geblieben...." Ja, wo sind sie geblieben.... an all den Sonntagen des abgelaufenen Jahres? Und die jetzt an den Festtagen so zahlreich in die Kirche geströmt sind?

Wie wär's daher – meine verehrten seltenen Herrschaften – wir wär's mit einem Vorsatz für 1980: Wenigstens 1 mal im Monat wieder in die Kirche zu gehen!
Überlegen Sie sich's: einmal im Monat, das müßte doch zu machen sein!

Daraufhin – auf ein reichliches Wiedersehn in einem hoffentlich recht guten Neuen Jahr!

„Wenn ich nach Bayern fahre –
dann bin ich nicht mehr in Österreich –
und noch nicht in Deutschland!“

Spruch der Woche. Sie kennen vermutlich den Urheber. Er war vielfach in unseren Zeitungen zu lesen: Bruno Kreisky – österreichischer Bundeskanzler.
Daraufhin bekommt er jetzt von den Münchnern einen Orden!

Ich muß gestehen, daß ich von solch einem Satz fasziniert bin. Er ist treffend, gemein, charmant, hinterhältig, zynisch und schmeichelnd. Er verrät Phantasie, Einfall, Geist. Und das muß man erst einmal haben.

Warum solch ein Satz uns Bayern natürlich gefällt, brauch ich nicht erst zu erklären. Wenn uns jemand sagt, daß mir mir san und daß die Mainlinie halt doch eine Grenze ist, dann hat er unseren Applaus. Und wenn wir Ausdrücke wie Nordlichter, Südschweden bis hin zu den bekannten ....preißn hören, dann lassen wir dies über unsere Zungen fließen, wie Weißwürste vor dem 11-Uhr-Läuten. Machen wir uns nichts vor!

+

Dabei habe ich ein schlechtes Gewissen. Nicht deshalb, weil mir eben dieses Gewissen sagt, daß diese Menschen dort oben auch Menschen sind. Ich habe ein schlechtes Gewissen, weil diese Abneigungen ein kleines Steinchen, ein Symptom einer weltweit beängstigenden Blödheit ist.

Es ist einfach Tatsache, daß die meisten Zerwürfnisse in der Welt heute von nichts anderem als von diesen miesen Vorurteilen herrühren. Rassisch, völkisch, nationalistisch, religiös. Beispiele unter Tausenden: Iran – die Zentrale gegen Minderheiten der Kurden, Turkmenen usw.
Sie bringen sich mit Wonne gegenseitig um. Jugoslawien – die ganze Welt hat heute Angst, daß dort unausdenkbar Schlimmes passieren könnte wegen der Uneinigkeit der verschiedenen Nationalitäten – der Kroaten, Serben, Slowenen, Montenegriner usw.

Und so ist es in aller Welt. Wo die völkischen Verschiedenheiten dann nicht mehr ausreichen, da muß dann die Rasse oder Religion (besonders widerlich) herhalten.
Ich sage es noch einmal: auch ich komm aus dieser Haut nicht heraus und ich rühme mich gar nicht einer besonderen Toleranz. Niemand braucht sich vermutlich darin zu rühmen. Denn wenn es darauf ankommt, auf „die Anderen“ loszugehen, dann tun wir es, ob wir's wissen oder nicht. Leider.

Da und dort war eine leichte Verwunderung festzustellen, weil ich mit dem Thema "Kommuniongang“ gar so sehr gegen die Frauen losgezogen bin (193, 194, 196).
„Warum nicht auch die Männer?“ bin ich gefragt worden.

Hier muß ich gestehen, daß eigentlich noch eine andere Problematik zu diesem Thema bei mir im Hintergrund steht. Ich möchte versuchen, dies mit ein paar Erlebnissen darzustellen.

+

1975 war ich mit einer Gruppe Frauen aus unserer Pfarrei in Paris. Am Sonntag waren wir zum Gottesdienst in der Kathedrale in Chartres. Da diese Armen dort in ihrer Kathedral-Sakristei kein passendes Meßgewand für meine germanische Länge hatten, durfte ich wenigstens – en civil – beim Gottesdienst deutsch und französich predigen. Dem französischen Mitbruder war dies peinlich. Als ehem. Chartrenser Kriegsgefangenen und jetzigen geistlichen Pilgerführer in seine herrliche Kathedrale hätte er mir gerne auch den Gottesdienst überlassen. Ich erinnere mich auch noch an die aufmerksame Teilnahme der Franzosen, wo plötzlich ein Deutscher vorne an der Kanzel zu predigen anfängt. Sie waren dann allerdings ebenso überrascht – das habe ich deutlich aus den Gesprächen nach dem Gottesdienst gespürt – daß meine charmante weibliche Christenschar beim Kommuniongang unbeweglich in ihren Bänken geblieben ist, während sonst halt alle Gläubigen bei diesem Gottesdienst zur Kommunion an den Altar vorgegangen sind.

+

Liebe Frauen und Teilnehmerinnen von 1975!
Ich will Ihnen nun keinen Vorwurf daraus fünf Jahre später machen. Aber ich bin natürlich schon damals ins Nachdenken über die eigentlichen Gründe dieser Verschiedenartigkeit gekommen: Warum ist es den Franzosen eine Selbstverständlichkeit, am Sonntag beim Gottesdienst auch zur hl. Kommunion zu gehen – und warum bleiben meine Frauen ebenso selbstverständlich in ihren Bänken? Ich möchte hier natürlich gleich einen Verdacht ausräumen, der nicht aufkommen darf:
Die Franzosen sind deswegen keinen Deut „besser“, weil sie zur Kommunion gehen als meine Lieben. Ich bleibe ganz und gar bei meinem Kompliment, das ich Ihnen auf meinem Kirchenzettel 193 gemacht habe:
Ich bin fest davon überzeugt, daß in meinen Gottesdiensten viel andächtige, aufgeschlossene, kirchlich und religiös interessierte Leute zugegen sind. Ja, ich möchte bei diesen Überlegungen weiterfolgern, daß gerade diese deutsche Strenge und Ehrlichkeit mit sich selbst ein Grund ist, daß viele diesen Gang zur Kommunionbank schwerer gehen als manch andere Christen in der weiten Welt.

Bitte seien Sie nicht ungeduldig – aber ich bin mit dem letzten Thema noch nicht fertig. (Schließlich haben wir ja augenblicklich auch Fastenzeit – da können Sie ruhig ein bißchen mehr „frommes“ sich anhören!)

Meine letzte Überlegung war, daß bei uns Deutschen die Scheu vor dem Sakrament, dem Mysterium, vielleicht größer ist als bei anderen Völkern. Vielleicht, ich weiß es nicht.

+

Als vor einiger Zeit der Papst ein junges italienisches Paar traute, da wollte die ganze Sippschaft bis zum 5. Grad und um 6 Ecken herum in der Privatkapelle mit dabei sein. Und natürlich sind sie dann auch allesamt zur Kommunion gegangen. Draußen – auf dem Petersplatz – wurde die ganze Gesellschaft von Reportern erwartet und mit Fragen bedrängt: Wann sie das letztemal beim Beichten, bei der Kommunion oder überhaupt in einem Gottesdienst gewesen seien. Und grinsend haben sie den Reportern erzählt, daß sie natürlich vorher nicht beim Beichten waren, ja schon lange keine Kirche mehr von innen gesehen hätten. Aber zur Kommunion sind sie natürlich jetzt beim papa gegangen.

+

In Amerika habe ich bei einem Sonntagsgottesdienst in Florida erlebt, daß die bis auf den letzten Platz gefüllte Kirche bankweise zur Kommunion gegangen ist! Vier Männer in eleganten Nadelstreifen-Hosen, beigem Blazer, silberner Kravatte, gepflegtem Haar (graumeliert bis Silber, orig. Florida!) haben dem Pfarrer beim Kommunionausteilen geholfen.
Und für die Kommunikanten war das Ganze eine Art Volksfest: Beim Vorgehen zum Altar haben sie sich begrüßt, einen kurzen Ratsch gehalten, smiling, Schulterklopfen, winken.

+

Bitte – vielleicht zwei Extrem-Beispiele. Aber jedenfalls nicht nach unserem (deutschen) Geschmack.

Was ich mit alldem sagen möchte ist dies: Zu einem würdigen Kommuniongang gehört nach unseren Vorstellungen und in unseren Breitengraden eine gewisse Einstellung. Diese Einstellung trau ich heute unseren Gottesdienstbesuchern in meinen Pfarreien zu. Wer heute bei uns am Sonntag in die Kirche geht, bei dem setzt man eine persönliche Überzeugung voraus. Kein Mensch wird zu einem Gottesdienstbesuch gezwungen.

Von daher würde ich es einfach dann auch für selbstverständlich und natürlich finden, daß Sie am Sonntag auch zur hl. Kommunion gehen.
Überwinden Sie bitte Ihre Hemmungen und betrachten Sie bitte Ihren Kommuniongang als eine großartige Einladung Gottes und als Zeichen seine Liebe zu uns Menschen.

Oft habe ich mir schon gedacht, ich würde so gerne einmal „d' L e u t" kennen lernen. Ich kenne zwar viele Menschen und sie erzählen mir immer wieder von „die Leut", aber „d'Leut" selber, an die komm ich einfach nicht heran.

Wenn ich nur wüßt, wo man und wie man „d'Leut" finden kann.

Eines weiß ich sicher von „die Leut":
sie reden viel, vor allem über Andere reden „d'Leut" viel. Wie oft ist es mir schon passiert, daß ich jemand getroffen haben, bei dem ich mir gedacht habe, der – oder auch die – könnte vielleicht zu „die Leut" gehören. Aber spätestens nach einer Viertelstunde, nachdem mir viel von anderen Menschen erzählt worden ist, hat mir der Gleiche – oder die Gleiche – dann gesagt: „Herr Pfarrer, brauchens Ehna nix denga, D'Leut muß ma redn lassen...." Hab ich mich also schon wieder getäuscht: Der – oder diese Berichterstatter über andere Menschen – sie gehören also gar nicht zu „die Leut", sie reden ja bloß über „d'Leut".

Ja, viele Menschen meinens mir sogar besonders gut, sie wollen mich trösten und beruhigen wegen „die Leut". „D'Leut müssen halt reden!".

Und geradezu rührend wird es für mich, wenn sich liebe Menschen um mich sorgen und mich vor „die Leut" warnen: „Sans vorsichtig – d'Leut reden dumm daher". Oder: „Die Leut dürfens net trauen!".

+

Jetzt werden Sie also verstehen, wenn ich mir oft denke: Wenn ich doch nur einmal in meinem Leben jemand von „die Leut" finden oder kennen lernen könnte!
Aber immer wieder wird nur v o n „die Leut" erzählt, aber nie treffe ich „die Leut" selber.

Schon aus einem anderen Grund würde ich „die Leut" einmal gern kennen lernen: "d'Leut" reden nämlich viel von mir, auch Böses – so wird mir erzählt – reden sie von mir!
Sie sind überhaupt bös, „d'Leut" !
Was die alles daherreden „d'Leut" !
Aber – wie gesagt – man muß sie reden lassen, „d'Hund und d'Leut muß man bellen lassen" heißt es im Volksmund.

+

Jetzt bin ich ganz durcheinander wegen „die Leut". Ich werde wahrscheinlich nie „d'Leut" finden. Aber es wird mir immer wieder von „die Leut" erzählt werden. Und viele gute Menschen werden mich weiterhin von „die Leut" warnen.
Manchesmal denk ich mir, ob mich „die Leut" wohl für blöd halten?

Wo ist der Applaus – wo sind die Blumen und der Sekt!
Bitte – ich habs geschafft, mit meinem „Rohrbacher Kirchenzettel" bis zur Nummer 200 durchzuhalten. Das hätt ich mir vor vier Jahren, genau am 5. März 1976, mit meiner damaligen Null-Nummer nicht vorherzusagen gewagt:

- Allwöchentlich einen gehobenen Blödsinn verfassen
- Dazu ein bißchen hintergründige Theologie
- Auch Philosophie und möglichst viel Aktualität
- Und gezielte Boshaftigkeit zwischen den Zeilen!

Vielleicht war das doch eine Leistung für meine „Ein-Personen-Redaktion". Und dabei immer mit dem festen Vorsatz: nur „Eigenbau" zu liefern. (Gestatten Sie mein kräftiges Eigenlob – bei aller Bescheidenheit, die Sie an mir kennen! Legen Sie bitte Weihrauchkörner auf ihren neugebauten Kachelofen: Zu meiner Ehr – und gegen den Gestank von Eigenlob).

Und die Redaktion bei meiner „Lieben Pfarrgemeinde"?

Soweit ich feststellen konnte, ist das meiste doch verstanden worden. Wenn nicht, dann sollen Sie nicht mutlos werden. Ich hab auch manches nicht verstanden. Lesen Sie weiterhin eifrig meinen Kirchenzettel. Ich glaube kaum, daß er allzu großen Schaden an Ihrer Seele anzurichten vermag.

+

Mit dieser Jubiläumsnummer verbindet sich mein besonderer Dank an den jederzeit bereitwilligen „Drucker" Herrn Liebetanz, seines Zeichens Hausmeister an unserer Rohrbacher Volksschule. Ohne ihn gings einfach nicht! – Wenn ich freitags nach ½ 9 Uhr mit meinem Manuskript zu ihm gerannt komme, dann hab ich ein schlechtes Gewissen, weil ich wieder so spät dran bin. Schließlich muß er bis ½ 10 Uhr zur 1. Schulpause 550 Exemplare vorder- und rückseitig bedruckt haben. In dieser Pause kommt nämlich dann unsere Hauptverteilerin Christine Merkl aus der 7. Klasse, holt den Pack Blätter, zählt sie zu 15 verschieden großen Päckchen aus und gibt sie in der 2. Pause bereits an unsere 15 Verteiler aus den einzelnen Ortsteilen weiter. Und wenn es dann gut geht, dann ist eine Stunde nach Schulschluß bereits in den meisten Häusern der Pfarrei unser Kirchenzettel.
Wenn das keine Organisation ist.!

Kann ich so weitermachen? Ich versuchs zumindest.

Es ist mein fester Vorsatz heute beim Thema zu bleiben und diesmal nicht ins uferlose Abschweifen zu kommen. (Bekanntlich ist es ja immer schwerer, ein Thema konsequent durchzuhalten als unverbindlich zu plaudern. Das können Sie bei jeder Unterhaltung feststellen).

Nun muß ich allerdings zuerst versuchen, mit ein paar Stichworten die „Richtung und die Absicht" meiner letzten Kirchenzettel nochmals kurz zu skizzieren. 201: Kinder in unserer kahlen Rohrbacher Kirche vor dem Heiland an der Geiselsäule. Der Mensch sucht ein „Bild" (von Gott) – unsere Kirche „bringt" hier nichts, sie ist kein Bilderbuch vom lieben Gott.
Vielleicht ein Zeichen, ein Symbol für Gott. Der gläubige Mensch in seiner Suche nach Gott wird mit seinem Geist – nicht sosehr mit seinen Sinnen hier gefordert. Nicht das sichtbare goldene Kalb ist Gott, sondern dieser „Ich bin der ich bin".
202: Die Manchinger machen am Palmsonntag eine Prozession mit Blasmusik – ich verlange von meinen Leuten mit einer kurzen intensiven Palmweihe in der Kirche Konzentration und geistiges Dabeisein. Nicht Schau mit Blasmusik, sondern Stille und Andacht.

Nun könnte man bei solch einer Gegenüberstellung von Geist und Bild, von Innerlichkeit und äußerer Sinnenhaftigkeit den schnellen Kompromiss als Lösung fordern:

Ihr Pfarrer, bietet euren Gläubigen doch beides:
barocke Sinnesfreude und geistige Inhalte,
Mozartmessen und gute Predigten,
Prozession und Meditation!

Damit sprecht ihr dann den ganzen Menschen an, den Menschen mit Leib und Seele! (vgl. dazu auch die Kirchenzettel 140 und 141) Aber – diese „schnelle" Lösung ist leichter gesagt als getan.

+

Es ist interessant wenn Pfarrer selbst bei ihren Zusammenkünften auf diese Probleme stoßen. Da zeigt sich dann, wie halt jeder seinen Stil und seine Methode hat, wo er herkommt und was seine Richtung ist. Für meine Person will ich hier gerne gestehen, daß ich bei solchen Diskussionen keinen Hehl daraus mache, daß mir religiöse „Volkstümelei" oder sog. „katholisches Brauchtum" zuerst immer einmal verdächtig ist. Glaube heute – das ist für mich mehr. Es ist zuerst einmal eine anspruchsvolle Forderung an jeden Einzelnen. Mit „Jesukindlein komm zu mir" ist zumindest bei erwachsenen Menschen nicht mehr viel zu wollen. Auch wenn anscheinend manche Leute – auch Pfarrer – zeitlebens damit auskommen können.

„Herr Pfarrer, was ist ein Monsignore, was ist ein Geistlicher Rat, was ist ein Prälat?" Diese Fragen höre ich oft, von Jung und Alt.

Wie soll ich dies kurz (und ernsthaft) beantworten?

Zuerst sind es einmal fremde Begriffe, die nicht mehr so recht in unseren Alltag passen. Ein Stück Geschichte unserer 2000jährigen Kirche, vielleicht auch schon ein Stück Vergangenheit.

Und dann sind es eben Titel, Ehrentitel, oder wie es in einem deutschen Reim hier ganz richtig heißt: Titel ohne Mittel. Sie werden vom Bischof oder vom Papst (auf Empfehlung des Bischofs) ehrenhalber verliehen. Es verbindet sich mit diesen Titeln also kein spezielles Amt, keine besondere Funktion oder Aufgabe. Jeder, der zur Geistlichkeit (Klerus) gehört, kann also solch einen Titel verliehen bekommen, egal, welche Funktion er ausübt.

„Warum und wann solch ein Ehrentitel verliehen wird?" wollen Sie nun vermutlich wissen. Hier bringen Sie mich in Verlegenheit. Grundsätzlich liegt es im Ermessen des Bischofs, wenn er einen Priester z.B. zum „Bischöflich Geistlichen Rat" (BGR) ernennt. (Unterste Stufe). „Monsignore" (Msgr., die nächste Stufe in der Rangfolge dieser Titel) ist dann bereits eine päpstliche Auszeichnung. Noch höher ist dann der Titel „Prälat", genauer „Päpstlicher Hausprälat". Das ist alles „ehrenhalber" zu verstehen und bedeutet also keinerlei besondere Funktion.

Übrigens – unser kundiger Fahlenbacher Mesner und Kirchenpfleger, Herr Kaindl, hat mich darauf aufmerksam gemacht, daß Paul Wohlfrom, der jahrelange Fronleichnamshelfer in Fahlenbach, nicht mehr nur Monsignore sondern bereits Prälat geworden ist. So schlampig geh ich mit meinem Kirchenanzeiger mit den Würden dieser Herrn um!

Und jetzt wollen Sie wahrscheinlich noch wissen, warum ich noch nichts geworden bin. Ganz einfach: weil ich keine Verdienste aufzuweisen habe. Aber das ist mein Schicksal. Schon im Krieg – wo ich noch kein Priester war – da hat der Kompaniechef zu mir gesagt: „Das Abitur haben Sie, eigentlich müßten wir Sie auf einen Offizierslehrgang schicken. Aber mit solchen Deppen wie Sie können wir nur den Krieg verlieren. Hauens ab, Sie Krummstiefel!"

Bitte – Vorgesetzte sind Menschenkenner und haben immer ein feines Gespür für die Qualität ihrer Untergebenen.

Thema heute: Die „Allwissenheit“ des Pfarrers.

Dazu darf man in der Holledau auf einem Kirchenzettel auch einmal wiedergeben, was sonst nicht gerade in die Schreibmaschine eines Pfarrer passt:

Vor Jahren hat es sich bei einer Unterhaltung herausgestellt, daß ich halt von einer „verbotenen Sache“ schon wieder viel mehr gewußt habe, als es die anwesenden Leute vermutet haben. Das war meinen Lieben damals gar nicht recht. „Der Pfarrer hätte das nicht wissen brauchen“ hieß es. Irgendwie haben sie eine Wut gehabt und da ist dann jemand in der ehrenwerten Runde mit der weniger noblen Bemerkung herausgeplatzt: „Koan Schoaß kannst lassen, ohne daß es der Pfarrer nicht weiß!“

+

Wie ist das eigenlich mit der “Allwissenheit“ der Pfarrers? Sind es die berühmten „Bluats-Kircha-Ratschn“, die dem Pfarrer alles hinterhertragen oder habe ich die Gabe der Hellseherei?
Wo ist meine Informationsquelle zu suchen?

Hier dürfen Sie ein bißchen raten, woher ich meine Kenntnisse immer wieder habe. Sicher nicht von den Kircharatschn, die es bei mir schon längst nicht mehr gibt. Und noch weniger von streng vertraulichen Äußerungen, die zu offenbaren mir verboten ist. Sondern:

Es sind die ganz einfachen alltäglichen Quellen, die es hier zu erschließen gilt. Quellen, die man halt ein wenig zum Sprudeln bringen muß. (Darüber können Sie sich nun Ihre eigenen Gedanken machen. Jedenfalls ist das Ganze keine Hexerei.)

+

Zum Schluß und zur Beruhigung für alle, die nun meinen, daß man tatsächlich koan .... pardon, ich wollte nur sagen, daß ich tatsächlich viel weniger weiß, als Sie vermuten. Darüber verwundern sich nämlich auch immer wieder die Leute und meinen: „Was? Das haben Sie noch gar nicht gewußt?“

Überhaupt wollte ich Ihnen das Ganze ja nur erzählen, damit Sie für die Zukunft wissen, daß ich manchesmal zu viel und dann wieder zu wenig weiß!

Natürlich ist das Thema von der Allwissenheit des Pfarrers noch lange nicht erschöpft und die Rätsel noch nicht ausdiskutiert: Weiß ich nun vieles über, von und aus meiner Gemeinde – oder weiß ich nichts? Kenn ich mich aus mit meinem Publikum oder werde ich hinters Licht geführt?!

+

Kann ein Pfarrer überhaupt die vielerlei Dinge wissen und begreifen, von denen er ja bekanntlich sowieso nichts versteht: Von Ehe und Kindererziehung, von anderen Berufen und vom Alltag einer Familie, vom Hopfen und Geld und wer weiß was sonst noch alles? Ist es nicht immer wieder die gleiche Anmaßung der Pfarrer, die sich einbilden, alles (besser) zu wissen, bei allem mitreden zu können, obwohl sie mit dem normalen Alltag ihrer anvertrauten Gemeinde im Grunde genommen doch herzlich wenig zu tun haben?

+

Sie merken, daß ich nun – absichtlich – von der vordergründigen Frage, ob der Pfarrer alles weiß, abgerückt bin.
Mit diesen Zeilen geht es mir jetzt also nicht mehr nur darum, ob ich jeden Schmarrn und Dorfratsch kenne, sondern es geht mir jetzt – viel mehr und viel wichtiger – darum, ob ich überhaupt „Einsicht“ habe in das Leben, das Denken, Hoffen, Wünschen, Sorgen und Kümmern einer mir in Verantwortung überlassenen Gemeinde?

Wie weit ist ein Pfarrer zu solcher „Einsicht“ fähig?

(Aufmerksame Leser erinnern sich jetzt vielleicht an die Zettel von 1977, Nr. 69 – 71. Es ging mir damals um die Frage, wieweit wir überhaupt andere Menschen kennen, von anderen Menschen etwas wissen. Heute stell ich mir – als Pfarrer – diese Frage selbst. Wieweit „weiß“ ich etwas von meinen Lieben?)

+

Vor einiger Zeit bin ich einmal an einem hellichten Werktag-Nachmittag im Gambacher Sportheim mitten in die versammelte Stammtischrunde hineingeraten. Zu einem Glas Bier.

Folge: Den versammelten „gestandenen“ Mannsbildern hats bei meinem „Auftritt“ von einem zum anderen Augenblick die Stimme verschlagen. Aus – Stille im Saal....
Wie ich dann beim Weggehen die Wirtshaustür wieder hinter mir zugemacht habe, ist das Geschrei drinnen wieder weitergegangen!

Bin ich nicht ein armer Mensch! Ausgestoßen und allein gelassen! Und da soll ich etwas von meinen Lieben wissen?!

„Jetzt wissen wir noch weniger als vorher, ob Sie nun tatsächlich vom Dorf, den Menschen und Ihrer Gemeinde etwas wissen. Einmal schreiben Sie, daß die Leute zu reden aufhören, wenn Sie auftauchen, und dann behaupten Sie wieder, daß Sie genügend Quellen haben, die Ihnen die nötigen Kenntnisse von Ihrem Publikum vermitteln. Wie ist das also jetzt:

„Wissen Sie etwas von uns oder wissen Sie nichts?!"

Dies ist so ungefähr die Stimmung nach meinen letzten beiden Briefen mit dem Thema von der „Allwissenheit" des Pfarrers.

+

Abschließend und konkret dazu meine Meinung:

Das übliche Wissen um Dorfratsch, um Gerüchte und Gered über einzelne Menschen ist mir weitgehend wurscht. Das kann manchmal ganz lustig sein – aufregen tuts mich höchstens, wenn dabei die Ehre eines Menschen herumgezogen wird.

Anders dagegen ist es mit dem Wissen u m d e n Menschen – Menschenkenntnis also –.
Das interessiert mich.
Das gehört sicher zu meinem Beruf, zu meiner Aufgabe.

Tratsch – Gerüchte – Gerede um einzelne Menschen auf der einen – und Menschenkenntnis auf der anderen Seite sind zweierlei. Wenn nämlich Tratsch und Gerede das gleiche wie Menschenkenntnis wär, dann wär ja die größte Dorfratschn zugleich auch die größte Menschenkennerin. Und die größten Wirtshausschreier wären die Weisen im Lande. Mit dieser Theorie mach ich nicht mit!

+

M e n s c h e n k e n n t n i s ist Sache der Erfahrung, ist Frucht aufmerksamer Beobachtung und vorsichtigem Urteil.
Die Stillen im Lande wissen hier mehr!

Da müßte ich in den letzten 24 Jahren wirklich blind gewesen sein (solange bin ich jetzt in Rohrbach), wenn ich nicht Tag für Tag und mit jeder Begegnung meine Erfahrungen gemacht hätte! Und dies nun unterdessen über Generationen hinweg, über Tausende von Kindern und Schulstunden hinweg, über eine ungezählte Zahl von Begegnungen mit jungen und alten, mit trauernden und lachenden Menschen, ja mit den verschiedenartigsten Menschen hinweg. Nein – wenn ich dabei noch zu keiner Menschenkenntnis und zu einem oftmals recht konkreten Wissen über die Menschen gekommen bin, dann bin ich wirklich ein „Blinder"!

Aber dies werden mir vermutlich die wenigsten Menschen unterstellen – daß ich ein „Blinder" bin?

Mit meinem letzten Brief wollte ich nicht als überheblicher Europäer aufs Blech hauen und andere billig abwerten.
Aber ich wollte einmal mit einem kleinen persönlichen Erlebnis spürbar werden lassen, was wir leider viel zu wenig bedenken:

W o h e r kommt gerade bei uns Europäern dieser ungeheure Vorsprung in tausend Dingen unseres Alltags?

Oder nochmals schlicht gefragt: Warum können bei uns die Menschen seit vielen Generationen lesen und schreiben, während in anderen Ländern Analphabeten und heillose Rückständigkeit jede Weiterentwicklung ungeheuer erschweren.
Welche Erklärung haben Sie dafür?

+

Für jeden Geschichtskundigen gibt es hier nur e i n e Antwort:

Das ist und bleibt grundsätzlich und ursprunghaft
das Verdienst des Christentums in Europa.

Die Mönche haben schon tausend Jahre bevor der Staat daraufgekommen ist in ihren Klöstern Schulen gegründet.
Die Bischöfe haben Universitäten errichtet, wo es einen Staat in unserem Sinne noch gar nicht gegeben hat.
Die Mönche von St. Emmeram in Regensburg haben hier in der Holledau gerodet, Ackerland aufbereitet, die Menschen gelehrt mit Saatgut und Vieh umzugehen, Haus und Stall zu bauen, seßhaft und verträglich zu werden – wo die alten Rittersleut sich gegenseitig noch die Schädel eingeschlagen haben.

Das ist eine geschichtliche Tatsache.

+

Man kann der Kirche einiges nachsagen, was sie in ihrer Geschichte falsch gemacht hat. Aber was eindeutig mit ihr Verdienst ist – das ist unser Lebensstandard, unser Wissen und unser Vorsprung heute. Die Erziehung eines ganzen Kontinents über 2000 Jahre hinweg – diese Leistung kann der Kirche niemand streitig machen.

Von daher darf ich ruhig auch einmal sagen, daß es für mich ein großer Mangel an Einsicht (oder an Charakter?) ist, wenn einer aus der Kirche austritt. (Was bei uns in Rohrbach allerdings sehr selten vorkommt). Man kann seine „Eltern" nicht einfach mit einem Fußtritt vor die Tür setzen, wenn sie sich darum gesorgt haben, daß aus uns etwas geworden ist !

Neulich bin ich mit einem vielleicht 40jährigen Mann so richtig ins Ratschen gekommen. Er gehört nicht zu unserer Pfarrei, ist jedoch nicht weit von hier zuhause. Er erzählte mir von seinem alten verstorbenen Heimatpfarrer. Richtig ereifert hat er sich bei dieser Erzählung. Aber der Höhepunkt war dann doch dieser Satz seiner Rede:

„Wissens, das war noch so ein Pfarrer,
der ganz von seinem Glauben überzeugt war ....!"

Das war noch so ein Pfarrer, der ganz von seinem Glauben überzeugt war. – Wenn ich so etwas gesagt bekomme, dann bleibt mir zuerst einmal die Luft weg. Auch hier habe ich einige Mühe, um Gedanken, Gesichtszüge und Reaktionen noch einigermaßen unter Kontrolle zu halten. Das gestehe ich ehrlich.
„Das war noch so ein Pfarrer ...."

\+

Sicher – in der weiteren Unterhaltung habe ich dann gemerkt, daß der Erzähler diese Bemerkung doch nicht so knallig hart gemeint hat, wie ich sie im ersten Augenblick verstanden habe. Er meinte mehr: dieser alte Herr hat noch ganz in und aus seiner Vergangenheit gelebt. Er war noch ein Priester nach alter Art und Weise.

Aber bitte – bei mir hat sich diese Bemerkung festgesetzt und schon an diesen Zeilen merken Sie, daß sie bei mir einiges Nachdenken ausgelöst hat.

\+

Nachdenken und Fragen. Vor allem Fragen – neugierige, ängstliche, leise – letztlich eigentlich die furchtbare Frage:

Was hält dieser Mann wohl von meinem Glauben?
Was habe ich für einen Glauben in den Augen dieses Mannes?
Welchen Glauben habe ich im Urteil meiner Leute....?

\+

Vor Jahren ist mir einmal erzählt worden, ein Mann aus meiner Gemeinde hätte über mich zu einem Fremden gesagt:
„Glauben tut er schon – unser Pfarrer –.
Bloß anders!"

Dieses Urteil hat mich damals sehr gefreut.

„Glauben tut er schon – bloß anders!“.

So hat also dieser Mann von mir gesagt. (letzter Kirchenzettel)
Diese Bemerkung finde ich treffend und gut. Vielen Dank!

+

Glaube – besonders der Glaube eines Pfarrers – das ist für viele Leute auch heute noch eine zementierte Angelegenheit. So nach der Melodie: „Wie es war vor aller Zeit – so bleibt es in Ewigkeit!“ Und wenn es nicht mehr so ist – „wie vor aller Zeit“ – dann ist das schon verdächtig.
Ein „Neu-Moderner?“ oder gar ein halb Glaubensloser?

+

Na ja. Dann gibt es ja auch noch diese großzügigen und gar so toleranten Zeitgenossen. Auch Pfarrern gegenüber. Von diesen kann man dann ungefähr folgendes über die Pfarrer hören:

„Bitte – warum sollen die Pfarrer nicht ......?“
„Auch Pfarrer sind ja nur Menschen ....!“

So und ähnlich reden sie – diese toleranten Menschen.
Wie ich diese schwachsinnigen Reden hasse! Falsch und schleimig sind sie, ein hohles Gewäsch.

+

Nennen wir das Problem beim Namen:
Entweder glaubt ein Pfarrer an seine Sache – oder er laßt es bleiben mit seinem Beruf.
W i e ein Pfarrer glaubt – das ist ganz sicher von Zeit, von Alter, von Umgebung, von Tradition, von Herkunft, von seiner ganzen Umwelt her geprägt.

Hier von zementierten Klischees auszugehen und zu meinen, ein Pfarrer müsse so und nur so sein – das ist sicher falsch. Ich für meine Person kann nur sagen, daß ich mich nicht in das Klischee irgendeines Pfarrertypus pressen lasse. So nach Art des Kommödienstadels oder eines Don Camillo. Da kann ich nur lachen (und noch lieber weinen)!

+

Für mich ist Glaube zunächst einmal eine höchst aufregende Sache. Er muß immer neu bewältigt werden. Er ist ein Wagnis für ein Leben lang. Von daher empfängt ein Pfarrer seine Prägung.
Hier habe ich nun allerdings den Verdacht, daß dies viele Menschen nicht verstehen. Sicher aber hat es dieser Mann verstanden, der von mir gemeint hat: „Glauben tut er schon – bloß anders!“

Ich bin Ihnen noch eine Auskunft schuldig. Bei meinem vorletzten Zettel (234) habe ich Ihnen angedeutet, was mich statt der „ausgelaugten Kalauer“ von Barbara Engl mehr überzeugt hätte. Also nicht Zölibat, Primat, Sexualität sind für mich die drängenden Probleme.

Die wirklich bedrängenden Dinge um Glaube, Religion, Kirche, liegen für mich auf einer ganz anderen Ebene. Ja, sie sind für mich so entscheidend und lebenswichtig, daß ich mich beispielsweise mit so einer Sache wie dem Zölibat gar nicht mehr beschäftigen will. Das ist innerkirchliche Nabelschau: Priestertum der Frau, Primat, Zölibat. Was solls denn damit? Das geht doch nicht an den Nerv der Menschen von heute. Das trifft doch alles nicht unseren ganz persönlichen Glauben, unsere Beziehung oder unsere Ferne zu Gott. Das sind meinetwegen Spielereien eines profilsüchtigen Fachidiologen oder Dauerbrenner für Massenmedien.
Mit Sexualität und Zölibat kontra Kirche läßt sich allemal ein Geschäft machen.

+

Dabei und unterdessen krepiert, vermodert, verkümmert, verwahrlost, stirbt ab – ohne daß wirs merken – der letzte Rest von Gläubigkeit in uns.

+

Machen wir uns nichts vor: Nicht Primat und nicht Zölibat haben die Kirchen leerer werden lassen.

Es ist die totale Gleichgültigkeit weitum.

Was interessiert letztlich Kirche, Religion?
Was bedeuten Gott und Glaube?
Einen gesicherten Arbeitsplatz wollen wir, keine Russen in Polen und billiges Heizöl im Tank. Geld in der Tasche und eine anständige Brotzeit auf dem Tisch. Ein eigenes Dach überm Kopf, ein Weib/einen Mann im Bett und für die Kinder (falls gewünscht) ein rundes Konto auf der Bank.
Möglichst keinen Krebs am eigenen Leib und Erdbeben weit weg!

Was darüber hinausgeht – na ja – wenns andere brauchen, sollen sie's haben: am Sonntag ihren Gottesdienst und im Dorf die Kirche. Meinetwegen. Nur mich bringt dies schon lange nicht mehr zum Laufen. Ist auch ganz nett, so zwischendurch einen symphatischen Papst am Fernsehen zu erleben. Vielleicht heiratet demnächst Prinz Charles.
Ich freu mich schon auf die Live-Übertragungen.

Die Bekanntgabe des für viele so wichtigen Firmungstermins ist neulich so kurz am Ende des Kirchenzettels gestanden. Ich möchte mich daher heute noch einwenig auf der Vorderseite zu diesem Thema auslassen. Nicht fromm und belehrend, sondern mit einer kleinen Geschichte.

+

Vor einigen Jahren war hier ein firmender Würdenträger tätig, vor dem ich gewarnt worden bin. Durchs Telefon wurde mir damals verraten, daß ich von diesem hohen Herrn Tadel und Vorwürfe zu erwarten hätte. Grund: Weil ich als Pfarrer nicht von Rohrbach weggegangen wär und keine größere Stadtpfarrei übernommen hätte. „Was muß der die ganzen Jahre auf diesem (geografisch) letzten Dorf unserer Augsburger Diözese sitzen bleiben!" So hatte er andernorts über mich geschimpft – was mir dann wieder telefonwendend „verprietscht" wurde.

Ich habe daraufhin während des ganzen Rohrbacher Firmtages auf diese Prälatenschelte gewartet – aber nichts ist gekommen.

Im Gegenteil. Ganz sanft und umgängig hat er plötzlich angefangen mir zu sagen, daß er mich immer von diesem Dorf weghaben wollte und er es nie verstehen konnte, wie ich es als Stadtmensch auf die Dauer hier aushalten konnte – bis er heute Vormittag die Firmlinge und ihre Paten so auf sich habe zukommen sehen:

„Das sind hier ja sehr selbstbewußte und aufgeschlossene Leute.
Wie mich die alle so angeschaut haben!
Gradheraus, oft lustig und froh.
Und nett und flott gekleidet waren sie auch!
Ich muß Ihnen gestehen – so erklärte er mir weiter –
daß ich bei dem Gedanken <Rohrbach, Dorf, Diözesangrenze>
eigentlich eine ganz andere Vorstellung hatte.
Nun versteh ich auch, warum Sie von hier nicht wegwollen!"

+

Diese Geschichte wollte ich Ihnen jetzt nur schnell als Kompliment und zur rechten Vorbereitung auf die nächste Firmung erzählen.
(Immer wieder das Gleiche: wer die Rohrbacher und die Holledauer erst einmal kennenlernt, der .... haha)

Ich komme von dieser Lesung nicht los, die wir vor 14 Tagen am 5. Fastensonntag gehört haben.

Wenn Sie sich erinnern: ich wollte dazu predigen, habe aber sehr schnell gemerkt, daß ich mit der Sprachgewalt des Propheten Ezechiel nicht mithalten kann,
daß jedes Wort, das man dazu sagt, abfällt und leer wird:

„So spricht GOTT der Herr:
Ich öffne eure Gräber und hole euch aus euren Gräbern herauf.
Ich bringe euch in das Land.
Dann werdet ihr erkennen, daß ich der HERR bin.
Ich hauche euch meinen Geist ein,
damit ihr lebendig werdet..........“

Da hört man zu predigen auf, wenn man solche Worte zu verkünden hat. Prophetenworte.
Fast 3000 Jahre vor unserer Zeit sind sie geschrieben worden.

Und da kommen wir uns so wichtig vor mit dem, was wir heute wissen: von Gott, von unserer Existenz, von Geist und von Leben. Daß ich nicht lache.
Primitivlinge sind wir dagegen, Kümmerlinge mit unserem Glauben.

+

Auf meinem Schreibtisch liegt ein Buch, Aufzeichnungen eines alten Professors. Er hat in seinem Leben viele Priester und Theologen unterwiesen. Er schreibt:

„Als der Kardinal-Inquisitor mich fragte,
ob ich an Gott glaube, antwortete ich:
Nein, an Ihren Gott glaube ich nicht.

Als der Atheist mich fragte, ob ich an Gott glaube,
antwortete ich abermals: Nein, an den Gott,
den Sie leugnen, glaube ich nicht.

Also glauben Sie doch an einen Gott,
erwiderten mir Kardinal und Atheist wie aus einem Munde.

An G O T T ! wenn ich bitten darf,
nicht an <einen> wie Sie es tun“.

Frohe Ostergrüße.

Zwar hat der Herr Kirchenpfleger zu mir einmal gesagt: „Eana kann man net beleidigen" – aber so einfach ist das auch wieder nicht. Nicht daß mich nun jemand beleidigt hätte und ich deshalb diese Zeilen schreibe. Nein – mich würde bloß interessieren, wieso der Herr Kirchenpfleger bei mir zu dem Eindruck kommt, daß man mich nicht beleidigen könne. Oder anders gefragt: Was ist an mir, das mich nicht so schnell – wie anscheinend sonst üblich – beleidigt sein läßt?

Ich komme ins Sinnieren – (und schon gibt man wieder zuviel vom „Eigenen" preis)

\+

Es gibt einige Worte (– und hinter diesen Worten stecken natürlich dann auch entsprechende Eigenschaften –), die ich einfach gerne habe. Worte, die mich ein Leben lang fasziniert haben. Wohl gemerkt – ich behaupte nun nicht, daß ich auch die Eigenschaften besäße, die hinter diesen Worten stecken.
Leider nicht. Aber die Worte – sie sagen viel.

Da ist einmal dieses alte griechische Wort, das uns die Pauker schon vor über 40 Jahren eingebläut haben und uns als eine herrliche Eigenschaft der griechischen Philosophie schmackhaft machen wollten.
Es ist die ATARAXIA, zu deutsch: die Unerschütterlichkeit, die Unbeirrbarkeit.
Komisch – bis zum heutigen Tag habe ich dieses Wort nicht vergessen können.

Später ist mir dann ein Wort der mittelalterlichen Mystiker begegnet, das vielleicht überhaupt die beste Übersetzung dieser griechischen Tugend ist: die G e l a s s e n h e i t.
Was hab ich über dieses Wort schon nachsinniert.
Die Gelassenheit – ein herrliches deutsches Wort. Und eine großartige Tugend.

\+

Vermutlich ist das alles nicht meine Kragenweite, es paßt dies alles nicht zu mir. Vermutlich sind es schlicht und einfach nur die ein Meter achtundachzig Körperlänge und der alte Spruch aus Barras-Zeiten:

„Was kümmerts den Mond, wenn der Hund ihn anbellt?!"

Wenig philosophisch – aber der Gesundheit sehr dienlich. Ärgern ist nämlich ungesund und beleidigt sein ist meist lächerlich.

Die Welt ist friedlicher und die Menschen heute sind besser als früher – das war meine Behauptung vom letzten Zettel. Dazu stehe ich – aber damit beschönige ich nichts. Ich will es Ihnen mit ein paar Beispielen aus der Geschichte belegen:

Wir haben heute in unserem Staat die Legislative und die Exekutive. Das heißt: Das Parlament und die freigewählte Regierung stellen Gesetze auf (Legislative) und die Gerichte wie die Polizei haben die Pflicht, auf die Einhaltung dieser Gesetze zu achten (Exekutive).

Wissen Sie, wielange es diese für uns selbstverständliche Zweiteilung der Macht schon gibt? Dies funktioniert bei uns so halbwegs seit höchstens 150 Jahren.

Was war vorher? (Und das müssen Sie jetzt einmal konsequent durchdenken!)

Vorher gab es schlicht und einfach nur das „Recht des Stärkeren".
Das hat begonnen beim Landesherrn, der von sich behauptet, daß er – und nur er – „Das Recht hat", mit dem er je nach Lust und Laune umgehen kann. Die Untergebenen, bis hin zu den Leibeigenen, waren oftmals nur Freiwild.
Dieses „Recht des Stärkeren" hat aufgehört beim vorletzten Knecht, der dem letzten Knecht ins verlängerte Kreuz getreten ist, wie und wann es ihm gepaßt hat. (Das wissen sogar noch die Alten unter uns!)

Recht, Schutz und Hilfe hat der Schwächere nie gehabt!

Ich brauche nur im hiesigen Archiv die Berichte des Pfarrers Thiermeier von Waal um das Jahr 1800 nachzulesen:
Da kommt einem das helle Grauen über diese Zeiten. Kein Kind konnte mehr mit ein paar Gänsen aufs nächste Feld, ohne daß ihm nicht das ganze Federvieh weggestohlen worden wär.
Kein Mädchen konnte mehr vors Haus, ohne daß es nicht von streunenden und verwahrlosten Soldaten vergewaltigt und in die nächste Mistgrube geworfen worden wär. Das war die gute alte Zeit. Danke schön. Und so ging es über Jahrzehnte, ja über Jahrhunderte hinweg.

Ich weiß auch, daß ich heute nicht im Paradies lebe.
Aber dies in unserer Welt zu erwarten, ist hirnrissig. Wir werden weiterhin mit Attentätern leben müssen.

Aber das ist mir lieber, als ein „Paradies" ohne Attentäter unter Stalin oder Hitler. So realistisch sollten wir sein.

Schön wars – gell! (Die Hochzeit mein ich – vom Charles mit seiner Diana) Und lieb war sie – finden Sie nicht auch? Das Kleid hat mir ja weniger gefallen. Zuviel Rüschen oben herum, finde ich. Und er ist anscheinend auch ein netter Kerl.

Mei – wie ich über solche königliche Hoheiten schreibe. Als ob ich mit ihnen aufgewachsen wär. Respektlos. Und dabei wohnen sie doch in einem großen und schönen Schloß. Dieses ist dann wieder in einem großen Park.

Ist schon etwas Schönes – so eine königliche Hochzeit. Wie im Märchen, hat der Bischof bei seiner Predigt gesagt. Und glücklich sind sie auch. Wenigstens hat er sie und dann hat sie ihn immer wieder glücklich angelacht.
So solls ja schließlich auch sein – wie im Märchen.

+

Bei den Nachrichten hat der Sprecher dann gesagt, daß eine Milliarde Menschen – also 1000 Millionen – dies über Fernsehen und Satelliten gesehen hätten:
In indischen Dörfern und südamerikanischen Hütten, in kanadischen Wäldern und in Honolulu, ja in ganz Europa, Amerika und Australien. Vielleicht sogar in Rußland. Und alle haben sich gefreut an diesem Schauspiel.

Ist schon toll, wie oft man dieses junge Mädchen mit ihrem Prinzen sehen konnte!

+

Warum wollen wir eigentlich so etwas so gerne sehen?
Einmal den Papst, dann wieder einen jungen König, dann den Rummenigge und dann die Lisa Minelli (mein besonderer Schwarm)? Sie sollen nun nicht sagen, ich wär pietätlos, weil ich diese Leute alle in einen Topf – pardon, in einem Satz nenne. Wirklich – ich möchte wissen, warum wir dies so gerne sehen. (Übrigens – ich bin keiner von denen, die sagen: „Das interessiert doch mich nicht, dieser blöde Rummel“. Ich gestehe es ehrlich, daß ich es – in Maßen – recht gerne anschaue und dann sogar hingerissen und gerührt sein kann).

Also – warum schaut man sich diese Leute immer wieder so teilnahmsvoll an?

Der Kapiteljahrtag 1981 in Rohrbach ist vorbei.
Manche Spannung und Unsicherheit ist wieder abgeklungen. An mir liegt es nun, mich heute in aller Öffentlichkeit bei Helfern und Mitwirkenden zu bedanken:

Angefangen bei unserer lustigen Kinderschar mit ihrem Gesang beim Gottesdienst in Rohr bis hin zum Höhepunkt des Abends in St. Kastl mit Dr. Lechners brillanter Rede und den charmanten „Gastgebern“ an den einzelnen Tischen.

Pfarrer und Vertreter des Dekanates haben nicht wenig gestaunt, was die Rohrbacher in Gottesdienst wie bei geselliger Unterhaltung zu bieten haben.

So war es letztlich wohl nicht nur eine Darstellung unserer Pfarrei, sondern ganz allgemein ein wenig „Duft und Atmosphäre“ dessen, was sich sonst (nach jow) „aufstrebende Holledauer Großgemeinde“ nennt.

Das war von mir in Vorbereitung und Regie beabsichtigt.

+

Wenn wir heute immer wieder darüber jammern, daß unser Leben mehr und mehr von Zwängen, Organisation und Administration bestimmt wird – wenn wir mißtrauisch werden, daß wir immer mehr verheizt, vermanipuliert und ideologisch mißbraucht werden – wenn Kunststoff, Kitsch und bornierter Krampf allenthalben sich aufdrängen –
dann finde ich es einfach notwendig und wichtig, sich auf die eigenen Möglichkeiten und Fähigkeiten zu besinnen. Nicht was Gremien und Programme, Ausschüsse und Komitees erfinden (damit es andere tun!), macht die Suppe schmackhaft,
sondern was uns selber einfällt, was wir selber können.

Das ist dann ehrlich und überzeugend.

Ja, wer wir selber sind – das wollten wir und auch die anderen von uns wissen. Ich glaube, das ist uns an diesem Kapiteljahrtag 1981 ein wenig gelungen.

Darum nochmals allen, die mitgeholfen haben, herzlichen Dank!

Der Auftritt von Pfarrer Hofmiller am vergangenen Samstag ist mir an die Seele gegangen. Schon beim Gottesdienst, zu dem ihn die jubilierenden Jahrgänge nach Rohrbach eingeladen hatten – wie dann noch mehr bei seiner kurzen Ansprache mittags im Saal beim "Alten Wirt".

Ich glaube, wir konnten uns alle einer Ergriffenheit nicht erwehren, wie er andeutungsweise seine hiesige Tätigkeit als Pfarrer in diesen furchtbaren Jahren des Krieges erwähnte, wie er mit den Familien um Vermißte und Gefallene gelitten hat....

Diese zwei, drei Sätze von ihm trafen mehr als manche staatlich verordnete „Heldengedenkfeier" an Totensonntagen und Volkstrauertagen.

+

Was mich in diesem Rahmen noch besonders bewegte, war eine Empfindung, die man als Pfarrer nur selten in seinem Leben hat:

Es war das übermächtige Gefühl, daß man als Pfarrer einer Gemeinde

in einem Strom von Geschichte und Geschehen,
in einer Nachfolge von Seelsorge und Priestern,
letztlich – in einer großartigen Tradition steht.

+

Wenn – aus welchen Gründen auch immer – oftmals bedauert wird, daß wir keine Familie, keine Kinder, keine Nachkommen haben dürfen, daß mit jedem Priester der Fluß einer Geschlechterfolge zu Ende geht –
hier – bei diesem Auftritt von Pfarrer Hofmiller – spürte ich ganz stark, daß es noch eine andere Tradition als die der Geschlechter gibt:

Die Tradition von Religion und religiösem Leben,
die Tradition von einer Geistigkeit, wie sie eben nur unsere Kirche zu bieten hat,
die Tradition von Pfarrern und Seelsorgern,
guten und schlechten, wie in einer Familie auch,
die aber letztlich doch alle eines durchgetragen haben:

Jene Bindung an Gott und damit jene „Weltanschauung", die das Leben erst sinnvoll macht.

Ich glaube, so etwas einmal zu bedenken, tut jedem gut.

Was das zu bedeuten habe, wenn Kardinal Ratzinger jetzt nach Rom gehe – bin ich des öfteren gefragt worden.

Nun bin ich nicht gerade ein Experte für hohe Ämter und Funktionen, aber ich will doch versuchen, aus meiner Sicht heraus Ihnen die Berufung des Münchner Erzbischofs erklärlich zu machen.

+

Daß er nach Rom gehen sollte und daß ihn der jetzige Papst schon länger dort unten haben wollte, war aus eingeweihten Kreisen immer wieder zu hören. Von daher ist es sicher so, wie in den ersten Berichten über die Reaktion von Kardinal Ratzinger zu lesen war: daß es für ihn nicht leicht war, dem Wunsch des Hl. Vaters zu entsprechen.

(Schlimm – mit diesen Pfarrern und Bischöfen heute. Keiner drängt
sich mehr nach einem „Schanzerl“ oder „Pösterl“. Der eine wär lieber
in München geblieben und der andere will von Rohrbach nicht weg....
Obwohl – keiner – das ist vielleicht auch nicht ganz richtig.
Es gibt schon solche, die „ums Vareggn gern“ etwas werden möchtn
tatn wollten. Aber oft sind es halt die Falschen.
Wie in der Welt auch!)

Aber bleiben wir beim Thema – ich nehme es Kardinal Ratzinger wirklich ab, daß er sich zu dieser hohen Berufung nicht gedrängt hat.
Denn – es ist das unangenehmste und vermutlich auch schwierigste Amt, das Rom zu bieten hat, auch wenn es nach Papst und Kardinalstaatssekretär das dritthöchste Amt in unserer Kirche ist.

+

Er wurde zum Präfekten der vatikanischen Glaubenskongregation gewählt.

Das könnte man vielleicht folgendermaßen erklären:
Er ist damit Minister und Höchstverantwortlicher für alle Angelegenheiten unseres Glaubens. Er hat „für die Rein-Erhaltung der katholischen Lehre zu sorgen und in Streitfällen über die offizielle Linie der Kirche zu entscheiden“ wie es so schön heißt.

Wahrlich eine grausame Aufgabe in unserer Zeit.
Nicht zu beneiden – der hohe Herr!

Im Dezember 1980 konnte ich an dieser Stelle (Nr. 237) ziemlich spontan sagen, was für mich das bedeutendste Ereignis im abgelaufenen Jahr war. Heuer gelingt mir das nicht und bei allem Überlegen wüßte ich eigentlich nicht, was ich besonders hervorheben sollte.

(Den Mordversuch am Papst als „bedeutendstes Ereignis“ zu bezeichnen, widerstrebt mir. Es ist ein widerliches Verbrechen, aber kein bedeutendes Ereignis.)

Warum fällt mir also nichts ein? Sollten sich die Ereignisse abflachen, einebnen, verbrauchen? Oder liegt es an mir, daß ich stumpf und gleichgültig – und von Meldungen und Nachrichten kaum mehr sonderlich berührt werde?

+

An einer Bemerkung in der Zeitung bin ich diese Woche hängen geblieben:

„Alle Ereignisse haben nur mehr Unterhaltungswert.
Solange wir unterhalten werden, ist alles gut.
Immer weniger Leute denken nach, was politisch geschieht.

Wir leben im Zeitalter des Gequatsches.
Für die Nächte haben wir das Valium.

Die allgemeine Verdummung ohne Verantwortung wird zum Problem“.

Sollte es wirklich so sein, daß wir nur mehr Unterhaltung suchen? Daß wir uns kaum mehr ereifern können, wenn die eigene Haut nicht geritzt wird?

+

Ich weiß nicht, was ich davon halten soll.

Einesteils ist es sicher gut, wenn man sich nicht von jeder Nachricht aus Polen gleich verrückt machen läßt.

Andererseits wär es betrüblich, wenn Unfreiheit und Unterdrückung in diesem Land, wenn uns Mord in Mittelamerika und Hunger in Kambodscha überhaupt nicht mehr berühren würde.

„Alle Ereignisse haben nur mehr Unterhaltungswert“.

Ein sehr bedenklicher und nachdenkenswerter Satz!

Das war das letztemal wieder eine viel zu lange Einleitung, sodaß ich heute zusehen muß, wie ich schneller zum Thema komme: "Frustration fördert Hinwendung zum Terrorismus." Als Anregung zu einer Fastenbetrachtung auf dem Rohrbacher Kirchenzettel.

In der genannten Ursachenforschung kommen die Wissenschaftler bei den Lebenslaufuntersuchungen von Terroristen zu dem Ergebnis: besonders auffällig sei bei diesen Leuten

„die hohe Mißerfolgsbelastung, kombiniert
mit einem akzentuierten Aufstiegsstreben.
Zwischen Erfolgserwartung und Einschätzung
der eigenen Fähigkeiten wird häufig keine
realistische Entsprechung gefunden."

Ein wenig geschwollen das Ganze, aber vielleicht merken Sie doch, daß wir damit mitten im Thema Fastenzeit sind.

+

„Mißerfolgsbelastung" auf der einen Seite,
„akzentuiertes Aufstiegsstreben" auf den anderen Seite.

Oder in unserer Sprache (falls es mir gelingt:)
Auf der einen Seite z.B. der Wahn bildungsehrgeiziger Eltern, die glauben, in ihren Kindern stecke alles drinnen, was sie selber in ihrem Leben nicht fertig gebracht haben.
Oder der Wahn unserer Heranwachsenden, die meinen, daß die unbegrenzte Freiheit und die Welt mit allen Chancen und Möglichkeiten ausgerechnet ihnen offen stehe.

Und auf der anderen Seite eine der furchtbarsten Erfahrungen unseres menschlichen Lebens:
Daß man vieles nicht schafft, bloße Utopie bleibt,
daß man schneller an Grenzen stößt, als wie man sich es eingestehen will,
daß man schlicht „eine Flasche", ein Versager ist.

Furchtbar, was hinter solch nüchternen wissenschaftlichen Sätzen steckt: „Zwischen Erfolgserwartung und Einschätzung der eigenen Fähigkeiten wird häufig keine realistische Entsprechung gefunden."

+

Daher meine ich jetzt zur Fastenzeit:
Der ehrliche, schlichte und illusionslose Versuch sich selbst in den Blick,
in den Griff zu bekommen.
Sich die eigenen Grenzen eingestehen.

Das wär eine tolle Sache zur Fastenzeit 82.

Es ist Karfreitagabend. Die Liturgie vom Leiden und Sterben unseres Herrn ist überstanden.

Der Gründonnerstag, heute Vormittag mit den Kindern der Kreuzweg, am Nachmittag die alten Zeremonien mit der Leidensgeschichte, den Fürbitten, der Kreuzenthüllung und der eindrucksvollen Kreuzverehrung.

Ich bin froh, daß alles überstanden ist.

Jedes Jahr ist es mir wieder eine Sorge, habe ich Angst, ob es würdig, vielleicht sogar ergreifend dargestellt werden kann, was ich in der Liturgie mit Ihnen feiern darf.

Und jedes Jahr frage ich mich wieder, wieso dieses Gedächtnis um das Sterben unseres Herrn ein Leben lang aufregend, unmittelbar, Herz und Gemüt bedrängend in diesen Zeremonien sich vor uns abspielen kann. (Besser als in jedem Film, in jedem Passionsspiel – wie ich meine). Nur im Ablauf dieser jahrhundertealten Liturgie, in diesen Gesängen, in diesen schlichten Handlungen einer Kreuzverehrung.

+

Ich kann es Ihnen nicht erklären, warum mir dieses Gedächtnis in unserer Liturgie mehr bedeutet, als jede filmische oder theatermäßige Darstellung.

Warum mich Texte aus Liedern und Passionsgeschichte an diesem Nachmittag mehr treffen als eine noch so aufwendige Szenerie um das Leben Jesu.

Vielleicht spielt sich der Reichtum, die Schönheit unseres Glaubens doch zuerst einmal und ganz persönlich im Menschen selbst ab. Ohne Geschäft, ohne Devotionalienbuden, ohne Schaum und ohne filmisches Angebot.
Ganz und gar zuerst einmal im Herzen des Menschen.

+

Und hier setzt dann die Kirche mit ihrer Liturgie an. In dezenter und vornehmer Weise, in sparsamen Zeremonien, in zurückhaltendem, in unaufdringlichem Tun.

Hier erst kann dann etwas aufleben, was letztlich wohl doch nicht „gezeigt", nicht „dargestellt" werden kann.

Ich wünsche Ihnen noch schöne Ostertage!

Neulich bin ich recht energisch angegangen worden:
Eine Frau hat mir deutlich erklärt: Wenn ich mich schon nicht zu Ehe und Familie äußern will, dann wär es zumindest meine Pflicht als Pfarrer einmal ein energisches Wort gegen diese „schlampigen Verhältnisse“ zu sagen, die sich allenthalben auch in unserer Gemeinde entwickeln.

Sie meinte damit vor allem das Zusammenleben Halbwüchsiger, die glauben, Eltern, Staat und jegliche Ordnung auf die Seite schieben zu können und die mit ihrem noch nicht voll entwickelten Hirn Lebensweisen praktizieren, die ein bißchen mehr Verantwortung und Alter voraussetzen, als es bei diesen „ehelosen Kinderpaaren“ erwartet werden kann. (Früher hat man von „Kinderlosen Ehepaaren“ gesprochen – heute sind jedoch „ehelose Kinderpaare“ das aktuellere Thema).

Also – diese Frau erwartet von mir endlich einmal ein energisches Wort gegen dieses „wilde Zusammenleben“, gegen diese schlampigen Verhältnisse ohne Standesamt und Trauschein.

Nun wär dies zuerst einmal eine staatliche Angelegenheit, wenn hier gegen Gesetz und Ordnung verstoßen wird.
Das sollte man bei diesem Thema auch nicht ganz vergessen.

Aber es ist natürlich auch eine sittliche und religiöse Verwilderung – und deshalb soll ich mich wohl als Pfarrer einmal energisch dagegen äußern.

+

Nun – ich muß Ihnen auch hier gestehen, daß ich bei diesem Thema ebenfalls meine Hemmungen habe. Oder besser gesagt: daß ich mir auch bei diesem Thema letztlich hilflos vorkomme.

Dafür ein Beispiel aus anderem Bereich:

Ich predige und spreche natürlich jedes Jahr in den oberen Schulklassen über Raserei und Alkoholismus.
Aber – die Blöden sterben nun einmal nicht aus und so werden wir weiterhin nach jedem Wochenende in der Zeitung lesen können, daß drei, vier, fünf Menschen durch Alkohol, Raserei und unterentwickeltem Hirn ums Leben gekommen und Dutzende im Krankenhaus gelandet sind.

Das gleiche gilt für diese „schlampigen Verhältnisse“. Auch dieses Publikum, das dafür die Voraussetzungen mitbringt, wird in nächster Zeit kaum aussterben.
Aber davon dann das nächstemal mehr.

Paul Breitner (ein berühmter deutscher Fußballer – falls jemand den Herrn nicht kennen sollte), also dieser Paul Breitner hat recht, wenn er sagt, daß er sein Geld wert sei!

Nur kein Neid! Dieser Mann ist sein Geld wert.
Er schafft Unterhaltung, wie nur wenige in unserem Land.

Er bezeichnet sich ja selbst mit diesem branchenüblichen Ausdruck als „Entertainer“ = Unterhalter. Und das ist er auch. Da spielt es dann überhaupt keine Rolle mehr, ob er gut oder schlecht ist, ob er der Menschheit zulächelt oder ob er auf seine verlängerte Rückenpartie hinweist.
Er sorgt für Unterhaltung.

Ja vielleicht muß man sagen, daß ab Samstag Nachmittag bis zu den letzten Gesprächen über ihn am darauffolgenden Freitag (dank „Bild“ und „Kicker“) die Negativseite dieses Mannes, die Wut über ihn, das vernichtende Urteil von allen Seiten –
daß all diese Kritik ihn sogar noch kostbarer machen, als wenn er ein schönes Spiel mit Blumensträußchen für die Menge geliefert hätte. Nein – ausschleimen muß man sich können, über diesen arroganten Großverdiener, diesen überheblichen Schulmeister, diese (p)rotzige Type!

Sehen Sie – hier setzt nun für mich das besondere Verdienst dieser kickenden Unterhalter ein:
– Sie schaffen Erleichterung für die verstopfte Seele –.

+

Bitte – wenn ein Durchschnittsbürger heute täglich 8 Stunden an seinem Arbeitsplatz steht, wenn er froh sein muß, diesen Arbeitsplatz behalten zu können, wenn er nicht aufmucken kann, weil ein fieser Vorgesetzter ihn unter konstanten Druck hält – wenn dieses Theater dann abends hinter der eigenen Tür weitergeht – bitte – irgendwo braucht die bedrängte Seele das Entschleimen.

Wie herrlich hier dann so eine Einrichtung wie eine WM auf dem Fernsehschirm oder der Sportplatz in der Gemeinde.

Es sind die billigsten und besten Krankenhäuser für den Überdruck in den „emotionalen Leerräumen“ unserer Seele. (Nr. 314)

Vor einiger Zeit bin ich einem jungen Mann ziemlich kräftig ans seelische Schienbein gefahren. Hernach hat es mir fast leid getan.

Dieser Gute hat geglaubt, er müsse mich darüber aufklären, daß „die Kirchgänger sowieso das übelste Volk in unserer Gemeinde sind: Bigott, falsch, heuchlerisch, verleumderisch". Das waren so ungefähr seine Beurteilungen der Kirchgänger.

Ich habe ihm darauf geantwortet, daß unsere Gemeinde auch froh ist, daß es solche Leute wie ihn gäbe: die nicht in die Kirche gehen und dafür edel, gläubig, rechtschaffen, vorbildlich und wahrhaftig wie er seien.
Leider haben wir in unserer Gemeinde nicht lauter solche Prachtausgaben wie er – dem es natürlich dann auch voll zusteht, solch ein Urteil über den Rest der Menschheit auszusprechen.

Er hat es begriffen. Seitdem bin ich bei ihm „unten durch".

+

Im letzten Satz des letzten Kirchenzettels hab ich Ihnen sagen wollen, daß Kirchgang oder Kirchenschwänzen am Sonntag zuerst einmal noch gar nichts über die moralische oder charakterliche Qualität eines Menschen aussagt.

Weder ist der eine deshalb besser, noch der andere deshalb schlechter, weil er in die Kirche geht oder weil er nicht geht. Und Sie werden mir weder bei meinem Predigen noch in diesen Zetteln nachsagen können, daß ich deswegen Hölle und Teufel auf die gottlose Menschheit heruntergeholt habe.
Wie es früher da und dort geschehen ist.

A b e r
ich muß doch offen sagen, daß ein getaufter Christ, Gott und seinem Glauben gegenüber ein Unrecht tut, wenn er am Sonntag den „Dienst vor Gott" (Gottesdienst) in dieser gemeinsamen Feier einer Gemeinde versäumt, vernachläßigt oder ihn dies gleichgültig läßt.

Ich sag es nocheinmal: dies hat nichts mit Gut oder Schlecht eines Menschen zu tun, sondern eher mit seinem Pflichtbewußtsein. Ich glaube, dies hat eher mit einer gewissen Disziplin zu tun, die der Mensch – gegen alle Trägheit und Gleichgültigkeit – vor Gott noch aufbringt.

Ich komme aus dem Verwundern nicht heraus:
Im neuesten Informationsbericht des Landkreises Pfaffenhofen Nr. 9/82 vom 19. Okt. lese ich auf Seite 5

„Dörfer müssen ihre Identität behalten.
Puch belegt den 3. Platz ....

Als Ergebnis wird von der Bewertungskommission festgestellt,
daß die sturen, rechtwinkligen Baugebiete mit langen geraden Straßen
sich niemals in die gewachsene Dorfstruktur einfügen....“

Und dann heißt es weiter, als Überschrift und unterstrichen:
„Dörflichen Charakter nicht durch überbreite Straßen zerstören....
Man müsse wegkommen von den zu breiten Straßen“

Bei solchen Erkenntnissen – schriftlich und von amtlicher Behörde – kann ich nur staunen. Da laß ich mich jahrelang angiften wegen meiner „Sturheit“ gegen eine gerade, breite und schnelle Straße vom Kirchenberg herunter ins alte Dorf hinein – und jetzt wird mir das Gleiche als neueste Weisheit von amtlicher Stelle präsentiert. Von einer Behörde, die auch in die Verkürzung der alten Rohrbacher Kirche eingestimmt hat, damit die Straße schön breit ausgebaut werden kann.

+

Ich komm ins Sinnieren: Sollte es zum „Beruf“ eines Pfarrers gehören, tatsächlich da und dort immer wieder einmal „stur“ gegen eine allgemeine und oftmals nur künstlich hochgespielte „Volksmeinung“ anzugehen?
Auch wenn das gleiche Volk – wie beispielsweise derzeit in Fahlenbach – kräftig über mich herzieht?

Ich will mich jetzt weder zum Märtyrer noch zum Propheten hochjubeln. Aber auf lange Sicht, wie auf die Vergangenheit hin gesehen, darf ich vielleicht doch sagen, daß ich mit meiner „Sturheit“ eigentlich nie so ganz falsch gelegen bin.

Wenn ich nur daran denke, wie mich vor 25 Jahren nahezu ganz Rohrbach für verrückt gehalten hat, als ich erklärte, daß die neue Kirche auf diese Anhöhe gebaut wird.
Und heute? Da wills vermutlich keiner mehr wahr haben, daß er damals dagegen war.
Wie dem auch sei:

Stur heil! – Entschuldigung – Freundlichen Gruß natürlich!

Meist stoße ich auf Unverständnis, wenn ich erzähle, daß ich über religiöse Probleme am liebsten mit den 5. und 6. Kläßlern diskutiere.

Es gibt nach meiner Erfahrung für solche Themen wie Gott, Seele, Himmel kein lebendigeres und aufgeschloßeneres Volk als diese 5. und 6. Kläßler. Wenn jemand jetzt darauf zur Antwort gibt: diese 11- und 12jährigen verstehen doch nichts davon, dann kann ich nur sagen – und viele Mütter haben mir dies schon bestätigt – daß diese Kinder unvergleichlich mehr „Sinn“ für solche Themen haben als viele Erwachsene.

+

Machen wir uns nichts vor:

Ein großer Teil unserer verehrten Christenschar – beispielsweise reich versammelt um die schön geschmückten Allerseelengräber – hört doch mit dem Denken auf, wenn es an eben dieser Stelle um Jenseits, Himmel, Weiterleben und ähnliche Dinge geht.

Ich kenne darüber solche Bemerkungen wie: „An diesen Krampf glaube ich schon lange nicht mehr“ oder “Dieses Loch im Friedhof ist für mich das Letzte“.

Sicher machen die gleichen Leute beim nächsten Totengottesdienst wieder mit – aus Achtung, Pietät oder um irgendwelchen ortsüblichen Pflichtübungen nachzukommen.
Wenn ich aber dann beim gleichen Gottesdienst über die Auferstehung Christi zu predigen anfange und daß darin für uns eine todüberwindende Hoffnung zu sehen ist – dann schnallt doch der Großteil der „in christlicher Trauer versammelten Zuhörer“ automatisch ab.

Ich bleibe dabei: Für viele Leute reicht die religiöse Problematik nur bis zu jenem Pfarrer, der sie in der Schule verprügelt hat. Damit aus, basta, Amen.
Alles andere ist Krampf.

Nachdenken – nicht nur fromme Schau – ein Philosophieren über Gott als den „Ganz-Anderen“ – ein Fragen, was Geist, was Seele ist – unfaßbar und doch täglich als „Leben“ erfahrbar.
Nicht-Materie, Geist, und damit „Ewig“ –

Solches Nachdenken kenne ich aus meiner Erfahrung nur mit den 5. und 6. Kläßlern.

Der Abt des Missionsklosters St. Ottilien ist ein welterfahrener Mann. Neulich war in unserer Augsburger Kirchenzeitung ein Interview mit ihm zu lesen. Die Reporter fragten ihn über seine weltweiten Eindrücke, über die Visitationen seiner Benediktinerklöster in Südkorea, in Argentinien, in Afrika und Kanada.
Dabei hat man aus seinen Antworten heraushören können, daß es ein Mann von seltener Erfahrung, von interessantem Urteil und großer Menschenkenntnis ist.

Unter anderem kam das Gespräch auf das Thema „Islam – heute".
Warum – so fragten die Reporter den Abt – warum hat diese Religion heute in aller Welt solch eine expansive Kraft? Darauf kam eine interessante Antwort (ich zitiere aus der Erinnerung). Der Abt erzählte, daß nach seinen Feststellungen beispielweise mohammedanische Kinder in Afrika mit maximal fünf Glaubensregeln ihrer Religion auskommen. Diese wenigen griffigen Regeln aber sitzen, sie gehen den Kindern schon in Fleisch und Blut über. Und damit leben sie. Ein Leben lang als überzeugt, ja vielfach als fanatische Gläubige ihrer Religion, wie wir alle wissen.

Darauf die Reporter:
Herr Abt, könnten Sie sich solch einen griffigen, packenden, das Christentum beherrschenden Punkt oder Satz nicht auch für unsere Religion vorstellen?

Darauf der Abt:
Stundenlang träume ich davon bei meinen weiten Flügen in aller Welt – wenn ich die Menschen sehe – wenn ich mir ihr Schicksal, ihr Zuhause, ihr Land und ihre Sehnsüchte vorstelle:

Wie könnte ein Christ, in dieser Welt heute, durchschlagend wirken, mit welcher Forderung Christi, – kurz und bündig – könnte er wieder zu „strahlen" anfangen. Damit in dieser friedlosen, trostlosen, gehetzten und gejagten Welt wieder etwas „passiert", wodurch die Menschen zur Freude, zu Frieden und Dankbarkeit kommen.

Und dann meinte der Abt (vorsichtig, fast gehemmt, weil es ja nichts aufregend Neues ist, was er dafür parat hat):
es wär schon eine tolle Sache, wenn sich alle Christen als Brüder verstehen würden.

Ich wünsche Ihnen schöne Weihnachtstage!

Wie ich vor vielen Jahren angefangen habe, mit den Rohrbachern per Flugzeug auf Reisen zu gehen (Rom, Paris, London etc.), da waren dies ganz schlichte Gründe, die mich zu diesen Veranstaltungen bewegten: selber hatte ich diese Orte und Länder längst gesehen und kennengelernt, warum sollte ich sie jetzt nicht auch einmal meinen Lieben zeigen?
Ich kannte mich aus auf Flugplätzen, Hotels und fremden Straßen, ich konnte die Sprache der Länder zum Hausgebrauch – also packte ichs an.

Bis eines Tages mich einmal jemand fragte, wielange ich eigentlich noch diese Bildungsreisen mache. Dieses Wort „Bildungsreise“ hat mich damals stutzig gemacht.
Daran hatte ich nämlich gar nicht gedacht, mit diesen Reisen nun betont „Bildung“ zu vermitteln.

Aber – es stimmt schon. Nur war mir solch eine Absicht von Anfang an nicht bewußt. Ich wollte einfach anderen Leuten die Schönheiten dieser Welt zeigen, wollte meine Rohrbacher ein wenig aus dem Umkreis ihrer eigenen Welt hinausführen, wollte ihnen zeigen, daß es außer ihnen auch noch Menschen gibt mit ähnlichem Schicksal, mit Freuden und mit Kümmernissen.

+

Wenn ich vor 25 Jahren (nach Meinung vieler Leute) von dem Wahn besessen war, eine „viel zu große und aufwendige Kirche“ in unser Dorf zu stellen,

wenn ich seit 15 Jahren eine Kirche nach der anderen in unseren Gemeinden renoviere – dann ist das wohl ein Tick von mir, den ich aber bewußt pflege:

Ich will etwas Schönes, etwas Überzeugendes in unseren Gemeinden schaffen. Die eigenen und die fremden Leute sollen sehen und erleben, welche Kostbarkeiten wir in unserer Mitte haben.

+

Und wenn ich Jahr für Jahr zu unserem Silvesterkonzert Künstler in unser Dorf bringe, die sicher ein paar Nummern zu groß für uns sind – dann ist das auch ein Tick.

Aber wenn Sie alle diese Angebote nicht annehmen – dann ist das wirklich schade. Ich tus ja nicht zur Bildung, sondern nur immer wieder, um Ihnen etwas von den Großartigkeiten dieser Welt zu zeigen.

Und damit wünsch ich Ihnen einen schönen Jahreswechsel und Gottes Segen fürs neue Jahr!

„Jahr und Tag in keiner Kirch – und dann kämen sie daher! Zum Heiraten – mit Pomp und Gloria!“ Das hat den Pfarrer wohl so in Rage gebracht, wie ich Ihnen letztesmal erzählte.

+

Vor eingen Jahren hat es in Paris Pfarrer gegeben, die heiratswillige Paare freundlich und aufmerksam in ihrem Pfarramt empfangen haben. Sie unterhielten sich mit ihnen und wenn sie dabei erfuhren, daß die jungen Leute schon seit Jahren in keiner Kirche mehr gewesen sind und – im weiteren Verlauf der Unterhaltung – auch kein Hehl daraus machten, daß sie dies auch für die Zukunft nicht vorhätten, dann haben diese französischen Pfarrer eben erklärt, daß sie hier nicht mitmachen wollen. Schließlich seien sie als Priester ja kein „Dienstleistungsbetrieb für besondere Anlässe“ und die Kirche ist kein „Heiratsinstitut mit Party-Service“. So haben sie die Paare freundlich weitergeschickt und ihnen den Sinn einer kirchlichen Trauung zu bedenken gegeben. Bloße Feierlichkeit, weils die Verwandtschaft so wünscht, das ist für sie kein ausreichendes Motiv.

Bis dann die Bischöfe dazwischengefahren sind und diesen Seelsorgern in Paris die Weisung gegeben haben, sie sollen doch künftig diese Paare kirchlich trauen, auch wenn sie nicht gerade „überzeugte Kirchenlichter“ sind.

+

Was halten Sie von diesen verschiedenen Einstellungen?
Haben die Pfarrer in ihrer Ehrlichkeit und Gradlinigkeit recht und sind die Bischöfe zu „mildtätig“? Oder haben doch diese Oberhirten recht? Und welche Gründe haben sie, wenn sie die Pfarrer zurückpfeifen?

+

Ich kann von mir sagen, daß mich diese Problematik bei vielen Brautpaaren beschäftigt: Mit welcher Einstellung wollen diese Leute von mir die kirchliche Trauung?
Sicher – ich hab noch niemand zurückgewiesen, aber der Verdacht ob ich nicht doch nur als „Vorstand eines katholischen Verschönerungsvereins“ ge- oder besser mißbraucht werde, mit Segen und innigen Worten – von diesem Verdacht komm ich oftmals nur schlecht los.
Und nächstes Wiedersehen mit dem verehrten Brautpaar dann bei der Taufe, einer Erstkommunion oder einer Beerdigung dazwischen?

Überlegungen, die mir vermutlich niemand übelnehmen kann.

Ich muß Abschied nehmen. Abschied von einem treuen Begleiter. Und das ist nun einmal hart. – Ich werde sentimental, such ihn nochmals in seiner Behausung auf, rede mit ihm und dann fahren wir beide ein letztesmal in einer sternklaren Nacht spazieren. Irgendwohin, langsam, sinnierend und zurückerinnernd.
Was haben wir alles gemeinsam erlebt: Städte, Berge, enge, geschlungene Wege, Serpentinen hinauf und über Pässe hinweg, lange, schnelle Autobahnen, verträumte Gassen und fremde Leute.

Wir haben viel zusammen erlebt, Glück haben wir gehabt – beide – und Neid haben wir gesehen. Leider. Einer hat den anderen vor Schlimmeren bewahrt, eine schnelle Reaktion, ein schnelles Mitmachen von Dir, pfeifende Reifen, Herzklopfen hernach bei mir – während bei Dir der Singsang und das leise Rauschen weiter wie eh und je vertraut geklungen haben. Als wär nichts, kein Unheil, keine Gefahr eben nahe gewesen.
Oftmals hab ich Dich auch recht hergenommen. Über holprige Straßen, durch Lehm, Sand und Pfützen, zu Baustellen und bis zu letzten befahrbaren Wegen im Pfarrwald.

Du warst mit mir in den Dörfern, hast mich zu Gottesdiensten und Kranken gebracht, hast Kinder lachen und winken und manche Menschen recht traurig gesehen. Am liebsten wars Dir natürlich, wenn ich mit Dir schnell nach München gefahren bin. Jetzt, wo die Strecke so schön breitbahnig ausgebaut ist. Und wo dann die Herrschaften mit dem Sternchen auf der Haube halt auch einmal wegen Dir auf die Seite fahren mußten.

Du merkst, ich werde sentimental bei diesem Abschied.

Aber Du warst nun einmal ein herrliches Ding, hast auf meine Gesundheit gesehen, hast darauf geachtet, daß mir nichts zugestoßen ist. Warst selber auch behutsam, auch wenn einmal ein lieber kleiner Hund wegen einer kurzen Unachtsamkeit dranglauben mußte oder ein geängstigtes Reh vor deinen helleuchtenden Augen erschrocken stehen blieb.

Ja – und heute geb ich Dich also her, versetz Dich, geb Dich „in Zahlung“ wie die Leute so häßlich sagen. Wirst Du nach Afrika oder nach Arabien gebracht, wo sie Deinen „Typ“ besonders wollen? Wirst Du traurig zurückdenken an grüne Felder, hochgewachsene Hopfengärten, wo sie Dein herrliches Kleid mit ihrer giftigen Spritzflüssigkeit immer so häßlich klebrig gemacht haben. Aber ich hab Dich ja – zumindest in den ersten Jahren – darauf immer wieder sauber gemacht. (Ich weiß, später mußte es oftmals der nächste Regen erledigen). Nein, ein Goldenes Kalb warst Du nicht für mich, aber halt ein bißchen Daumenlutscher und Bonbon(ersatz) für Hochwürden.

So ist es halt mit einem Autoleben. Du wirst „abgestoßen“ und morgen gehts mit dem Neuen weiter. Aber diese letzte Liebeserklärung mußte ich einfach noch losbringen.

Es läßt sich sich nicht mehr länger verheimlichen:
Es kommen umwerfende Festtage auf uns zu – für mich in bedrängender Unabwendbarkeit – für Sie hoffentlich zu höchstem Erlebnis und Vergnügen. Da und dort werde ich darüber bereits immer wieder befragt:
Was ist hier „dran", wir haben etwas von intensiven Vorbereitungen läuten hören, Sie wollen ja einen irren Wirbel veranstalten – und dergleichen mehr....

Was ist am Ganzen dran?
„Dran" ist zuerst einmal die bekannte Tatsache, die ich Ihnen schon im vergangenen Jahr recht deutlich angekündigt und ans Herz gelegt habe (312 v.9.7.82). Die Rohrbacher feiern 1983 das 300jährige Jubiläum ihrer Wallfahrt nach Lohwinden. Das müssen Sie sich einmal ernsthaft durch den Kopf gehen lassen:

300 Jahre lang haben die Rohrbacher – das sind Ihre Vorfahren über viele Generationen hinweg – in seltener Treue das Versprechen aus dem Jahre 1683 wahrgemacht und eingehalten,
alljährlich am 13. Juli einen Bittgang nach Lohwinden abzuhalten.
Und dies bis zum heutigen Jahr, über viele Zeitläufte hinweg.

Das ist großartig, das ist wert, darüber in Hochachtung und Ehrfurcht nachzudenken – und es eben dann auch in gebührender Weise zu feiern.

Der Rohrbacher Bittgang nach Lohwinden zur 200jährigen Jubelfeier

Die Hauptdokumente dieser Rohrbacher Tradition finden Sie in der Lohwindener Kirche: An der Rückwand sind es die Tafeln mit dem Rohrbacher „Verlöbnis“ und vorne im Altarraum ist es das Tafelbild zur 200 Jahrfeier (1883).
Hier ist dann auch der Satz zu lesen, der mir besonders an die Seele gegangen ist, mir seit gut einem Jahr keine Ruhe mehr läßt und der letztlich auch meinen Ehrgeiz und etliche Überlegungen für unser Jubeljahr ausgelöst hat:
„Unsern Nachkommen aber legen wir die Pflicht auf, im zukünftigen saeculum (Jahrhundert) desgleichen zu verrichten und unser, die wir bis dahin längst in das, wie wir hoffen, ewige Jubiläum eingegangen sein werden, im Gebete zu gedenken“.

*

Was ist bis dato geschehen, was ist dran an den Gerüchten, die über unsere Vorbereitungen bislang durchgesickert sind?
Etliches ist dran. Zuerst einmal dies, daß ich eine Gruppe von ganz vorzüglichen Helfern gefunden habe, die bei meinen Vorstellungen zu diesem Fest mitmachen. Es sind Leute aus unserer Gemeinde und von außerhalb, die „anschieben“, wo die Sache nur immer etwas hergibt und die sich bis zum heutigen Tag in großartiger Weise dafür engagiert und mit Arbeiten verschiedenster Art bisher herumgeschlagen haben.

Das ist das erste, was ich zu diesen kommenden Festtagen in Dankbarkeit einleitend sagen möchte. Weiteres – und ich glaube, höchst interessantes – hören Sie dann nächstesmal. Bis dahin.

Das ist mir auch noch nicht passiert, daß am Freitag Morgen – eben gerade vor ein paar Minuten – das Telefon klingelt und mein lieber Nachbar, Herr Liebetanz von der Schule herüberruft und fragt, was mit dem Kirchenzettel los sei. Warum ich ihn nicht zum Drucken bringe – und ich darauf nur stottern kann: Um Himmels willen, ich habe diese Woche noch mit keinem Gedanken an den Kirchenzettel gedacht: Gestern Firmung in Rohrbach, nachmittags Weihe in Ossenzhausen, die Tage zuvor Rennerei mit den ganzen Vorbereitungen – ich habe glatt den Kirchenzettel vergessen. Ich werde ihn so schnell wie möglich nachliefern, Entschuldigung, „Danke schön" fürs Erinnern usw.

Aber – was schreib ich jetzt schnell? Wann kann ich ihn überhaupt schreiben? 9 Uhr Gottesdienst – zuvor ein Telefonat zu einem Todesfall, hernach heute Vormittag noch Ausstellungseröffnung im Hause Dollinger, Mittagessen andernorts. Dann feiern heute die Gambacher noch ihren zehnjährigen Stockclub, die Waaler versuchen es heute noch mit ihrem ersten Dorffest, bei dem es besonders gute Schweinshaxn geben soll.

Wann schreib ich den Kirchenzettel?
Und w a s schreib ich eigentlich?
Daß es gestern unserem Augsburger Weihbischof so gut in Rohrbach und Ossenzhausen gefallen hat? Daß es hier so lustige Firmlinge und Paten gibt? Daß in Rohrbach überhaupt vieles anders ist als anderswo:
Die Landschaft sei so schön, die Leute können anscheinend noch leben – und leben lassen – meint der Hochwürdige Herr. Sie haben anscheinend noch einen Sinn für ihre Kirche, einen Stolz auf ihre renovierten Kirchen.
Ossenzhausen ist ja herrlich, stellt der Bischof fest. Er ist begeistert vom intimen Raum dieser Kirche, von ihrer Helle und Freundlichkeit, vom familiären Rahmen beim Gottesdienst. Und wie er dann hernach die Ossenzhausener an ihren Gräbern über dem Ilmtal stehen sieht, die ganze Verwandtschaft, Ansässige und Angereist, Tote, Lebende, Kirche, Friedhof, Landschaft, Himmel und Wolken darüber – da kann sich der hohe Herr vor Ergriffenheit nicht mehr halten. Er muß loben, danken, preisen.

Hernach geht er sogar noch mit ins Wirtshaus, obwohl er vorher gemeint hat, daß er nach der Kirchweih gleich weiterfahren wird. Der Leberkäs schmeckt ihm, das Bier und die Unterhaltung paßt – und wo er dann ins Auto steigt, da merke ich, daß er heute um eine schöne Erfahrung reicher geworden ist:
Also gibts das auch noch, daß in der Holledau Christenmenschen ganz selbstverständlich beisammensein können, ohne Krampf und ohne fromme Schablone, ohne Verserln und steife Begrüßungsprominenz, daß beten, lachen, prost und feiern nahtlos zusammenpassen.
Grad schön wars – und ich hab unterdessen meinen Kirchenzettel auch geschrieben.

Der Wirbel ist total. Hören Sie, was sich diese Woche alles abgespielt und entwickelt hat:

ROHRBACH steht im Mittelpunkt. Alles reißt sich um uns.
Von AZ bis jow. Rundunk und Fernsehen rücken voll an.
Sie glauben wohl, ich mach Sprüche. Erstens mache ich solche kaum nie, und zweitens ist es einfach wahr: ROHRBACH wird in Bayern interessant.
Doch nun der Reihenfolge nach. Bitte notieren Sie und machen Sie kräftige Eintragungen in Ihrem „Rohrbacher Kirchenzettel" Terminkalender.

- Donnerstag, 7. Juli, 12.05 – 13.00, Hörfunk Bayern 2 ist in der Sendung „Bayern Regional" ROHRBACH (und nur Rohrbach) mit einer Live-Sendung dran. Fast eine Stunde live im Rundfunk – da dürfen wir uns schon etwas einfallen lassen über unsere Gemeinde, ihre Bewohner und Attraktionen.

Nächster Termin:
- Sonntag, 10. Juli mittags 12 Uhr im Hörfunk Bayern 1 „Zwölfuhrläuten" von ROHRBACH. Davon habe ich Ihnen schon einmal erzählt.

Nächster Termin – es kommt immer dicker:
- Wir stehen mit unseren ganzen Jubiläumsfeierlichkeiten, angefangen mit dem 10. Juli bis zur Prozession am 13. Juli – und vermutlich noch darüberhinaus – unter den Beobachtungen eines Fernsehteams. Was wir an unseren Festtagen veranstalten, ist dann am

- Samstag, den 30. Juli zwischen 17.30 – 18.00 Uhr im 3. Programm des Fernsehens (BR) in der bekannten Sendereihe „Zwischen Spessart und Karwendel" zu sehen und zu bestaunen. Den Mann, der diese Sendung über ROHRBACH macht, können Sie bereits morgen, Samstag, 2. Juli in einer ähnlichen Sendung über Waldsassen sehen (3.Programm 17.30 – 18.00). Sein Name: Werner A. Widmann. Er war vor einiger Zeit bei mir und hat auch den Text zum Zwölfuhrläuten gemacht. Er hat sich sosehr über ROHRBACH begeistert, daß er von unseren Festtagen und einigem mehr diese Sendung für den 30. Juli machen wird.

Zum Schluß habe ich jetzt nur eine Bitte – und dabei müssen die Angesprochenen nun wirklich mitmachen: Wer irgendwie mit den Festtagen zu tun hat – angefangen bei unserem rührigen Vorbereitungskomitee bis zur Presse, Bierverkäufern, Budenbesitzern, Beleuchtungsingenieuren und Oberministranten – einfach Alle sollen bitte unbedingt am
- MONTAG, den 4. Juli abends 20 Uhr zum „Alten Wirt" in Rohrbach

kommen. Im Interesse eines guten Ablaufs, eines noch besseren Eindrucks von und über ROHRBACH, müssen wir aufs Beste vorbereitet sein.

Walter Röhrl beim Open Air 1983

Neulich wollte halt wieder einmal einer wissen, was ich beruflich treibe. Der Sprache nach war er unverkennbar Nicht-Bayer.
Wie sich aus der weiteren Unterhaltung herausstellte auch Nicht-Katholik.

Na ja – ich hab ihm halt gesagt, daß ich Pfarrer sei.
Evangelischer? – Nein, katholischer. – Wo? – in Oberbayern.
Er: da sind die Leute doch noch sehr katholisch und fromm.
Und der Pfarrer ist doch noch eine Autorität im Dorf – wußte er.

Was soll man dazu sagen?

Zuerst wollte ich sagen, daß die junge Generation leider heute von mir auch keinen Kniefall mehr macht und die Alten nicht mehr mit „Gelobt sei Jesus Christus" andächtig grüßen.

Aber ich habs dann doch bleiben lassen. Immer gleich bös sein, darf man schließlich auch nicht. So habe ich ihn halt gefragt, was er unter „Autorität" bei einem bayerischen Pfarrer verstehe. Als Antwort bekam ich die bekannten Klischees über Hochwürden zu hören, wie sie in jedem Kommödienstadel zu hören und zu sehen sind. Ludwig Thoma und Co.

Was soll man hier dagegen machen? Offensichtlich gibt es überall Leute, die aus den Kinderschuhen ihrer Pfarrervorstellung nicht herauskommen.
„Wir hatten zu unserer Zeit vielleicht einen Pfarrer, der ...... usw."

+

Neulich hatte ich einen geschäftsführenden Laien einer kirchlichen Dienststelle hier im Pfarrhaus. Er erklärte mir, daß auf der Karte seiner Statistik Rohrbach ein weißer Fleck sei, weil es hier keinen Pfarrgemeinderat gäbe (nicht zu verwechseln mit der Kirchenverwaltung – die gibts hier). Ich hab ihm gesagt, er soll den weißen Rohrbacher Fleck ruhig auch grau machen, wie bei den anderen Pfarrern. Er: Kann er doch nicht, wenn ich keinen Pfarrgemeinderat habe. Ich darauf: bei uns ist die ganze Pfarrei Pfarrgemeinderat (Beispiel: Jubiläum). Bei mir darf jeder reden, wenn einem etwas nicht paßt und jeder darf mir einen „Rat" geben. (Ich laß dann die Leute „raten", was ich mache.) Auf diese Weise ergänzen wir uns prima. Viel besser, als wenn nur vier Männer und zwei Frauen beim Pfarrer reden und ihn „beraten" dürfen.

+

Ein gescheiter Mann, Prof. Zulehner aus Passau (vom Fernsehen gut bekannt) hat neulich einmal gesagt: „Wird es künftig gelingen, daß aus einer Kirche für das Volk eine Kirche des Volkes wird? Eine Kirche also, die von allen Christen verantwortet wird? Unbeschadet der unverwechselbaren Aufgabe des Amtes (Pfarrer) in der Kirche.

Merken Sie, daß die drei Abschnitte auf dem heutigen Kirchenzettel zusammengehören? Bedenkenswert.

Bei der Morgenandacht mit unseren Schulanfängern und deren Mütter am Anfang der Woche sind wir auf ein Gebet in unserem „Gotteslob" gestoßen, das mich doch sehr nachdenklich gemacht hat (GL 22,2 Seite 57)

Es heißt in diesem Kindergebet:
„Lieber Vater im Himmel, ich habe Vater und Mutter.
Wir haben eine Wohnung, einen Tisch und ein Bett – war danken dir.
Wir haben gegessen und getrunken – wir danken dir.
Wir können laufen und springen – wir danken dir.
Wir können sehen und hören – wir danken dir.
Wir können spielen und lustig sein – wir danken dir.
Wir sind gesund und lebendig – wir danken dir.
Segne uns. Amen"

Das ist so direkt, so ungekünstelt – beneidenswert.

Wie ist unser Gebet dagegen? Falls wir überhaupt noch beten?
Können wir mit Gott noch so sprechen, wie es uns die Kinder hier vormachen?
Zum Beispiel:
Ich habe eine Familie und bin gesund – Gott, ich danke dir.
Ich habe Arbeit, ein Auto, ein Haus – ich danke dir.
Ich habe Mut und Gottvertrauen – ich danke dir.

So – oder ähnlich. Könnten Sie auf diese Weise beten? Darüber würde ich mich gerne einmal unterhalten, ob man so beten kann.

*

Vielleicht schütteln Sie den Kopf und sagen – was soll der Quatsch?
Denn: Erstens bin ich nicht gesund, zweitens ist das Auto kaputt, drittens ist der Arbeitsplatz gefährdet. Die Kinder sind außerdem eine Nervensäge und das Weib – der Mann – nervt mich auch ganz schön. Schulden hab ich mit dem Haus und Krach mit dem Nachbarn.
Was soll da der Quatsch von so einem Gebet?

*

Hier gäbs nun mehrere Möglichkeiten, um zu einem besseren „Ergebnis" zu kommen.
Sie könnten sich z.B. überlegen, ob Sie nicht doch zu viel jammern, zuviel Mitleid mit sich selbst haben und womöglich selbst schuld sind an der ganzen Misere. Oder Sie könnten auch draufkommen, daß Sie mit all Ihrem Jammer Gott eigentlich nur mehr angebettelt haben: um Gesundheit und gutes Wetter, um gute Fahrt mit dem Auto und gute Ernteerträge. Darauf können Sie dann überlegen, ob Sie nicht doch „das Danken" total verlernt haben. Schon seit Ihrer Kindheit verlernt haben, weil man ja so alles bekommen hat, ohne sich bedanken zu müssen. Das Danken ist so aus der Mode gekommen. I will nix geschenkt, i zahl mei Sach selber.
Aber danken – nein danke!

Ich habe das unsichere Gefühl, daß ich zu einigen meiner letzten Kirchenzettel noch einiges zusätzlich sagen müßte. Es geht um meinen Urlaubsbericht mit dem Wohnmobil, in dem ich Ihnen von meiner vagabundierenden Unbeschwerlichkeit erzählt habe: einmal in Oberfranken, einmal in Frankreich und dann wieder sonstirgendwo. Diese Darstellung scheint da und dort „lange Zähne" verursacht zu haben, dazu ein bißchen Neid und zugleich Wunsch und Traum, auch so ein Gefährt mit dem Genuß von „absoluter Freiheit" zu besitzen (wie darüber auf Werbeprospekten zu lesen ist).

Hier – meine ich – bin ich nun doch einige aufklärende Hinweise schuldig.

*

Grundsätzlich ist das Reisen und Urlaub ja überhaupt so eine Sache.
Gestehen wir es uns ehrlich und nüchtern ein:
Zuerst einmal stehen wir bei diesem Thema in einem ganz gewaltigen Sog, unter starken Hoffnungen und Wünschen, oftmals ein langes Jahr über, unter Sehnsüchten nach Ferne, nach Wasser, Sonne, Meer und Unbeschwerlichkeit. All diese Träume nützen natürlich die Werbefachleute dieser Branche, und was bei denen dann herauskommt, sind Prospekte, Versprechungen und Illusionen, die mit der Wirklichkeit oft nicht viel zu tun haben. Sie gaukeln uns etwas vor – und schon setzt sich der alljährliche Strom – als Autobahnangrenzer kennen wir das ja besonders gut – wie ein Lavafluß in Bewegung, zieht uns mit und – bevor wir recht zum Denken kommen – sind wir selbst mitten drin.

Abschied von Rohrbach

3 Std. Stau

Die Rückkehr vom Urlaub schaut dann meist anders aus: leere Kassen bei knalligen Preisen, Massenbetrieb, wo man hinschaut, das Meer dreckig und der Service schlecht, die Sonne brutal oder das Wetter sauschlecht.
Und dann kommt dann womöglich der Pfarrer daher und erzählt von seiner unbeschwerten Bummelei mit dem Wohnmobil. Und schon sind bei vielen Leuten die nächsten Träume programmiert: „So ein Wohnmobil müßte man haben!"

Nocheinmal! – wie oben schon: Grundsätzlich ist das mit Urlaub und Reisen überhaupt so eine Sache. Deshalb ein paar Tips zum Nachdenken:
Geht das eigentlich heute noch, daß man sich von allem Sog, von aller Suggestion freihält und einmal ganz schlicht und nüchtern überlegt: Was erwarte, was benötige ich in meinem Urlaub, in diesen wenigen Wochen von Erholungsmöglichkeit in einem langen Arbeitsjahr? Was erwartet meine Familie von diesen Wochen? Wenn wir uns auf diese ganz schlichte Fragestellung schon eine Antwort geben könnten – ohne Manipulation und den Sprüchen anderer – dann wären wir bei einem guten Ausgangspunkt weiterer Überlegungen und sinnvoller Planungen.

Darüber dann vielleicht das nächstemal.

endlich an der Grenze

Aussuchen des Übernachtungsortes

Was erwarte, was benötige ich in meinem Urlaub? Kann ich mir auf diese Frage selber eine Antwort geben, ohne Beeinflussung, ohne Manipulation durch Andere? Wenn dies möglich wär, dann wär die Planung und Reisegestaltung so vielfältig, wie es in Stil, in Lebensweise, in Ansprüchen, Anlagen und Interessen verschiedenartige Menschen gibt.

Damit will ich sagen, daß das, was der andere in seinem Urlaub treibt, auch wenn es sich ganz lustig anhört, für mich noch lange nicht die optimale Lösung sein muß. Die muß ich selber finden und sie wird – je nach Typ und Anspruch – sehr verschieden sein. Nachmachen, was der andere treibt („was der kann, kann ich auch") ist kein richtiger Ausgangspunkt.

Stadtbesichtigung

wieder unterwegs

Damit ist im Urlaub dann eigentlich alles möglich. Warum soll der eine sein Vergnügen nicht darin haben, daß er sein Haus, seinen Garten im nächsten Urlaub einmal überarbeitet? Das ist für ihn vielleicht ein optimaler Ausgleich zu seiner beruflichen Tätigkeit und schafft zugleich Befriedung und „Siedlerstolz"!
Der nächste freut sich auf seinen Urlaub mit den Kindern (und umgekehrt). Sie radeln in die Umgebung zum Baden, gehen zum Schwammerlsuchen und zwischendurch auf eine Bergwanderung. Herrlich! Ein Fest für die ganze Familie!
Ja, und der nächste will nun unbedingt auf eine Safari mitten durch die Wüste oder zu einer Durchquerung kanadischer Wälder. Soll er's machen. Wenn es ihm Erholung und Befriedung gibt – warum nicht?

*

Zwei Dinge noch in diesem Zusammenhang.
Persönlich neige ich zu der Meinung, daß man im Urlaub schon etwas „unternehmen" sollte. Man sollte etwas wagen, auch einmal Phantasie und ein bißchen Abenteuer (recht verstanden!!) sollte auch noch drinnen sein. „Alles inclusive" für Leute, die sich noch jung fühlen, ist doch zu langweilig.
Und zweitens. Nochmals – Vorsicht vor falschen Träumereien, kurzschlüssigen Wünschen! Beispiel: Wohnmobil! So ein „Apparat" ist ganz sicher nicht jedermanns Sache und wenn Sie mir das nicht glauben wollen, dann zeig ich Ihnen Leute, die es probiert und nach 14 Tagen gesagt haben: „Einmal und nie wieder!" Das braucht nämlich schon „derpacken" – in hunderten verschiedenartigsten Situationen, die Sie vorher nicht abschätzen können. Sie brauchen also wirklich nicht neidig zu sein – außer Sie lieben das Ungewisse und das Vagabundieren, den ständigen Ortswechsel und die Überraschung. Ortsfesten und „stabilen" Typen, insbesondere wenn Sie mit Kindern auf Reisen gehen, sei viel mehr der Wohnanhänger, der Caravan, empfohlen. Nein – zu dieser sogenannten „großen Freiheit" mit dem Wohnmobil gehört ein ganz schönes Quantum Reiseerfahrung und ein gutes Stück Frechheit.
Aber dies hat schließlich nicht jedermann – wie beispielsweise Ihr Pfarrer.

endlich daheim

Comics von Florian Dengler

„Wenn ich nicht mehr arbeiten kann, mag ich nicht mehr leben“.

Diesen Satz habe ich von einem alten Bauern vor vielleicht 20 Jahren hier einmal gehört. Ich habe dieses Wort bis heute nicht vergessen. „Wenn ich nicht mehr arbeiten kann, mag ich nicht mehr leben.“ Wir haben uns beide angesehen – und ich habe diese Einstellung dem alten Mann abgenommen. Es ist dann auch ungefähr so gekommen, wie er es gewünscht hat: solange es irgendwie gegangen ist, hat er auf dem Hof mitgeholfen. Einige Zeit – nicht lange – war er dann krank und dann ist er gestorben.

Ein Leben lang arbeiten – ein bißchen krank – sterben. So wollte er es.
Mein Geschmack wär es nicht. Ist das der berühmte „Sinn des Lebens“?

+

Wie möchte ich es dann? Und wie hätten Sie es gerne? Mit 40, 50 Jahren in den Ruhestand? Und dann? Was täten Sie mit Ihrer freien Zeit? Sagen Sie ja nicht, daß Sie dafür eine Menge Beschäftigung hätten und daß Sie schon wüßten, was sie mit einem langen Tag, mit einem ganzen Jahr, vielleicht sogar mit 20 oder 30 Jahren Ruhestand anfangen würden!
Arbeitslosigkeit als Beruf – so etwas muß gelernt sein. So leicht ist das auch wieder nicht.

„Schwarzarbeit“ – das zählt hier nicht als Ersatz. Schwarzarbeit ist vom Übel – und außerdem wär dies ja auch „Arbeiten“.

„Hobbys“? Über 20 Jahre hinweg Hobbys, ohne dabei arm zu werden oder zu verkalken – ich weiß nicht, ob das geht. Ich kanns mir nicht vorstellen – und außerdem wär dies ja auch wieder eine Art „Arbeit“.
Also hat der alte Bauer doch recht gehabt: ohne Arbeit gehts nicht, ohne Arbeit können wir nicht leben. Wir können vielleicht ohne Erwerbsarbeit leben, aber nicht ohne „Arbeit“ im weiteren Sinn. „Nicht-Arbeit“, was ist das überhaupt?
Wirklich überhaupt nicht arbeiten, nichts tun – gibts das bei uns?

+

Vielleicht fragen Sie sich jetzt schon einige Zeit, was heute in mich gefahren ist mit diesen „gspinneten“ Überlegungen. Aber – beruhigen Sie sich – diese Überlegungen kommen nicht von ungefähr. Zum 1. Mai war in allen deutschen Kirchenzeitungen ein Interview des wohl bedeutendsten deutschen Sozialwissenschaftlers Prof. Oswald von Nell-Breuning zu lesen. Und dies hat mich so durcheinander gebracht. Dieser 94 (!) jährige Professor hat einen Verstand und entwickelt Theorien – schlimmer als ein junger Revolutionär. Seine Hauptthese lautet ungefähr folgendermaßen: Bei der gestiegenen Produktivität unserer Arbeit (was früher 100 gemacht haben, macht heute spielend einer) sollten wir dahin kommen, daß wir im arbeitsfähigen Alter nur einen kleinen Teil unserer Zeit zur Beschaffung der Unterhaltungsmittel arbeiten und einen immer größeren Teil unserer Zeit Tätigkeiten widmen, die unserer persönlichen Entfaltung und dem Wohl der Mitmenslchen dienen. Die ganze Zeit arbeiten, um das Lebensnotwendige zu beschaffen – das gehört endgültig der Vergangenheit an.
Das müssen Sie nochmals lesen – und dann würde mich interessieren, was Sie dazu sagen.

Ich stehe beim Schreiben dieser Zeilen am heutigen frühen Freitag Morgen ganz unter dem Eindruck der beiden letzten Tage: dem Mittwoch und dem Donnerstag, an denen ich mit Leuten aus unserer Gemeinde in München gewesen bin.
Das war ein Erlebnis! Insbesondere der Eröffnungsabend des Katholikentages am Mittwoch auf dem Odeonsplatz und den anschließenden Veranstaltungen in den verschiedenen Höfen und Plätzen der Münchner Residenz. Was da die Münchner aufgeboten haben und was sich da die Verantwortlichen einfallen lassen haben – das war Klasse.

Was uns Rohrbachern ganz besonders aufgefallen ist, war die überaus starke Teilnahme unserer Jugend. Leute aus meiner Opa-Generation mußte man suchen, das Mittelalter war auch nicht überrepräsentiert – aber die Jugend! Von überall her, wie ich aus ihrem Dialekt gehört habe, sind sie gekommen. Und gesungen und mitgemacht haben sie, daß ich aus dem Staunen nicht herausgekommen bin.

Da waren dann die berühmten Eröffnungsreden noch einigermaßen erträglich, wobei man auch hier sagen muß, daß die hohen Herren, angefangen vom Ministerpräsidenten (heute bereits wieder im Innersten Afrika!) bis zum Kurienkardinal – sich um eine strenge zeitliche Beschränkung bemüht haben, sodaß sogar „Fußkranke“ aus meiner Gruppe durchgehalten haben. Zwar bin ich vorsorglich schon beim Anmarsch auf den Odeonsplatz aufmerksam gemacht worden, daß ich mich baldmöglichst dort plazieren soll, wo in erreichbarer Nähe für alle Notfälle ein Wirtshaus zu finden sei – aber es war dann doch nicht nötig, diese Zuflucht und diesen Trost zu suchen, weil die „alkoholfreie“ Veranstaltung auf dem Odeonsplatz viel zu kurzweilig war, als daß man „Tröstungen“ dieser Art benötigt hätte. Ich habe hier im übrigen volles Verständnis, weil „überschäumende“ religiöse Reden und Veranstaltungen ja auch nicht mein Bier sind.

+

Wie ich auch kein Freund von Massen bin. Die dreißiger Jahre, die ich als junger Mensch erlebt habe und daraus ein starker Drang zu Individualismus lassen mich auf „Masse und Menge“ allergisch reagieren. Hier „Baden zu gehen und unterzutauchen“ ist nicht mein Lebensstil.
Was aber hier – bei diesen 100.000 Leuten auf dem Odeonsplatz zu sehen und zu erleben war, das war nicht Masse, das war Gemeinschaft. Das war Jugend mit Interesse und Aufgeschlossenheit, mit kritischem Bewußtsein und Motivation.
Das war kein stumpfer oder brüllender Haufen von Mitläufern.

Das war einfach prima. Da kann man nur hoffen, daß diese jungen Leute sich von keiner sogenannten Macht zu Masse verheizen, oder sich von Schlangenfängern und demagogischen Einpeitschern vereinnahmen lassen.

Ich war fasziniert und bin mit dem Vorsatz vom Platz gegangen, daß ich weiterhin unsere Kirche, unseren Glauben, Gott und Religion in meiner Gemeinde als eine „Sache“ vorstellen werde, die von kritischen und denkenden Menschen angenommen werden kann.
Ja – angenommen werden muß , wenn man in unserer Zeit in Freiheit und Würde leben will.

Kompliment und Dank an die treuen Begleiter zum Münchner Katholikentag.
Es war für uns alle wohl ein Erlebnis, was wir da erleben durften – bis hin zum Samstag, nachts 10 Uhr, mit der tanzenden Jugend vor der Frauenkirche.

Dank und Kompliment auch deshalb, weil Sie den Mut hatten, sich auf mein Angebot einzulassen. Ich kenne schon die verschiedenen „Hemmungen" und Spötteleien: Hinter dem Pfarrer dreinlaufen – das tät mir gerade noch fehlen – was interessiert das mich schon – usw. usw. ....

+

Am meisten mußte ich lachen, wie ich mit den Frauen am Donnerstag bei der Kaufhausbesichtigung war und wir von dem cleveren holledauer Geschäftsführer an den Second-Hands Stand dieses Hauses geführt wurden und er uns dort voll Eifer als besondere Attraktion dieser getragenen Klamotten die zerschabte, schwarze Lederjacke eines New Yorker Polizisten vorführte. Worauf sich alle Köpfe der versammelten Rohrbacher Damenwelt in Richtung Pfarrer wandten, plötzlich einige herausplatzten und dem redegewandten Geschäftsführer bedeuteten, daß sie solch ein Ding schon seit über 10 Jahren jeden Winter an ihrem Pfarrer „bewundern" dürfen. Mit dieser höchst modischen Création kann er uns überhaupt nicht imponieren. Worauf er schleunigst seine Super-Lederjacke wieder verschwinden ließ und einige Frauen sich lediglich noch über den Phantasiepreis dieses edlen Stücks wundern konnten. (Ich habe dafür 1972 genau 80,- US $ im „Macy", dem größten Kaufhaus der Welt, bezahlt. Nur damit Sie es nachträglich noch wissen! Sollte jemand von mir die Jacke kaufen wollen, müßte er natürlich einen mehrfachen Liebhaberpreis dafür bezahlen!)

+

Trotz vorausgegangener Strapazen war für mich die Rede von Kardinal Ratzinger auf dem Odeonsplatz doch ein gewisser Höhepunkt. Wie dieser Mann seine „Hausaufgabe" erledigt hat und zum Thema „Leben" gesprochen hat, war für mich eindrucksvoll. Wie er diesen zerstörten Firmling zitierte, der sich mit Eltern, Kirche, Schule total überworfen hat und nur noch darüber fluchen kann, daß ihm die Eltern „das Leben" überhaupt gegeben haben.

Oder diese in den Westen gekommene Russin, die in einem sehr unerwarteten Sinn sagt, daß „von Gott zu reden gefährlich sei". In Rußland kann man daraufhin im Gefängnis landen – aber – dies sei unbedeutend im Vergleich zum Westen. Hier sah sie zum erstenmal einen Mann von Gott im Fernsehen reden. „Was dieser Mann auf dem Bildschirm machte (wie er also von Gott sprach), war geeignet, viel mehr Menschen aus der Kirche zu vertreiben als das ungeschickte Geplapper unserer bezahlten russischen Atheisten".
Diesen Satz der Russin habe ich nicht vergessen: „Von Gott reden, ist gefährlich!"

„Wir Christen reden nicht viel, aber wir leben" zitiert Kard. Ratzinger einen römischen Martyrerbischof. Und Christus hat schon gesagt: „Ich bin gekommen, daß sie das Leben haben – und es in Fülle haben".

Wir müßten dies alles viel mehr bedenken.

Heute einmal ein „heißes Eisen“.
Nach über acht Jahren Kirchenzetteln darf ich es wohl auch einmal anfassen. Ein Thema, das heute überall diskutiert wird – vom Fernsehen bis zur Kirchenzeitung, von der hohen Politik bis zu verantwortlichen Kirchenmännern. Warum sollte es da der Rohrbacher Pfarrer nicht auch einmal angehen. (Daran können Sie übrigens ersehen, daß ich mit meinen Kirchenzetteln wie beim Predigen gar nicht so süchtig bin, unbedingt bei aktuellen Themen mitzuhalten. Ich versuche hier lieber zuerst einmal zwischen aktuell, drängend, künstlich hochgespielt, modisch oder ernst zu unterscheiden. Und noch etwas anderes kommt dazu, wenn ich mich lange nicht an ein Thema heranwage: daß ich einfach meine, ich bin dafür nicht zuständig. Dafür gibt es Leute, die haben einen größeren Kopf als ich, sind auf das Thema spezialisiert, während ich dazu im besten Fall mit einem gesunden Laienverstand herangehen kann.)

Nun aber das Thema: Schwangerschaftsabbruch, Abtreibung, § 218.
Auslöser dazu: Eine Fernsehdiskussion am verg. Montag, ZDF, 22 Uhr.
Hochkarätige Leute waren dabei. Viel Sachliches, noch mehr Emotionales, Aufgeregtes, sehr Persönliches ist vorgetragen worden. Ergebnis wie immer bei solchen Diskussionen: nachts um ½ 1 Uhr mußte sie gewaltsam zu Ende gebracht werden, endgültige Lösungen sind nicht zu erwarten.

Persönlich versuche ich bei solch einer Diskussion immer – soweit dies überhaupt möglich und ich dies abschätzen kann – das Thema auf meine Situation, auf meine Tätigkeit, auf mein Publikum zu übersetzen.
Mir geht es also nicht nur um theoretische Ausführungen und ideologische Rechthabereien, sondern um die konkrete Situation in Rohrbach. Gibt es hier Abtreibung, werden sie legal durch einen Arzt ausgeführt, oder sind Pfuscher oder – wie früher schon einmal – „Engelmacher“ am Werk?

Ich kenne dazu einige Fälle – nicht aus dem Beichtstuhl, wohlgemerkt – sondern meist durch Erzählung unmittelbar Betroffener.

Positiv möchte ich aus der Erfahrung gleich einmal folgendes sagen:
(es ist meine persönliche Meinung. Sie können dazu denken, wie Sie wollen)

Ich habe heute vor jedem Mädchen Respekt, die ein lediges Kind zu Welt bringt. Bei diesen Möglichkeiten von Empfängnisverhütung bis hin zu Abtreibung stimmt es wohl nicht mehr, daß eine junge Mutter mit ledigem Kind in unserer Gesellschaft „diskriminiert“, also verächtlich und ausgestoßen behandelt würde. Hier sind die Alten oft schlimmer, wie es auch in der Fernsehdiskussion geheißen hat. Sie sind es oftmals, die diese jungen Mütter beschimpfen und zur Abtreibung bedrängen, daß einem die Haare zu Berge stehen könnten. Wenn diese dann – meist aus einem ganz normalen und gesunden Instinkt heraus – mit diesen „Ratschlägen“ nicht mitmachen und ihr Kind zur Welt bringen, dann sind es wiederum die gleichen „Berater“, die nichts mehr davon wissen wollen, daß sie sieben Monate vorher noch dieses liebe, süße, unschuldige „Zwackerl“ kaltblütig umbringen wollten.
Daher – so meine ich – wenn ein Mädchen heute ihr lediges Kind austrägt, dann darf man sie nicht abschätzig verurteilen.

Ferien. Recht verschieden sind die Reaktionen auf diese Zeit des Jahres. Meinte doch neulich eine Mutter dazu: „Jetzt beginnen wieder diese Wochen, wo ich dreimal am Tag gefragt werden: Mama, was soll ich tun?"
Ich mußte lachen. Dieser mütterliche Ferienstreß war mir bislang unbekannt.
Sicher – wenn es zum Ende der langen Sommerferien kam, hab ich schon immer wieder einmal den Seufzer einer Mutter gehört: „Gott sei Dank, wenn die Schule endlich angeht! Dann hab ich diese eigenen Schlinggewächse wenigstens wieder für ein paar Stunden am Tage vom Hals." Jedoch – der besorgte Jammer am Anfang der Ferien über: „Mama, was soll ich tun?" das war mir neu.

+

Meine Auffaßung über die Entlaßschüler, wie ich sie in meinem letzten Kirchenzettel dargelegt habe, sei einseitig – meinte eine andere Mutter. Ich zeige – ganz im Gegenteil zu meiner Selbsteinschätzung – eben doch Opa-Gefühle. Wieso dies? Ja, weil ich zuviel Mitleid mit diesen 9.Klass-Kinderchen hätte. Die sollen doch gebeutelt werden und sollen am eigenen Leib verspüren, was das heißt, das Leben in Selbständigkeit zu bewältigen.
Was soll denn da das Mitleid? Diese jungen Leute werden heute noch – trotz allem Geschrei und Gejammer über Arbeitsmarktsituation – in Verhältnisse entlassen, von denen man in den Jahren nach dem Krieg nicht einmal träumen konnte. Dieses blöde Geschwätz über mangelnde Ausbildungsplätze vermiese doch nur die Menschheit. Wo bleibt hier der Schwung, das Unternehmerische, das Wagnis einer jungen Generation, wenn sie sich vom Gejammer einer übersättigten Gesellschaft madig und wehleidig machen läßt?

Daher – völlig falsch, mein Mitleid mit den jungen Leuten. Sicher – wenn ihr Hirn über Discos und Autos nicht hinauskommt, dann braucht man sich nicht wundern, wenn in ihrer Zukunft auch nicht mehr drinnen ist. Aber wenn es noch Situationen und Instanzen gibt, die ihnen zwischendurch einen Tritt ins Kreuz und einen Schlag mit dem Gummihammer aufs zarte Hinterköpfchen verpassen, dann ist dies besser als frühe Streicheleinheiten vom Pfarrer.

Da hab ich's gewußt.

+

Neulich hab ich einen Bekannten getroffen, der nach dem lebenslangen Streß eines Beamtendaseins seit zwei Jahren in den verdienten Ruhestand gekommen ist. Langsam hab ich mich an seine neue Situation herangetastet: ob es ihm nicht langweilig sei.... er sich nicht immer wieder einmal in seine frühere Tätigkeit zurücksehne...? Er hat mich rundweg ausgelacht. Er habe heute weniger Zeit als früher, er sei voll beschäftigt mit Wünschen, die er sich ein Leben lang versagen mußte.

„Wissen Sie" meinte er, „genaugenommen fehlt es den Menschen nur an Phantasie. Wir werden vom Kinderwagen über Jugendförderungsgesetz und Sozialversicherung ein Leben lang bestens betreut – und merken dabei nur nicht, daß uns darüber die Phantasie abhanden gekommen ist".
Ein tolles Wort. Darum – viel Phantasie für Ferien, Mütter, Väter, Kinderchen, Entlaßschüler, Ruheständler und alle übrigen Zeitgenossen!

„Kirchen sind komische Gebilde“ hat vor Jahren einmal ein Mann zu mir gesagt. Nachdem ich aus diesem Wort fast ein negatives Urteil herausgehört habe, hat mir damals diese Bemerkung gar nicht so recht gepaßt.
„Kirchen sind komische Gebilde“.

+

Mir ist dieser Satz in der vergangenen Woche wieder des öfteren eingefallen. Zwischen Ravensburg und Biberach habe ich etliche dieser herrlichen oberschwäbischen Barockkirchen besucht. Unter Kunstinteressierten gelten diese Kirchen in ihren aufwendigen Renovierungen heute als besonders sehens- und besuchenswert. Zum Beispiel Steinhausen – „die schönste Dorfkirche der Welt“ oder Kloster Weingarten – großartig.

Und da ist mir also – bei dem Besuch von einer Kirche nach der anderen – dieser Ausspruch wieder eingefallen: „Kirchen sind eigentlich doch komische Gebilde“.

+

Nun werden Sie sich verwundern, wenn gerade ich als Pfarrer solch eine Bemerkung nach diesen Eindrücken zitiere. Wie kann ich es erklären?

Wohnhäuser und Geschäfte, Krankenhäuser und Büros, Viehställe und Fabriken – eigentlich die ganze Architektur ist aus einer bestimmten Funktion, aus einem Zweck heraus entstanden. Wenn die Menschen sich Häuser bauen, vier bergende Wände und ein schützendes Dach über dem Kopf, Küche und Zimmer, dann hat dies den ganz eindeutigen Zweck, daß sie hier wohnen können, ihr Leben verbringen. Von daher ist alles Bauen auf einen lebensnotwendigen Zweck, auf Nutzung und tägliche Funktion ausgerichtet. Und wenn es wachsender Wohlstand erlaubt, diesen Zweck und diese Funktion dann auch noch zu schmücken – mit Aufwand, mit Dekor und mancherlei Luxus – dann ist dies wohl nicht lebensnotwendig, soll aber unser Leben verschönern und erleichtern.

+

Anders mit den Kirchenbauten. Hier ist – vordergründig – kein lebensnotwendiger Zweck zu entdecken. Nüchtern und logisch betrachtet, könnten wir auch ohne Kirchen „leben“. Das heißt: Behausung, Wohnung, Essen, Schlafen – all das geht auch ohne Kirchen. Die Russen haben dies ja nach der kommunistischen Revolution zu demonstrieren versucht. Ich habe auch damals in diesem kurzen Gespräch mit diesem Mann gespürt, daß er ohne Religion, ohne Glaube, ohne Kirche „auszukommen“ meint.
Dies ist seine Sache und letzlich kann ich das nicht beurteilen. Aber daß hier natürlich dann eine Kirche zum „reinen Luxus“, zu einem „komischen Gebilde“ wird, ist klar und verständlich.
Ich weiß nun nicht, wie Sie darüber denken. Ob Sie in Ihrem Leben noch Dinge gelten lassen, die über das nur Zweckhafte hinausweisen. Beispiel: Liebe. Kann ein Mann seine Frau nur noch für verschiedene Zwecke (ge)brauchen, oder ist Liebe nicht doch himmelweit über solch eine widerliche Einstellung erhaben? Kann man Gott nur für bestimmte Zwecke brauchen – oder ist er nicht himmelweit über solch eine Einstellung erhaben?
Vermutlich haben die Erbauer solch herrlicher Kirchen darüber mehr gewußt, als wir Heutigen mit unserer „zweckorientierten Gescheitheit“.

Am letzten Sonntag war mir wieder einmal ein seltenes Erlebnis vergönnt: ich konnte in einer kleinen Dorfkirche als schlichter (und wenig andächtiger) Kirchenbesucher den Sonntagsgottesdienst mitmachen (mitfeiern wär zuviel gesagt). Ort: Italien, ein kleines Dorf nördlich Padua. Bauern, Arbeiter, Männer und Frauen, Alt und Jung – wie hier auch. Keine Fremden, sodaß ich „als Fremder" immer wieder einmal heimlich oder offen beobachtet wurde.
In die letzte Bank hab ich mich verdrückt, um ja alles schön mitzubekommen: Den Pfarrer am Altar, die andächtigen Zuhörer in den Bänken, die Kinderchen (Schola!) vorne im Altarraum, einige lässige, jugendliche „Säulenheilige", discomüde, gelangweilt.

Andacht – ich gestehe es – ist bei mir natürlich keine aufgekommen.
Ich war einfach zu neugierig, um zu einem Gebet zu kommen. Der Pfarrer in seinen Funktionen hat mich interessiert – wie die Gemeinde beim Singen mitmacht – wie sie bei der Predigt zuhören – wie lange alles dauert – fast möchte ich sagen: die praktisch, „handwerklichen" Dinge haben mich mehr interessiert als der Inhalt. Vermutlich eben deshalb, weil ich so wenig Gelegenheit habe, einen Gottesdienst „passiv" – und das heißt zu deutsch „erleidend" – mitzumachen.

Hochwürden – da vorne – hat mich nach kurzer Zeit aufgeregt und nach seiner 20 Minutenpredigt wars dann ganz aus bei mir. So halbwegs versteh ich ja noch, was einer – auch italienisch – seiner Gemeinde zu sagen hat. Das Sonntagsevangelium war dran. Und wie! In sämtlichen Tonlagen ist er herumgestiegen, in pastoraler Überheblichkeit hat er losgedonnert, in sicherem Besitz der Wahrheit hat er die ganze böse Welt aufmarschieren lassen, ihren Materialismus, den Neid, die Lieblosigkeit usw. usw.

Bitte, liebe Kirchenzettel-Leser, schimpfen Sie nun nicht über meine Kritiksucht. Seien Sie nicht entsetzt über die Art, wie ich hier über meinen Kollegen losziehe. Der Grund dafür ist für mich ein ganz anderer, ist äußerst dramatisch, geht an meinen Beruf, ja an mein Selbstverständnis:

55 Minuten nichts als überhebliches Gerede und ausgeleiertes Geplärre –
was soll das?

Seitdem verfolgt mich als Pfarrer die Angst.

Reden wir nur deshalb so viel, weil wir schon lange nichts mehr zu sagen haben?
Müßten wir nicht vielmehr schweigen, wenn es um Gott geht, den wir zu vertreten haben?
Wer gibt uns das Recht zu dieser penetranten Überheblichkeit nur weil wir glauben, im Besitz der Wahrheit zu sein?
Zu diesen Rund-um-Schlägen in selbstsicherer Besser-Wisserei?

Ich glaube, daß dies für längere Zeit mein letzter Kirchenzettel war.
Die Gefahr zum Geschwätz, zum bloßen Reden, macht mich unsicher.

Kalenderblatt

In vielen Häusern unserer Gemeinde wie im ganzen Landkreis ist augenblicklich ein „schönes“ Kalender-Monatsblatt zu sehen:
Die alte Rohrbacher Kirche.
Vergammelt und verwahrlost, daß es eine wahre Freude ist. Vom Fotografischen her eine Meisterleistung unseres bekannten Fotoreporters Johann Windsinger (jow) – aber vom Aufnahmeobjekt her natürlich ein Skandal. Dieser Schandfleck unter den hochpolierten Motiven der nächsten Seiten: Hohenwart, Scheyern, Unterdummelshausen – einfach unmöglich.

Ein Ärgernis auch für Sie? Hoffentlich nicht!

Vor einiger Zeit habe ich die Eindrücke eines Auslandsreporters gelesen (Thilo Bode), der ein Arbeitsleben lang in der ganzen Welt herumgekommen ist und jetzt nach vielen Jahrzehnten zum Ruhestand in seine Heimat nach Deutschland zurückgekehrt ist. Er hat wahrlich Vergleichsmöglichkeiten in Fülle, war er doch zeitlebens mit wachem Sinn bemüht, Eindrücke und Erfahrungen in aller Herren Länder kritisch aufzunehmen und zu kommentieren.

Er meint:
„Auch das gehört zum Reichtum (unseres Landes):
Nur in Deutschland haben wir so polierte alte Kirchen gesehen,
für sündhaftes Geld buchstäblich ‘auf neu renoviert’,
bis kaum noch etwas von der Patina geblieben ist.
Wie recht hat Carl Amery: Die Deutschen scheinen nicht das
geringste Bedürfnis zu empfinden, etwas leise verkommen zu lassen,
eine Mauer einsacken, ein Dach verfallen zu sehen“

Belassen wir also mit einem stillen Lächeln unsere alte Kirche auf dem Kalenderblatt im April. Inmitten der sonstigen dargestellten Herrlichkeiten – und inmitten unserer eigenen renovierten Schönheiten von Ossenzhausen bis Ottersried!

Ich habe es ja schon immer gesagt: Rohrbach ist eine Welt im Kleinen, ein Mikrokosmos und ein Spiegel für die Universalität des Lebens überhaupt:

Tod und Leben, Licht und Schatten, Krach und Stille,
Gestank und klare Landluft, Oids Graffe und strahlende Pracht -
alles ist hier in Rohrbach geboten:

„Wie im echten Leben“.

Rinnberg
mit seinem Schmellerfest war natürlich eine Wucht. Ich habe „ausländische“ Stimmen gehört, die sich alle gewundert haben, wie schön die Rinnberger doch ihren Schmeller geehrt und gefeiert haben.
Der Hl. Petrus hat sich meine Worte vom letzten Kirchenzettel zu Herzen genommen und den Rinnbergern ein Prachtwetter (mit entsprechendem Umsatz) beschert.
Hier ist eine Dankwallfahrt zum Hl. Kastulus natürlich jetzt fällig!

Wächter
vom Hl. Grab als sinn- und stilvolle Bühnendekoration. Dazu muß ich wohl noch eine Erklärung geben.
Am Samstag vormittag war ich über die Rinnberger Zeltbühne doch sehr unglücklich. Sollte diese wirklich so primitiv über den Festtag hinweg aussehen?
Mittags hatte ich dann in Rohrbach eine Hochzeit. Dabei sah ich vor mir den großen Teppich liegen. 1. Gedanke: diesen spanne ich an der Zeltrückwand auf. 2. Gedanke: Wo bekomme ich etwas so schnell her, das ca. zwei Meter groß ist und etwas über Schmeller aussagt oder gar aus seiner Zeit ist.
Im Depot der Pfarrei sahen mich die beiden grau vergilbten Wächter vom ehemaligen Hl. Grab der Rohrbacher alten Kirche recht mitleidsvoll an.
Über dreißig Jahre waren sie schon nicht mehr im Dienst.
Ein Gedankenblitz: Sie müssen über die Festtag auf die Rinnberger aufpassen!

So also meine Überlegungen. Anders anscheinend bei vielen Besuchern.
Sie konnten sich keinen Reim darauf machen. „Das hab ich doch auch noch nicht gesehen – zwei Wächter vom Hl. Grab im Bierzelt“ meinte beispielsweise der Herr Landrat zu mir. „Bitte, Herr Landrat, daran können Sie wieder einmal sehen, daß in Rohrbach doch manches anders ist als anderswo. Im nächsten Bierzelt, wo Sie jetzt wieder gleich auftreten dürfen – er mußte noch drei weitere Veranstaltungen an diesem Tag absolvieren – da haben Sie dann an der Rückwand der Bühne sicher wieder die berühmte Alpenlandschaft mit dem Brauereiwappen.
Da sind diese beiden Gestalten aus der Zeit Schmellers doch eine nette Abwechslung!“

Lachen und Kopfschütteln.
Die beiden Wächter werden mir ihren unüblichen Auftritt verzeihen. Sie sind bereits wieder im Depot und schauen mir wesentlich zufriedener als vorher drein.

Predigt
zum Gottesdienst am Schmeller-Jubiläum. Sie wurde von mir schriftlich verlangt. Gibt es natürlich nicht. Als Kernpunkte meines Deutungsversuchs um die religiöse Persönlichkeit Schmellers darf ich vielleicht nochmals die beiden Sätze zitieren, die mir in diesem Zusammenhang wesentlich erschienen:
„ratio sola sufficit ad errandum“ – Vernunft allein führt zum Irrtum.
Und der bekannte Satz von Blaise Pascal (1623-1662)
„Le coeur a ses raisons, que la raison ne connaît point“ – Das Herz hat seine Logik, die die Vernunft nicht kennt.

Mesnergeschichten

Völlig verwirrt
war neulich an einem Wochentag unser Senior-Mesner, Herr Johann Roth.
Grund: Der Pfarrer kommt am hell-lichten Werktag mit einer Krawatte daher!
„Was ist denn jetzt wieder los – mir ham heit doch koan Feiertag net!"

Incognito
war vor längerer Zeit ein Direktor des Bayerischen Nationalmuseums als Besucher in unserer Kirche. Seniormesner Roth hat gerade den Vorhof gekehrt. Die beiden Herren kommen ins Gespräch.
„Da schauens unseren Vorhof an. Das ist doch kein Zustand mehr. Wie oft habe ich unserem Pfarrer schon gesagt, er soll den Hof endlich teeren lassen. Aber der hats ja mit dene oiden Scherben, die überall umeinanderliegen".
So unser Mesner.
Der hohe Herr mußte sich bei diesen Reden sehr zusammennehmen, wie er mir später erzählt hat. Er meinte nur, ob ich wohl die nötige Standfestigkeit bei den Asphalt-Wünschen unseres modernen Mesners hätte?

Überleitung
Wirtshausgespräch
im südlichen Landkreis auf die Ankündigung zu unseren Schmellerjubiläen in der Tageszeitung: „Wenn der Rohrbecker Pfarrer nicht alle zwei Jahre sein Jubiläum hat, dann ist er nicht gesund!"

Finale
Nächstes Jahr – 1986 -
feiern wir das 25jährige Bestehen unserer neuen Rohrbacher Kirche.
Wär das nicht ein Grund für die nächsten Jubiläumsfeierlichkeiten?
Zumindest ein Anlaß, um den Scherbenhaufen im Vorhof unserer Kirche zu beseitigen.
Über die technischen Einzelheiten werde ich dabei mit unserem Mesner hoffentlich zu einer befriedigenden Lösung kommen.

* * * * *

Eigentlich kann ich es nicht recht verstehen, wenn ich wegen meines letzten „Jahresschluß“ Kirchenzettels geschimpft werde. Zu alledem noch von Leuten geschimpft werde, die mich und meinen Stil nun doch recht gut kennen.

Sicher wollte ich damit provozieren. Ohne dies wird ja heute ein „katholisches Druckerzeugnis“ sowieso schon lange nicht mehr gelesen. Deshalb habe ich auch manche Formulierungen überzogen („Schwindel“, „verdorbene Gesinnung“). Oder als beabsichtigtes Paradox an den Anfang gesetzt („besinnliche Adventshektik“ bis zum „friedvollen Einkaufwahn“).

Das schreibe ich alles recht bewußt und mit einigem Nachdenken.

Wenn nun aber geglaubt wird, daß es bei mir dabei nur um einen „Rundumschlag“ gehe, dann muß ich mich darüber schon sehr wundern. Da käm ich mir dann wirklich mit meinen Auslassungen recht primitiv vor – wenn hier nicht mehr gewollt wär, als beim Leser ein paar vordergründige Kraftsprüche anzubringen.

Was will solch ein Zettel zum Jahresschluß?

(Ich komm mir nun ein bißchen komisch vor, wenn ich dies „erklären“ soll. Hoffentlich wird aus dieser Erklärung nun nicht jene „Moral zum Jahresende“, die berufene Leute allenthalben glauben verkünden zu müssen)

Was will ich also?

Zum Ersten soll dieser Kirchenzettel die Leute zum Nachdenken bringen und zwar zum kritischen Nachdenken. Vor allem zum Nachdenken über das, was ich wie die Pest hasse:

Die Manipulation der Menschen heute.

Wir werden heute von derart hinterhältigen „Meinungsmachern“ zur Verblödung getrieben – und zwar auf allen Ebenen und in allen Lebensbereichen – daß man sich gar nicht genug mit kritischem und mißtrauischem Verstand wappnen kann. Dies ist gemeint, wenn ich schreibe, daß ich meine Leser auch zu einer „verdorbenen Gesinnung“ erziehen möchte.

Und zweitens will ich den Leuten so weit wie möglich die Angst nehmen, weil sie eben den aufgelegten „Schwindel“ dieser Meinungsmacher ahnen. Solch eine „Einsicht“ betrachte ich als die „heilsamste Methode, um mit seiner Zeit fertig zu werden“.

Soll ich zum Schluß noch sagen, daß wir diese Einsicht und Furchtlosigkeit, diese Leichtigkeit und Unbeschwerlichkeit auch gerade zum Jahreswechsel nur dann gewinnen werden,

wenn wir uns der führenden Kraft von Gottes Heiligem Geist überlassen können.

Von daher – nochmals alles Gute für 1986!

Betrachtungen

Bei meinem Nachsinnen in den letzten 14 Tagen über die Menschheit – im allgemeinen wie im besonderen – bin ich auf eine neue Einteilung dieser bekannten species gekommen.

Wie wärs, wenn man die Menschen einmal einteilen würde nach solchen, die

a) in und aus der Vegangenheit leben
b) die sehr stark zukunft-orientiert sind und
c) die mit Vorliebe in der Gegenwart leben.

Ich empfand es ja von jeher als ein lustiges Spielchen, die Menschen in Raster, Karteien, Schubladen, Statistiken, Typen, Charaktere, Tierkreiszeichen, Mond- und Wassersüchtige einzuteilen. Schon bei der Ausbildung in Psychologie war es amüsant, die Lehrer nach den verschiedenen Schulen und Systemen zu hören.

Der eine schwört auf Siegmund Freud, der andere betrachtet die Menschheit nach C.G.Jung (alles bekannte Menschheitsforscher, Seelen- und Charakterkundige) während dann natürlich am liebsten der einzelne Lehrer in bekannter Eitelkeit seine persönliche Menschheits-Einteilung vor uns Schülern ausbreitete.

Bei letzteren bin ich nun also auch gelandet und werde daher kräftig darauf schauen, ob einer etwa

a) ein „Vergangenheitsmensch" ist (Der Ausdruck wurde eben von mir erfunden).
Damit meine ich nicht nur die „Ewig-Gestrigen" und die bekannten „Mir-zu-unserer-Zeit"-Vertreter von Vorgestern,
sondern ich meine hier Menschen, die einfach keinen Bezug zu Gegenwart und Zukunft bekommen können. Sie reden und denken nur in der Vergangenheit. Schlimm für Sie, schlimm für ihre Zuhörer.

b) ein „Visionär" ist (ebenfalls ein neuer Ausdruck meiner Menschheitseinteilung). Sie beginnen ihre Reden gerne mit „Das sag ich Ihnen" und beschließen sie dann ebenso gerne „das könnens Ihnen merken". Dazwischen liegen dann die bekannten Weltuntergangsgesänge. Grausame Visionen. Furchtbar, was nach diesen Hell- und Schwarzsehern alles auf uns zukommt. Im Nuclearzeitalter von Millirem, Bequerel und Celsium.

Und nun

c) meine Freunde, die Gegenwartsmenschen –
Sie treibens mit Vorliebe nach Paulus, wie er in seinem Brief an die Epheser schreibt:

„Achtet sorgfältig darauf wie ihr euer Leben führt ....
Nutzt die Zeit .....
lasst euch vom Geist erfüllen ...." Eph.5,13-18

Genau auf diesen letzten Satz wollte ich hinaus – wegen Pfingsten, dem Fest des Heiligen Geistes.

Und wegen der Menschheit in den letzten 14 Tagen!

Familienfeste
sind mir ein besonderes Vergnügen. Taufen, Hochzeiten, Geburtstage im Kreis der Familien, dazu eine nette Unterhaltung mit Schweinsbraten, Knödel und hausgemachten Beilagen – da kann man mich haben. Wenn dann auch noch Verwandschaft von auswärts dabei ist, die zuerst nicht so recht weiß, was sie mit dem Rohrbacher Pfarrer anfangen soll – dann paßt alles zusammen.

Meist kommt es ja auch mit den Fremdlingen schnell zu einer Unterhaltung. Worüber auch schon! Natürlich müssen sie von ihrem eigenen Pfarrer zuhause erzählen. Ein ergiebiges Thema bei meiner schüchternen Neugierde. Hier darf man dann den immer stärker sprudelnden Redefluß möglichst nicht hemmen. Herrlich, was da alles herauskommt, was die auswärtige Verwandtschaft alles vom Pfarrhaus im eigenen Dorf weiß: Vom Predigen und Singen, von den Hobbys und Eigenheiten des hochwürdigen Herrn, von der Pfarrhausköchin natürlich. Grad staunen kann ich da nur mehr, was die Schäflein alles von ihrem Hirten wissen.

Meine eigenen Lieben in der Familienrunde haben mich natürlich schon längst durchschaut und wissen meine „gesprächsfördernde“ Art und freundlichen Wissensdurst längst einzuordnen. Mit heimlichem Grinsen auf den letzten Stockzähnen werde ich immer wieder mit einem schnellen Blick beobachtet. Und die Gedanken dabei sind wahrscheinlich auch nicht allzu schwer zu erraten: „Gell, das paßt Ihnen jetzt wieder, wenn Sie von der auswärtigen Verwandtschaft jetzt so hören können, was der geistliche Mitbruder so alles veranstaltet!“

So ist es genau!

Allerdings passiert bei diesem vertraulichen Austausch der Blicke mit den eigenen Pfarrangehörigen auch immer etwas, was mich dann doch nachdenklich macht. (Hoffentlich kann ich dies jetzt erklären): Von unserer Seite wird kaum etwas den Erzählungen der Fremden entgegengesetzt. Oder anders ausgedrückt: Niemand von uns sagt eigentlich, daß es bei uns anders sei: Mit dem Typ des Rohrbacher Pfarrers, seinem Stil, seinen Gottesdiensten, seinen Interessen und seinem ganzen geistlichen Benimm.
Nein – wir lassen die Anderen reden, hören zu, amüsieren uns – aber sagen nichts dagegen.

Warum ich das Ganze jetzt schreibe?

Weil ich Sie im letzten Kirchenzettel gefragt habe, ob ein Pfarrer seiner Gemeinde heute noch Prägung, Stil, Format geben und vermitteln kann.
Sie sehen, ich komm von diesem Thema nicht los.

Herbstnebel

Blätter fallen – jedes Jahr denke ich an Verse, die wir vor 50 Jahren einmal in der Schule gelernt haben:

Die Blätter fallen, fallen wie von weit,
als welkten in den Himmeln ferne Gärten;
sie fallen mit verneinender Gebärde.

Und in den Nächten fällt die schwere Erde
aus allen Sternen in die Einsamkeit.

Wir alle fallen. Diese Hand da fällt.
Und sieh die andre an: es ist in allen.

Und doch ist Einer, welcher dieses Fallen
unendlich sanft in seinen Händen hält.

Ein Gedicht von Rilke, Anfang unseres Jahrhunderts geschrieben. Ich weiß nicht ob Sie damit etwas anfangen können. Für unser sogenanntes „praktisches" Denken bringen sie nichts, sind nutz-los, zweck-los, für viele vermutlich sogar sinn-los.

Ich beneide immer wieder Kinder, die so viele nutzlose und zwecklose Dinge tun können. Dafür haben wir Erwachsene bekanntlich keine Zeit. Wenn wir etwas tun, dann muß es Sinn, Wert, Nutzen und womöglich Ertrag bringen. Und dabei merken wir gar nicht mehr, wie arm wir sind, in unserer „ertragsorientierten Leistungsgesellschaft".

Herr: es ist Zeit. Der Sommer war sehr groß.
Leg deinen Schatten auf die Sonnenuhren,
und auf den Fluren laß die Winde los.

Befiehl den letzten Früchten voll zu sein;
gib ihnen noch zwei südlichere Tage,
dränge sie zur Vollendung hin und jage
die letzte Süße in den schweren Wein.

Wer jetzt kein Haus hat, baut sich keines mehr.
Wer jetzt allein ist, wird es lange bleiben,
wird wachen, lesen, lange Briefe schreiben
und wird in den Alleen hin und her
unruhig wandern, wenn die Blätter treiben.

„Emo-Schiene“

Das wissen Sie jetzt natürlich auch nicht, was das ist, eine „Emo-Schiene“.
Ich hab es bis vor wenigen Tagen auch nicht gewußt, was man mit solch einem Satz anfangen soll: „Was wir heute brauchen, ist nicht das Abfahren auf einer Emo-Schiene und das Appellieren an die Urängste der Menschen...“ Jedenfalls – das Ganze hat weder etwas mit der Bundesbahn (Abfahren, Schiene) noch mit der Bundeswehr (Appell), sondern schlicht mit einem Gesundheitspolitischen Kongreß für Ärzte zu tun.

Ein Freund aus der Zeit der französischen Gefangenschaft – er ist heute Arzt in Schwäbisch Gmünd – hat mir neulich bei einem Besuch einen Aufsatz über diesen Kongreß hier gelassen und ebenda habe ich also dann diesen bedeutenden Satz von der Emo-Schiene und den Urängsten gelesen. („Damit du nicht nur immer deine frommen Bücher liest, sondern auch weißt, was bei uns diskutiert wird“)

Also – ich habe diesen Aufsatz gelesen und dabei doch einige erstaunliche Sachen gefunden, die ich Ihnen heute auszugsweise wiedergeben möchte.
So wird z.B. berichtet, daß so eine Art Papst unter den deutschen Ärzten, ein „unantastbarer Prof. Hans Schaefer aus Heidelberg“ über das Thema:
„Gesund leben in einer modernen Industriegesellschaft“ gesprochen habe. Er meinte:

Die Industriegesellschaft ist eine Gesellschaft mit Gesundheitschancen,
wie sie keine Gesellschaft in der Geschichte der Menschheit vorher
jemals besessen hat. Diese Aussage läßt sich an unstrittigen Daten,
nämlich an den Sterbedaten der Menschen von heute beweisen.“

Den Angstmacher-Parolen der selbsternannten Umweltschützer und Untergangs-Aposteln bescheinigt Prof. Schaefer Unkenntnis. Gäbe es die angeblichen Umweltschäden, „sie müßten sich in den harten Daten der Gesundheitsstatistik ausweisen“.
Statt dessen zeige sich, daß die Krebshäufigkeit „weltweit“ sinke und immer mehr Menschen 70 und 80 Jahre alt werden. „Die Menschen sind unterwegs zu einem frohen Greisenalter und nicht wie früher in jungen Jahren an Infektionen, Lungenkrankheiten, Diabetes und ähnlichen Krankheiten verstorben. Dies alles erfolgt nicht trotz, sondern wegen der Entwicklung einer modernen Industrie“.

So und ähnlich geht es dann in diesem Aufsatz weiter. Über weite Strecken höchst interessant – nur –
ich wollte Ihnen ja eigentlich sagen, was eine „Emo-Schiene mit Appellieren an die Urängste“ ist. Aber vielleicht haben Sie das unterdessen schon selbst herausbekommen. Sollten Sie im Lexikon nachsehen, dann kann ich Ihnen verraten, daß „Emo“ eine saloppe Abkürzung von „emotional“ ist. (Die beste Erklärung für das Ganze finden Sie allerdings immer noch in meinen prophetischen Kirchenzetteln Nr. 450 u. 451 vom 28.12.85 bzw. 11.1.86)

Ein Jammer
ist das. Mit mir. Mit der Religion. Mit den Filmemachern und unserem Glauben. Am Schluß des letzten Kirchenzettels habe ich angeboten, über diese neueste Fernsehreihe CREDO mit Ihnen zu diskutieren. (Donnerstag zw. 20.45 und 21.15 im Dritten Bayerischen Fernsehen). Aber was ich bis jetzt dazu gesehen und gehört habe – da vergeht mir jeglicher Geschmack zu einer anschließenden Diskussion. Oder einfacher: ich kann mit diesen Sendungen nichts anfangen.
Sie regen mich in ihrer blöden Machart höchstens auf.

Nun muß dies bei Ihnen nicht unbedingt geradeso sein. Vielleicht haben Ihnen die Sendungen bis jetzt gefallen, möchten eigentlich gerne darüber diskutieren. Bitte – rühren Sie sich, sagen Sie es mir. Ich bin gerne bereit, mich überzeugen zu lassen. Ein Anruf genügt, irgendwie läßt sich eine Unterhaltung vereinbaren.

Was regt mich auf?
Daß dies Schnee von gestern ist, was hier geboten wird. Ware, die in dieser Verpackung schon längst nicht mehr abgekauft wird. Wo man abschaltet und schaut, ob auf anderen Wellen nichts besserers geboten wird (was dann auch meist der Fall war).Wo man aufsteht und eine Wut im Bauch hat, weil den Katholischen im Fernsehen nichts besseres einfällt. Wo ein Prälat auf der Mattscheibe mich salbungsvoll einschläfert (dazu noch fränkisch mit weichem „t“ und gefühlvoll breitem „ei“ und wo drittklassige Schauspieler mit falschem Pathos gekünstelte Szenen abspulen. Furchtbar. Was soll das, was bringt das?

Bin ich zu kritisch, ist mein Jammer ungerecht?
Was ist die Absicht dieser Serie? Sie können es in Ihrem Handzettel nachlesen, den ich Ihnen zukommen ließ. Hier wird reichlich geschwollen verkündet:

„Das Medienverbundprojekt hat sich zur Aufgabe gestellt,
mit den Mitteln unserer Zeit den Inhalt des Glaubens auszudrücken.“

So nicht – kann ich hier nur sagen. Hier fehlt Phantasie und Mut, Glanz und Frische. Mit grasenden Herden, grünen Auen, mit Palaver auf einem jüdischen Friedhof und einem lieben Gott als Opa geht das nicht. Das sind unzureichende „Mittel unserer Zeit“, das ist meinetwegen frühes Mittelalter aber nicht unser 20. Jahrhundert.

So leicht möchte ich es mir nicht einmal als Pfarrer machen, um den Glauben heute auszudrücken. Aber – vielleicht ist der Glaube überhaupt schon zu sehr „ausgedrückt“.

Maienmonat

Nicht „der Monat Mai“, auch nicht bloß alleine der Monatsname „Mai“ steht heute obenan, sondern die Bezeichnung „Maienmonat“. Denn wenn man diesen Monat so nennt, dann klingt gleich anderes mit. Hier hören wir dann bereits im Hintergrund „Maria Maienkönigin, wir kommen dich zu grüßen“ und vor unseren Augen blühen die Maialtäre unserer Kirchen. „Maienmonat“, Maiandachten, diese Lieblichkeiten frommer Kindheitserinnerungen.

Ich glaube – und bekenne – daß ich nach meiner Erfahrung noch nie auf diesen Kirchenzetteln Gedanken über Maria, der Gottesmutter, niedergeschrieben habe.
Schlimm?
Nun hab ich sehr viel auf diesen 488 Zetteln noch nicht niedergeschrieben (weswegen mir der Stoff auch kaum ausgehen wird), aber ich habe andererseits auch schon sehr viel auf diesen Zetteln beschrieben, wo ich von Personen und Dingen nur ein „Gemälde“ gemacht habe, aber keine Fotographie und keine kritischen Detailbeschreibungen. Ein Gemälde, in das man hineinschauen muß, oder anders ausgedrückt: ich habe auf diesen Zetteln oft nur eine „Melodie“ gesummt, aber keinen Text gesprochen.

Warum? Warum habe ich Personen und Dinge nicht immer deutlich beim Namen genannt? Das kommt mir oftmals anmaßend und ungerecht, ja primitiv und schamlos vor. Man darf nicht alles so zeigen und sagen, wie es ein Foto oder ein verbissener Rechthaber sagen zu müssen glaubt, ohne Zurückhaltung, ohne Respekt vor dem Anderen.

Deshalb „umschreibe“ ich gerne etwas, mach ein Gemälde um ein Thema, versuchs mit einer Melodie. Ich weiß nicht, ob Sie das akzeptieren.

So geht es mir jedenfalls auch mit Maria, der Gottesmutter. Ich rede nicht gerne „direkt“ von ihr, so, als ob ich alles von ihr wüßte. Ich ziehe sie nicht aus ihrer Verborgenheit, um sie mit einer theologischen Kamera zu fotographieren. Ich möchte sie belassen (wie übrigens Gott auch) – und freu mich darüber, daß sie „da“ ist.

Und ich lebe mit einigen Sätzen, die ich über sie gelesen habe.

So beim Evangelisten Lukas im 1. Kap. Vers. 28, wo der Engel zu Maria sagt: „Sei gegrüßt, du Begnadete, der Herr ist mit dir“, – oder im Vers 45, wie Elisabeth zu Maria sagt: „Selig bist du, die du geglaubt hast!“ Und ganz besonders schätze ich jene Begebenheit, die Lukas im 11. Kap. Vers 27 und 28 erzählt. Ein Weib aus der Menge rief Jesus zu: „Selig die Frau, deren Leib dich getragen und deren Brust dich genährt hat“. Er aber erwiderte: „Selig sind vielmehr die, die das Wort Gottes hören und es befolgen.“

Lebensphilosophie
für den Alltag – das sollten die beiden letzten Kirchenzettel sein. Ein bißchen nachsinnieren mit diesen Überschriften „PACK MERS WIEDER“ und „EHRGEIZ“.
Ich weiß nicht, ob Sie den beabsichtigten Zusammenhang entdeckt haben: Das alltägliche Leben ist nicht nur eine Spielerei, ein bißchen Laune und ein paar Unverbindlichkeiten (Nr.495). Das Leben, nach Ferien und manch Un-Gewöhnlichem, ist Treue, Pflicht, Beständigkeit. Aber – und so habe ich im nächsten Zettel (496) weitersinniert – das Leben und unser Alltag sollte deswegen nicht nur von verbohrtem Ehrgeiz geprägt sein. Dabei bin ich allerdings leicht ins Schleudern geraten, denn Ehrgeiz läßt sich nicht so leicht einordnen in ein Raster von Gut und Bös.
Ehrgeiz kann gesund und notwendig sein, kann aber auch falsch, ja tödlich sein.

Wo liegt sie dann, die berühmte Kunst des Lebens?
Lassen Sie mich hier ein wenig weitersinnieren, vielleicht auch ein wenig weiter philosophieren. Schließlich tut dies jeder Mensch, wenn er ins Nachdenken kommt, über sein Leben, über den Sinn und über die Kunst des Lebens. So ist wohl jeder Mensch auf seine Art ein kleiner Lebensphilosoph. Ganz ohne Nachdenken über sich und sein Leben – das darf nicht sein.

Kunst des Lebens -
nicht zu verwechseln mit Lebenskünstler. Unter Kunst des Lebens würde ich eher verstehen, was der Franzose mit dem bekannten Wort vom „savoir vivre“ meint: zu wissen, wie man lebt. Daß man also sein Wissen und Können einschaltet, um sinnvoll das Leben zu gestalten. Daß man nicht als Schaukelbursche sein Leben dem Glück, der Bequemlichkeit oder dem Zufall überläßt.
Nein – unter Kunst des Lebens verstehe ich, daß man dazu seinen persönlichen Stil, seinen Verstand und ein gutes Stück Beweglichkeit und Phantasie mit einbringt.

Aber auch –
daß man die Kunst beherrscht, sich in seiner Wichtigkeit ein wenig zurückzunehmen. Sich selbst und seine Umwelt, das eigene Leben und das ganze Treiben auch mit Abstand und ein wenig Gelassenheit zu betrachten versteht. Worauf man nämlich dann zum Lachen kommt über die vielen Strampeleien und oftmals künstlichen Probleme. Lebensphilosophie.

Oder ein schönen Pauluswort dazu (1.Kor.4,7)
„Was hast du, das du nicht empfangen hättest?
Wenn du es aber empfangen hast, was rühmst du dich dann?“

Franz Josef Strauss
bayerischer Ministerpräsident und reich beglückter Rußlandheimkehrer muß meine Kirchenzettel gelesen haben! Anders sind seine Ausführungen im Fernsehen zum neuen Jahr nicht zu erklären. Bitte – haben Sie es nicht gesehen und gehört, welche Erkenntnisse er aus seinen Moskauer Begegnungen mitgebracht hat:
„Realitätssinn, Gelassenheit, Wachsamkeit – das ist es, was wir brauchen!"
Das haben Sie längst zuvor schon auf meinen Zetteln gelesen. Nr. 501, letzter Abschnitt: „Bleiben wir Realos" habe ich da geschrieben. Bewahren wir uns einen gesunden Sinn für die Wirklichkeit, „kauft die Zeit aus – nützt sie". Seid nüchtern und wachsam, „sobrii estote et vigilate" hab ich geschrieben – „Gelassenheit und Wachsamkeit" haben wir dann aus dem Munde unseres Landesherrn gehört. Bitte – wenn das keine Gemeinsamkeiten sind! Geradezu stolz bin ich darauf! (Erinnern Sie sich in diesem Zusammenhang auch an den tiefen Ausspruch unseres Kirchenpflegers A.Schönauer [Kirchenzettel 489]: „Der bayerische Ministerpräsident und der Pfarrer von Rohrbach verkörpern die perfekte Ein-Mann-Demokratie!")

Sie dürfen nun gerne vermuten, daß ich übergeschnappt sei.
Aber eines können Sie nicht leugnen: Daß hier Gemeinsamkeiten aufklingen, die zumindest stutzig machen sollten. Sicher ist es ein Witz, wenn ich schreibe, daß unser Ministerpräsident meine Kirchenzettel gelesen habe. Wie kommt es aber dann dennoch zu dieser auffallenden Gleichheit von Empfehlungen von Wirklichkeitssinn, Gelassenheit und Wachsamkeit – da ja schließlich er nichts mit mir und ich nichts mit ihm zu tun habe?

Zwei Begründungen möchte ich hier aufführen.
1. ist es ohne Zweifel eine bayerische Art, gerade diese Tugenden aufzuführen.
   Wirklichkeitssinn: Nicht Schaum ist gefragt, sondern Bier. Nicht große Töne und billige Sprüche, sondern Nüchternheit und Sachlichkeit im Denken und Handeln.
   Gelassenheit: dieses Wort haben Sie schon oft auf meinen Zetteln lesen können. Nicht hysterisches Dramatisieren, sondern kritische Distanz müssen wir lernen.
   Wachsamkeit: Es ist ein Schlüsselwort in der Sprache Jesu.
2. damit komme ich auf den zweiten Grund dieser unbeabsichtigten Gemeinsamkeiten.
   Es ist christliche Tradition, in der wir alle stehen, ob wirs wissen oder nicht.
   Sie ist die Wurzel, das Fundament, auf welches das Haus unserer Geschichte, unserer Kultur gebaut ist. Wir haben die Aufgabe, dieses Erbe zu erhalten.

Wirklichkeit – Gelassenheit – Wachsamkeit urchristliche Tugenden, die auch für 1988 und die Zukunft hoffen lassen.

Einfälle
müßte man haben, heißt es unter modernen Leuten. Phantasie, neue Ideen.
Dabei denken sie vielleicht ans schnelle Geld oder den flotten Erfolg.
Einfälle – ein interessantes Wort. Schlicht gesagt, meint es eigentlich nichts anderes, als daß etwas „in mich hineinfallen“ sollte. Wo hineinfallen? In meinen Kopf natürlich, in mein Hirn, in mich. Also oben anbohren, einen Trichter drauf – und schon kann „Geist“ gemixt mit einem Schuß Phantasie eingefüllt werden. Ja – wenn das so leicht wär!
Und schließlich – wo ist „Geist“ zu beziehen?

Jedem aber wird die Offenbarung des Geistes geschenkt,
damit sie anderen nützt
dem einen wird vom Geist die Gabe geschenkt
Weisheiten mitzuteilen
dem anderen durch den gleichen Geist
die Gabe Erkenntnis zu vermitteln
das alles bewirkt ein und derselbe Geist
einem jeden teilt er seine besondere Gabe zu – wie er will.

Das ist ein Text aus einer Lesung vor einigen Sonntagen. 1.Kor.12,4-11
Diese Schriftstelle über die Gaben des Geistes, die jedem geschenkt werden und der Josef Neuner vom letzten Kirchenzettel, der auf seiner Ofenbank sitzt und nachdenkt und dessen Worte eigentlich immer „gestimmt“ haben – diese beiden:
Geist und Josef Neuner, beschäftigen mich in letzter Zeit immer wieder.

Daß man also dasitzen kann, daß dann „etwas einfällt“, daß man weiter sinniert – und daß man dann doch wieder nichts sagt, weil das, was einem so eingefallen ist, eigentlich gar nicht aus-sag-bar ist.

Für diesen ganzen Vorgang gibt es einen recht alten und heute wieder fürchterlich modernen Ausdruck: man nennt dies „meditieren“. Abschalten, dasitzen, auch daliegen, gehen, wenig Krach und keine Ablenkung, vielleicht wirklich im Bus, in der Bahn oder auch im Wartezimmer – abschalten von allem Drumherum, „In sich gehen“ – meinetwegen, (es sind dies alles ein wenig gestelzte Ausdrücke). Ebenso richtig „außer sich sein“ – sodaß man sich plötzlich selbst „von außen“ sieht. Daß man also, wie ich neulich einmal gelesen habe, nicht mehr Körper ist, sondern plötzlich merkt, daß man einen Körper hat.

Wie gesagt – alles ein bißchen vollmundig und gestelzt. Aber demnächst beginnt ja die Fastenzeit. Vielleicht haben wir dann wieder mehr Verständnis für solche und ähnliche Überlegungen. Ich jedenfalls zweifle nicht am Heiligen Geist und seinem Wirken.
Nur – „einfallen“ müßte man ihn halt lassen!

Zita
die letzte Kaiserin von Österreich und Königin von Ungarn ist verstorben.
Etliche Leute haben mich in den letzten Tagen aufgefordert, ich soll diese nette Geschichte von meiner Privataudienz bei dieser Kaiserin doch auch auf dem Kirchenzettel bringen. Ich habe sie neulich beim Festbankett der Langenbrucker Kirchweih in Anwesenheit unseres Augsburger Bischofs erzählt. Und offensichtlich hat diese Geschichte gefallen. Also bitte:
In den 60er Jahren war ich immer wieder einmal beim Schifahren in Davos. Ich wohnte in einem großen Haus der Ilanzer Schwestern. In eben diesem Haus lebte damals – incognito natürlich – auch Kaiserin Zita. In der Hauskapelle habe ich bei diesen Aufenthalten des öfteren einen Gottesdienst gehalten. Die Kaiserin war hier immer zugegen und wenn ihr Sohn, Otto von Habsburg, zu Besuch im Hause war, dann hat er mir in aller Bescheidenheit dabei ministriert.

Eines Tages nun schickte die Kaiserin ihre Hofdame – eine Gräfin Gerstenbroik – zu mir und ließ anfragen, ob ich nicht nachmittags für eine Privataudienz bei der Kaiserin Zeit hätte. Selbstverständlich, natürlich. Wer könnte bei solch einer Ehre absagen!
Um was es wohl ginge? Majestät wolle von mir hören, wie in Deutschland heute die Kinder auf Erstbeichte und Erstkommunion vorbereitet würden. Kein Problem, darüber zu erzählen, aber bei einer leibhaftigen und echten Kaiserin – das ist natürlich schon eine einmalige und aufregende Sache. So habe ich schnell einen im Hause wohnenden Wiener Hofrat befragt, was man bei solch einer Gnade alles zu beachten habe. Der Gute ist halb in Ohnmacht gefallen, als er hörte, daß mir diese Ehre zuteil werde. Und ich habe halt dann geübt: „Eure Majestät, Ihre Majestät, Majestät..." aufregend, aber es wird schon gehn!
Ich darf sagen, daß die Begegnung mit dieser Frau eine eindrucksvolle Stunde meines Lebens wurde. Unvergeßlich ihre Erscheinung: Aufrecht ist sie dagesessen in ihrem hochgeschlossenen, langen schwarzen Kleid, dem wachsfarbenen Gesicht, aus dem Klugheit, Welterfahrenheit und wirklich höchster Adel ausstrahlte. Die Hofdame kam immer wieder einmal herein in den kleinen, dezent eingerichteten Salon, frug – meist in französischer Sprache – ob sie irgendwelche Hilfe anbieten könne. Eine kleine Handbewegung, ein kleines Nicken der Kaiserin und die Dame entfernte sich wieder lautlos wie sie gekommen war.
In einer fast mütterlichen Art wollte die Kaiserin von mir wissen, woher ich käme, wie ich in meinem priesterlichen Beruf unter heutigen Zeiten und Menschen zurechtkäme. Und vor allen Dingen wollte sie von mir hören, wie die Vorbereitung auf Erstbeichte und Erstkommunion mit meinen Kindern heute vor sich ginge. Sie habe nämlich zwei Kinder ihrer Toch-

ter hier bei sich im Hause. Die Kinder lebten sonst bei ihren Eltern in Paris. Sie als Oma hätte sich jedoch ausbedungen, die beiden Enkelkinder auf diese Sakramente vorzubereiten. Und dazu bitte sie mich halt nun um einige Anregungen.

Es wurde eine lange und schöne Unterhaltung. Ich erinnere mich, wie sie dann auch noch ins Erzählen und Schwärmen über ihre kurze Zeit als österreichische Kaiserin kam und an der Seite ihres frühverstorbenen Mannes, Kaiser Karl, in der offenen Kutsche durch die Dörfer und Fluren des Siebenbürger Landes gefahren sei, da und dort sich mit den Bauern und deren Sorgen unterhalten habe.

Unvergeßlich für mich diese kurze Begegnung mit dieser großen Frau. Ich habe mich höflich und dankbar für die Ehre dieser Audienz bedankt, der Hofdame noch einige Bücher für die Bemühungen der Kaiserin empfohlen und wurde freundlich verabschiedet.

Herzlich lachen mußte ich dann einige Wochen später, als in unserer Tageszeitung eine kleine Notiz zu lesen war, wonach die beiden Enkelkinder in einer Seitenkapelle des Peterdoms aus der Hand eines bekannten Kardinals – unter Anwesenheit ihrer Großmutter, Kaiserin Zita – das Sakrament der 1.Hl.Kommunion empfangen hätten. Wer weiß, ob diese Kinder so gut auf dieses Sakrament vorbereitet gewesen wären, wenn nicht ein kleiner Pfarrer aus der Holledau Ihrer Majestät, der Kaiserin von Österreich, solche Hilfe und Anregung gegeben hätte.

Amen. Womit diese schöne Geschichte zu Ende wäre.

Freundlichen Gruß! Ihr Pfarrer Bruno Fess (und ehem. kurzfristig kaiserlicher Hofkaplan)

Schönheit
ist sehr schwer zu erklären. Wissen Sie, was „Schönheit“ ist? Wir gebrauchen zwar das Wort „schön“ sehr oft, zu oft – aber die „Schönheit“ selbst, das können wir nicht erklären. Von einer Frau sagen wir vielleicht, daß sie eine „auffallende Schönheit“ sei. Aber wenn dann ein Anderer fragt, was „an der“ schön sein soll, dann „laßt es schon aus“ mit einer näheren Erklärung. Vielleicht haben wir uns sogar lächerlich gemacht mit unserem „Geschmack“, unserer Vorstellung von Schönheit. Vorsicht!
Schönheit als fester Begriff oder gar als konkrete Vorstellung – das gibt es wohl nicht.

Oder ist vielleicht Gott die „absolute Schönheit“?. Eine irre Vorstellung: Gott ist schön, oder wirklich besser: Er ist die absolute Schönheit. Und weiter – Seine Schöpfung ist ein Abglanz Seiner Schönheit.
Diesen Gedanken müßte man einmal weiterspinnen.
Die Blumen, die Vögel, die Sterne, das Lachen und die Augen eines Kindes – alles ein kleiner Glanz von Gottes Schönheit? Ja der ganze Mensch, wie er ursprünglich von Gott gedacht war, dieser sogenannte paradiesische Mensch, wie ihn die Bibel schildert – dieser Mensch ein Stück von Gottes Schönheit? Ein wunderbarer Gedanke!
Sicher – das wissen wir auch aus der Bibel – ein schwerer Bruch ist über diese Schönheit des Menschen gekommen. Er wollte selbst die „absolute Schönheit“ sein, nicht mehr Schöpfung, Geschöpf. Damit ist dieser Spiegel Gottes, der Mensch, matt geworden und zerbrochen. Die Schönheit ist nur mehr in Spuren vorhanden – wie gesagt – vielleicht noch in einer Blume (bevor sie verwelkt) oder in den Augen eines Kindes (wie lange?).

Hundertmal nennen wir am Tag etwas „schön“: das Wetter und das Bild an der Wand, das Kleid und das Auto, den Fernsehfilm und den Urlaubsort – schwache Vergleiche, blasse Bilder, wer einmal nur ein wenig über die SCHÖNHEIT nachgedacht hat.

Was wär zu tun, wenns um die Schönheit geht? Ich meine, wir müßten hier sehr zurückhaltend sein, mit unserer Meinung und mit unserem „Geschmack“. Wir müßten wieder mehr schauen und weniger sagen. Und vor allem –
wir müßten wieder mehr die EINFACHHEIT in den Dingen, in den Menschen, in unseren Häusern und in unseren Kirchen suchen und lieben. Darin – in der Einfachheit – sehe ich die größte Chance für die Schönheit. Das lehrt die Philosophie und die Weisheit seit Jahrtausenden:
Die Einfachheit ist die Kehrseite der Schönheit.
Worauf dann die hl. Theologie zu verkünden wußte:
GOTT ist nicht nur die absolute SCHÖNHEIT – Es ist auch die absolute EINFACHHEIT.

M K K Z

ist die Abkürzung für „Münchner Katholische Kirchenzeitung“. Viele Rohrbacher kennen den Chefredakteur dieser Kirchenzeitung, Herrn Becker. Er ist am Sonntag immer wieder einmal mit seiner Familie in unseren Gottesdiensten. 1986 hat er beim 25jährigen Jubiläum unserer neuen Kirche in kluger und souveräner Weise ein abendliches Symposium geleitet. Wie es zu seinem Beruf und wohl auch zu seiner Art gehört, bemüht er sich sehr um Objektivität und Ausgleich, was natürlich für einen Chefredakteur immer eine Gratwanderung ist: Neigt er zur einen Seite, verreißen ihn die anderen – ist er progressiv, schreien die Konservativen. So gibt er bei den Leserbriefen möglichst allen Stimmen einen Platz auf seiner Leserseite. Erst wenn die Gegensätzlichkeiten zu verbissen und in Bösartigkeiten ausarten, versucht er zu mäßigen. Nicht leicht.
Dies war auch der Fall vor circa zwei Jahren, wo in Leserbriefen über viele Monate hinweg bei einem Thema die Fronten immer schärfer wurden. Herr Becker war damals sehr verwundert, daß sich die Leute bei diesem Thema derart verbeißen konnten. Da er keinen Kompromiß sah, hat er letztendlich mit einem klugen Brief einer Mutter Schluß gemacht. Nun wollen Sie natürlich wissen, um welches Thema es bei diesen Leserbriefen gegangen ist. Dreimal dürfen Sie raten. Es ist seit letztem Sonntag auch ein Thema in unserer Gemeinde. Nicht gerade das Thema, aber immerhin etwas, worüber einige Erregung aufgekommen ist.
Genau – Sie wissen es ja – es ist das Thema „Kleinkinder bei den Gottesdiensten“. Unsere süßen kleinen Ein- und Zweijährigen bei den Gottesdiensten. Gegen die der Rohrbacher Pfarrer immer so häßlich ist. (Ich bin ja schon in voller Deckung, mein linkes Ohr saust fürchterlich, jetzt beruhigen Sie sich doch bitte wieder!) Vormittags und abend am Erstkommuniontag mußte er sich völlig überflüssig immer wieder dagegen äußern, wenn so ein herziges Kind in der Kirche laut seine Meinungen von sich gab. Und seine Einleitung dazu hätte er sich sparen können: „Ich habe die Kinder ja fürchterlich gern, nur usw.....“

Ja, ja – da hab ich mir wieder einigen Haß zugezogen!
Nun, meine Lieben, ich weiß, daß ich verwöhnt bin. Verwöhnt von einer auffallend (fremden Besuchern fällt es immer wieder auf) von einer auffallend konzentrierten und andächtigen Gemeinde. Und zwar in allen meinen Kirchen. Viehhandel hinter der Orgel, Watten vom Vorabend im Wirtshaus, sind Gott sei Dank heute keine Kirchenthemen mehr. Die Kinder in den vorderen Bänken verhalten sich ruhig (sehr ruhig im Vergleich zu früher, wie mir die Älteren immer wieder erzählen). Es gilt, was schon oft gesagt wurde:
Der Gottesdienst steht heute unter dem Gesetz von „Entweder – Oder“: Entweder geh ich in die Kirche und mach dann auch mit – Oder ich bleib gleich zuhause. Das ist gut so. Und deshalb bin ich durch ein konzentriert ruhiges Publikum eben verwöhnt.
Was meinte am Schluß jene Mutter in der Münchner Kirchenzeitung? Wir sollten bei diesem Thema nicht nur auf unsere Gefühle schauen, sondern uns schlicht fragen, ob wir einem Kleinkind einen Gefallen tun, wenn wir es in den Gottesdienst mitnehmen.

„Ganz einfach“
schaut so ein Ding aus. „Chips“ nennen es die Computer-Fachleute („Donau Kurier“ v.4.7.) Groß wie ein Fingernagel ist es und genau 4 Millionen, 194 Tausend und 304 Speicherzellen hat es. 300 vollgeschriebene Schreibmaschinenseiten kann es auf seiner Fingernagelgröße speichern. Und in einer ¼ Sekunde lesen. Unvorstellbar – aber für uns „ganz einfach“ anzusehen.
„Ganz einfach“
sagt auch Herr A. „die sollen endlich das Aufrüsten bleiben lassen, alle Waffen vernichten. Dann wird es auch Frieden auf Erden geben“.
„Ganz einfach“
meint auch Frau B. „die sollen endlich die Atomkraftwerke abbauen und diese ständige Gefährdung der Menschheit vernichten. Ich brauch diese Dinger nicht, ich bezieh meinen Strom sowieso von der Steckdose.“
„Ganz einfach“
sagt auch Herr C. „die Protestanten und Katholiken sollen endlich zusammengehen. Schließlich haben wir alle den gleichen Herrgott. Und die Pfarrer sollen sie heiraten lassen, dann gibts auch wieder Priesternachwuchs.“
„Ganz einfach“
sagt Herr D. „der Bundeskanzler soll beschließen, unterschreiben und anordnen, damit ist die Sache dann erledigt.“
„Ganz einfach“
meint die Bäuerin E. „die sollen in Brüssel unsere Landwirtschaft subventionieren, wir können dann kräftig anbauen und den armen Drittländern unsere Überschußprodukte verkaufen“.
„Ganz einfach“
sagt auch Herr F. „die sollen die Grenzen gegen die Asylantenflut dichtmachen und die Arbeitsscheuen in Lager stecken“.
„Ganz einfach“
sagt Herr Schönhuber im Bierzelt – und alle sind hell begeistert.

„Ganz einfach“ ist offensichtlich der Verstand vieler Zeitgenossen.

*

Wie gesagt – GANZ EINFACH – schaut sich so ein fingernagelgroßer Chip von IBM an. Über 4 Millionen Zellen sind darin in Aktion. Leider lassen sich diese Zellen nicht „ganz einfach“ ins Hirn so mancher Zeitgenossen einpflanzen.

Gefühle
strapazieren uns augenblicklich gar sehr. Würde uns schon der Allerseelenmonat mit Gräberbesuch und Totengedenken reichen, kommen jetzt auch noch diese überwältigenden Ereignisse mit der DDR in unser Gemütsleben. Und wer weiß, was der Einzelne außerdem noch an ganz persönlichen Gefühlsturbulenzen durchzustehen hat:
von Liebe bis Haß, von Zuneigung bis Abneigung, von Glücksgefühl bis Trostlosigkeit.
Das Angebot ist vielfältig, vieles türmt sich vor unseren Gefühlen auf.
Ich möchte nun beileibe nicht auf die Ereignisse der letzten Tage eingehen, auf die erschütternden Bilder befreiter Menschen nach jahrzehntelanger Unterdrückung. Auch will ich nicht Jahrtage und Totengedenken kommentieren. Im Gegenteil, ich möchte nur, daß wir uns heute einmal ein paar Gedanken machen über unsere REAKTIONEN dazu, näherhin eben unsere Gefühle.
GEFÜHL – was ist das? Das Lexikon (dtv) meint dazu: „seelische Erlebnisse oder Erlebnisqualitäten.... Gesamtzuständlichkeiten.... ergreifen den ganzen Menschen.... außer nach ihrer Stärke (Intensität) unterscheiden sich Gefühle nach ihrer Tiefe, sowie nach ihrer Beständigkeit...."
Na ja – mit solchen Erklärungen hat man Wasser zwischen den Fingern.
Allzuviel läßt sich damit nicht anfangen. Versuchen wir lieber selber darüber nachzudenken.

Was ist das – das Gefühl in mir? Schwer zu beschreiben. Es ist einfach da. Es ist wohl eine „Anlage" in mir, in jedem Menschen. Ich „muß" weinen, wenn ich dieses oder jenes miterlebe – und ich freue mich im nächsten Augenblick, wenn mir etwas Frohmachendes begegnet. Solche Gefühle in mir sind also reichlich spontane, fast automatische Reaktionen.

Sicher – man spricht auch von „gefühl-losen" Menschen. Aber ich glaube, mit solch einer Bezeichnung muß man zurückhaltend sein. Vermutlich ist es eher so, daß die Menschen in sehr verschiedener Weise ihre Gefühle zeigen. Die einen überlassen sich hemmungslos ihren Gefühlen, während andere offensichtlich eine sehr starke Kontrolle über ihr Seelenleben haben. Diese Verschiedenartigkeit ist sicher eine Sache des Temperaments und der Veranlagung. Vermutlich auch eine Sache der Erziehung.

Auf zwei Dinge möchte ich noch gerne hinweisen:
Versuchen wir doch auch kritisch und nüchtern mit unserem Verstand zu hinterfragen, wo, wann und wie mit unseren Gefühlen umgegangen, gespielt, manipuliert und kalkuliert wird. Fernsehen, Politik, Werbung und anderes in Ehren – aber daß ich mich von diesen Herrschaften gefühlsmäßig total vereinnahmen lasse – da ist Vorsicht geboten!

Und zum letzten: Demnächst ist wieder Advent und Weihnachten. Bekanntlich wird in dieser Jahreszeit Gefühl reichlich angeboten, echtes und anderes. „Sobrii estote et vigilate" hat die Kirche über viele Jahrhunderte hinweg in dieser Jahreszeit immer wieder gepredigt. „Seid nüchtern und wachsam". Absolut aktuell, auch in unserer Zeit!

Schlüsselerlebnis
heißt ein modernes Schlagwort. Man kann es immer wieder hören. Wir wissen auch, was mit diesem Wort gemeint ist. Es sind damit Erlebnisse angesprochen, die in unserem Leben neue Erkenntnisse „erschlossen" haben. Daher Schlüsselerlebnisse.
Mitte der 60-iger Jahre hatte ich solch ein Erlebnis, das mir dieser Tage wieder in den Sinn gekommen ist. Die Älteren aus unserer Gemeinde werden sich vielleicht noch erinnern, daß in diesen Jahren Pfarrer aus Kroatien und der Republik Irland öfter hier im Pfarrhaus zu Gast waren. Später konnte ich sie dann auch in ihrer Heimat besuchen. Was mir damals bei der Unterhaltung mit diesen Mitbrüdern besonders aufgefallen ist, war deren ausgeprägtes Nationalbewußtsein. Für mein Empfinden ein überzogenes, ja fanatisches Nationalbewußtsein. Was diese irischen Geistlichen an Nationalismus für ihr Land und der kroatische Dekan an Fanatismus über seine Situation von sich gaben – das war für mich ein Schlüsselerlebnis.
Ich habe mir damals fest vorgenommen, im Verständnis von meinem Beruf und meiner Aufgabe als Pfarrer nie auch nur den geringsten Verdacht eines einseitigen Nationalismus für „Heimat, Volk und Vaterland" aufkommen zu lassen. Unsere Kirche ist keine Nationalkirche. Der Apostel Paulus war der erste, der unter seinen Kollegen enges jüdisches Denken gesprengt hat und unser Papst demonstriert in seiner völker-umspannenden Weise diesen weltweiten Auftrag unserer Kirche bis zum heutigen Tag.
Deswegen sind wir Pfarrer noch lange keine heimatlosen Gesellen. Ein Blick in die aktuellen Nachrichtensendungen bezeugt wahrlich anderes: Überall ist und war es immer wieder die Kirche, die den Menschen Rückhalt, Kraft und Mut gegen Terror und Willkür gegeben hat. Und trotzdem – oder gerade deswegen – würde ein fanatischer Nationalismus bei Priestern stören und sicher nicht ihrem Amt und Selbstverständnis entsprechen.

Von unserem Bundespräsideten war neulich ein großartiges Wort zu diesem Thema zu hören.
Er meinte: „Patriotismus – ja, denn das ist die Liebe zu den Seinen. Nationalismus – nein, das ist Haß auf die Anderen!" Hier ist in einer kurzen Formel gesagt, worum es geht. Nationalistische Bierzeltpolitik ist Gift für unser Volk und unsere Zukunft. Auch hier gilt es viele Mauern und Zäune eines engen fanatisierten Denkens abzureißen.
Großartig in diesem Zusammenhang auch die kurze Formel in der Neujahrsansprache unseres Bundeskanzlers: „Deutschland ist unser Vaterland – aber Europa ist unsere Zukunft!"

Beten und bitten wir in diesen dramatischen Zeiten um Gottes Führung auf dem Weg in eine hoffentlich große Zukunft.
Das wollen wir auch im neuen Jahr immer wieder gemeinsam tun.

Bayern 1 – Bayern 2 – Bayern 3 – Bayern 4
welches ist Ihr Lieblingssender? Welches Programm haben Sie am meisten eingeschaltet? Bayern 1 oder Bayern 3 ? Bei Bayern 4 werden Sie abwinken. Klassik – nicht gerade das Bier dieser Landschaft. Oder sind Ihnen die Sender egal? Kennen Sie die Unterschiede gar nicht? Hören Sie sowieso nur die Nachrichten zu den vollen Stunden. Oder läuft das (oder der) Radio halt den ganzen Tag, ohne daß man so richtig weiß, welcher Sender gerade „drauf" ist. Vielleicht haben Sie Stationstasten und tippen die Sender nach jeweiliger Lust und Laune schnell durch. Wo ist etwas zu hören, das mich gerade interessiert? Haben Sie lieber Text- oder lieber Musiksendungen?

Die Antworten auf diese Fragen sind vermutlich so groß wie das Angebot. Der eine wünscht Krach und der nächste Besinnlichkeit, die eine Hoagart und die andere Jazz, hier Mozart und dort Peter Alexander. „De gustibus...." „Über Geschmack kann man nicht streiten" sagten schon die alten Römer. (Ebenso richtig natürlich auch „Über den Geschmack kann man streiten" nur kommt beim einen wie beim anderen nichts dabei heraus)

Leider
kann ich nicht Gleiches bieten wie der Bayerische Rundfunk. Auch wenns immer wieder gefordert wird. Bezüglich der Gottesdienstgestaltung. Beispielsweise in Rohrbach so nach Art von Bayern 2, in Rohr dann vielleicht wie Bayern 1, in Fahlenbach dann im Stil von „Antenne Bayern", bei einer Hochzeit so ein bißchen im Sound von „B 3" und beim Requiem ernste Klassik à la Bayern 4. Einmal „Gotteslob" („aber bitte nicht zu oft!"), lieber schon einmal die „Waldler Messe", das nächstemal aber dann schon Mozarts „Missa brevis" mit Orgel, Chor und Orchester, bei den Kindern dann doch besser „Orff", zwischendurch mal lateinisch, „Ave Maria" zur Hochzeit, „Schubert Messe" fürs Gemüt, aber zwischendurch auch kräftig Gospel und Jazz.

Ja, so „einfach" ist das wieder einmal – mit den Wünschen und Ansprüchen.

Grundsätzlich
bin ich zu allem bereit. Vorausgesetzt es ist a) „Qualität" und b) es gibt hier Leute, die ihre Wünsche auch in Taten umsetzen können. Denn damit beginnt ja spätestens der Unterschied zum Radio: während man bei diesem Gerät nämlich nur auf den Knopf drücken braucht, müßte man bei den Gottesdiensten halt selber etwas einbringen.
Und wenns nur das wär, daß man ein „Gotteslob" in die Bank mitnimmt, die Lieder aufschlägt, kräftig mitsingt und ebenso freudig mitbetet. Herrlich wär das!

Denn – entschuldigen Sie bitte – der Bischof hat mich nicht als katholischen Alleinunterhalter (Entertainer) hierhergeschickt, auch nicht als Produzent gemütsfördernder Gottesdienste, sondern –
aber dies dürfen Sie sich nun selbst dazureimen.

„Aufrichtig leid“

tu ich einem aufmerksamen „Kirchenzettel“-Leser auf meine Gedanken zur Gottesdienstgestaltung. Sie erinnern sich: das letztemal wollte ich erzählen, daß ich als Veranstalter und Alleinunterhalter gemütsfördernder Gottesdienste schlecht in Konkurrenz zu B 1 – 4 treten kann. „Wie war das früher doch einfach: Am Sonntag ein schönes Amt in lateinischer Sprache und mit dem Kirchenchor – und heute!“ So meinte der Schreiber weiter.

Hier hab ich nun doch den Verdacht von reichlich Nostalgie und verbrämter Vergangenheit. Daß in Waal, wo früher der Pfarrsitz war, allsonntäglich ein lateinisches Amt gesungen worden sein soll, das kann ich mir nicht so recht vorstellen. Da muß der Schreiber schon im Umkreis bischöflicher Domtürme aufgewachsen sein, während auf dem „flachen Land“ die Pfarrer vermutlich schon immer sich mit einfacheren Möglichkeiten zufrieden geben mußten. Ja – 1.2.3. Singmesse nach dem alten „Laudate“ – und dies mehr oder weniger das ganze Jahr. Dazwischen dann vielleicht an Festtagen ein mühsames „Amt“. Viel mehr kann ich mir bei den hiesigen Verhältnissen nicht vorstellen. Aber dabei – und damit komm ich nun auf das, worauf ich eigentlich hinauswollte – dabei hats der Pfarrer früher nun allerdings unvergleichlich „schöner“ gehabt als der Pfarrer heute, der dem Schreiber mit Recht „aufrichtig leid“ tut:

Früher hat der Pfarrer mit dem Rücken zu seiner gläubigen Gemeinde ein unverständliches lateinisches Gemurmel vor sich hergleiert – und damit wars mit der „Gottesdienstgestaltung“ bei ihm auch schon geschehen. Außer beim Klingeln zur Wandlung hat mein Großvater vor 60 Jahren den Priester am Altar kaum zur Kenntnis genommen. (Auch bei der Predigt hat der Großvater einen gesunden Schlaf bewiesen). Und die Großmutter hat beim gesungenen Amt zu den Festtagen in der Dorfkirche bestenfalls festgestellt, „daß d'Huber Marie beim Agnus Dei mit ihrer Stimm wieder so gescheppert hat.“

Da mein ich nun schon (in aller Überheblichkeit), daß wir Heutigen dagegen unvergleichlich überzeugendere Gottesdienste feiern. Gottesdienst, die auch unvergleichlich mehr von einem Pfarrer abfordern. Und das nicht nur in der Gestaltung – meine Lieben! – sondern noch mehr im totalen Vis à vis von Überzeugung, Ehrlichkeit und Durchsichtigkeit in allen Handlungen und Gebeten!

Man denke hier nur an unsere kleinen Kirchen, wo man wirklich „von Angesicht zu Angesicht“ gegenübersteht. Hier zählt nur mehr das volle „Da-sein und Dabeisein“ eines Pfarrers – wie natürlich auch die bereite Aktivität der jeweiligen „Teil-nehmer“. Für beide Seiten eine Anforderung an Konzentration und Anspruch, die es früher in dieser Form nicht gegeben hat.
Abschließend: Danke fürs „Mitleid“ – noch lieber wärs mir, wenn Sie dies einmal in Ruhe bedenken würden.

„Aufrechte Gestalt
empfängt der Mensch nur im festlichen Umgang mit den Göttern!“

Schön – dieser Satz. Leider nicht von mir. Von Platon, dem griechischen Philosophen. „Aufrechte Gestalt empfängt der Mensch nur im festlichen Umgang mit den Göttern.“ Bezieht sich auch auf die beiden letzten Kirchenzettel: Gottesdienst, unser „festlicher Umgang mit Gott“ bei den Gottesdiensten heute, die Gestaltung der Liturgie, unsere An-Teil-Nahme dabei, unsere Aufgeschlossenheit, die Art unseres Mitmachens.

*

Vor einiger Zeit bin ich in einer Gesellschaft mit einem Münchner ins Gespräch gekommen. Üblicher leichter Schock für den Guten, wie ihm gesagt wurde, daß ich ein Pfarrer sei. Hat schon lange nichts mehr mit einem Pfarrer zu tun gehabt. Ein weltgewandter Mann – aber der Ratsch mit einem Pfarrer ist halt doch nicht gerade alltäglich. Hat sich dann auch so richtig „zusammengerissen“ – wie ich schnell gemerkt habe. Wie wir dann später – ein bißchen abseits vom Trubel der Gesellschaft – Gelegenheit zu einem recht persönlichen Gespräch gefunden hatten – da ist es dann „herausgekommen“.
Keine Beichte, nein, aber so ein bißchen mußte er halt dann doch einiges losbringen. Daß er natürlich schon lange in keiner Kirche mehr gewesen ist, Gottesdienst kaum mehr kennt. „Aber komisch“ so meinte er lächelnd, „loskommen tust auch nicht vom Katholischen. Ich glaube, das ist einfach der Stil den man in sich hat“ – so hat er sinnierend weitererzählt. „Man hat diesen Stil mit der Muttermilch eingenommen, zuhause in der Schule, sogar noch in der Pfarrei in München. Aber dann ist es halt immer weniger geworden. Doch der Haken sitzt im Fleisch. Das kann man nicht verleugnen“.

*

Solche Erfahrungen, besser solche „Ein-drücke“ lassen sich schlecht analysieren, lassen sich nur schwer rational begründen. Religion, Glaube gehören vermutlich doch ins Mark der Knochen, Katholisch gehört vermutlich doch auch zur Luft, die wir einatmen. Ein Gottesdienst in der Kindheit, eine Maiandacht, eine Christmette, der Pfarrer im Religionsunterricht, in der Kirche mit seinen Gewändern – das alles schafft „Stil“, wie der Münchner meinte. Schlechter Stil – guter Stil?.... Aber das liegt vermutlich dann doch wieder am Einzelnen, wie er über diese Eindrücke selber denkt, wie er darüber spricht, welche Freude er an einer Barockkirche hat, am Weihrauch und am Geläut der Glocken.

*

„Aufrechte Gestalt empfängt der Mensch nur im festlichen Umgang mit den Göttern“.

Toll, daß die alten Griechen so etwas schon gewußt und gesagt haben. Wie mies, mickrig, krumm und verkorkst ist doch oftmals unser Umgang heute mit Gott. Schade.

Blaise Pascal
ist ein ähnlicher Vertreter aus der Gilde weltberühmter Philosophen, wie dieser Grieche Platon vom letzten Kirchenzettel. Sie erinnern sich: „Aufrechte Gestalt ....“
Heute ist also ein Franzose dran, der ca. 2000 Jahre später gelebt hat. (1623 – 1662)

(Nebenbei – die Reaktionen meiner verehrten Leserschaft auf diese Typen ist herrlich: sie reicht von „so ein Schmarrn“ bis zu hochphilosophischen Leserbriefen. Damit bewahrheitet sich wieder einmal mehr der alte Satz, daß man es – bei der großartigen Bandbreite menschlicher Individuen – wirklich nicht allen recht machen kann. Wie dem auch sei, ich möchte mich heute wieder einmal herzlich für alle Zeichen des Interesses bedanken. Besonders natürlich für das Lobgedicht zum Kirchenzettel-Jubiläum Nr. 550. Wenn es nicht gar so übervoll von „Preis und Dank“ wär, hätte ich es gerne wiedergegeben. Aber so könnte ich es nur mit hochrotem Kopf in die Maschine tippen!)

Kehren wir zurück zu unserem Philosophen Blaise Pascal und zu einem Satz von ihm, den ich heute Ihrer gütigen Betrachtung vorlegen möchte. Er meinte einmal für seine Zeit, daß es deshalb so schlecht um den Menschen stehe, „weil keiner mehr allein in seinem Zimmer bleiben könne.“ Eine wahrlich komische Bemerkung und Begründung für schlechte Zeiten, „weil keiner mehr allein in seinem Zimmer bleiben könne“. Sollten unsere Zeiten vielleicht deshalb heute so gut sein, weil die Menschen nur mehr im Zimmer und vor ihren Fernsehapparaten bleiben? Weil sie dann außerhalb nichts Böses tun, die Nachbarn in Ruhe lassen und keine Kriege führen? Wenn der gute Blaise Pascal damals schon geahnt hätte, daß einmal Zeiten kommen, in denen ganz Deutschland vor den Fernsehzimmergeräten sitzt und sich nur mehr die Jecken aus Kölle ansieht, oder den Boris oder den FC Bayern? Was hätte dazu der gute Pascal wohl gesagt?

Sie müssen sich seine Zeit nämlich nur ein wenig vorstellen (wenn dies uns Heutigen überhaupt noch möglich ist): Kein Fernsehgerät in den schäbigen Hütten, kein Möbel Krügel im Raum, sondern nur primitivste Behausungen, kein Badezimmer mit WC, sondern nur..... Vielleicht erinnern Sie sich noch an die Zeichnung unseres Johann Andreas Schmeller aus dem Jahre 1800 über sein Elternhaus in Rinnberg. Womöglich kennen Sie auch den interessanten Roman von Süskind „Das Parfüm“, wo der Autor sehr drastisch die Wohn- und Lebensverhältnisse von Paris aus der Zeit Pascals schildert? Unvorstellbar. Und bei solchen Voraussetzungen fängt also dieser Philosoph zu jammern an, daß diese Zeiten deshalb so schlecht seien, „weil keiner mehr allein in seinem Zimmer bleiben könne“.
Könnten Sie es heute ohne Fernseher, Radio, Illustrierte, ohne Eiche rustical und Perserteppich allein – so ganz allein – in ihrem Zimmer aushalten?

In der Fastenzeit zum Beispiel. Auf alles um uns herum zu verzichten,
– um dem Geist in uns wieder Raum zu geben –.

Darauf wollte dieser Blaise Pascal nämlich hinaus (und ich natürlich auch).

Schülertreffen
können eine herrliche Sache sein – aber auch völlig danebengehen. Das bestätigen viele Leute, Begeisterte und Geschädigte. Die Einen sagen: ganz prima, daß wir uns wieder einmal getroffen haben – die Anderen meinen: mich haben sie das letztemal auf solch einem Treffen gesehen.
Persönlich neige ich mehr zu einer positiven Einschätzung – vorausgesetzt, man hält bei solch einem Treffen ein paar „Spielregeln" ein. Soweit wenigstens meine Erfahrung mit vielen Treffen ehemaliger Schüler aus Pfaffenhofen und Rohrbach wie auch bei Treffen meiner eigenen Mitschüler aus längst vergangenen Schulzeiten.

„Spielregeln"? – Wenn ich darüber so nachdenke, dann geht es hier nicht nur um ein paar Praktiken, um eine gut organisierte Vorbereitung oder um einen gut funktionierenden Ablauf. Dies ist eher eine Voraussetzung für ein gutes Gelingen. (In diesem Zusammenhang auch einmal an dieser Stelle ein herzliches Dankeschön den Organisatoren. Es steckt viel Zeitaufwand und beständige Geduld dahinter, um den „Haufen" überhaupt ausfindig zu mache, ihn zu verständigen und dann unter einen Hut zu bringen. Aber – wie gesagt – dies ist erst die Voraussetzung und der Rahmen). W i e das Ganze dann abläuft – ob es gezündet hat, ob es angekommen ist – das ist eine andere Sache. Denn daran wird dann das Unternehmen erst gemessen und gefragt: Hat solch ein Treffen überhaupt einen Sinn, was bringt es, hat man sich etwas zu sagen gehabt oder war das Ganze nur ein oberflächliches Geplätschere, ein mißtrauisches Abtasten, ein neidvolles Vergleichen? Sind lediglich „alte Gefühle" der Schulzeit wieder hochgespült worden oder hat man doch etwas von der „Reife des Lebens" an sich und beim Andern in diesen Gesprächen entdeckt?

Diese Frage nach dem „Sinn" ist vermutlich entscheidend. Aber diese „Sinnfrage" ist wohl für jede Begegnung entscheidend – nicht nur für Schülertreffen.

Begegnung von Menschen – wenn es über das bloß Geschäftliche hinausgehen soll – setzt Verstehen, oder zumindest die Bereitschaft zum Verstehen, voraus. Verstehen im Sinn von Hinhören-Können, von Eingehen auf den Anderen, von Interessiertsein für ihn und seine Welt. Und damit kommen wir wohl auf den Nerv des Ganzen:
Wieweit sind wir heute überhaupt noch fähig, noch bereit, auf den Anderen hinzuhören, auf seine Ansichten, seine Sorgen. Wieweit verfügen wir noch über die Selbstlosigkeit, auf das Denken und die Gefühle des Anderen einzugehen?

Es gibt doch überhaupt keinen Zweifel darüber – jedes Gespräch bestätigt dies aufs neue – daß wir heute weitgehend diese Fähigkeit und Bereitschaft verloren haben. Wir drehen uns vornehmlich im eigenen Kreis unserer Interessen, im kleinen Horizont der eigenen Welt und sind verfangen und verliebt in die eigene Wichtigkeit, sodaß wir schlichtweg den Anderen einfach nicht mehr „verstehen" können.
Das ist wahrlich eine Kunst – „den Anderen verstehen können".

Logik
ist ein bekanntes Fremdwort. Nach Duden meint man damit ein „folgerichtiges Denken". Logik ist aber auch eine philosophische Lehre vom Denken überhaupt. Hier wird dann nachgedacht über das, was wir „Begriff" oder Wort nennen, was unter „Urteil" und logischem Schluß zu verstehen ist. Vermutlich merken Sie bereits mit diesen wenigen Andeutungen, daß hier interessante Verhaltensweisen im Denken und Sprechen des Menschen aufgezeigt werden. Besonders rühmt (und beschimpft) man uns Westler und Europäer, daß wir durch das Christentum zu „logisch" in unserem ganzen Denken erzogen seien. Wir würden immer wieder von festen Begriffen ausgehen und hätten dadurch zu wenig Sinn für Phantasie und (unscharfe) Bilder.

Warum heute diese Einleitung? Ein interessanter Aufsatz in unserem „Pfaffenhofener Kurier" gab hier die Anregung. Verfaßt wurde dieser Aufsatz von einem Ch.A.Landsmann aus Tel Aviv mit der Überschrift: „Angriff Bagdads noch vor dem 15. Januar?"
Es heißt darin (v.8.1.91): „Wieder einmal wird im Westen .... mit eigener Logik und daher für nahöstliche Verhältnisse falsch gedacht".

Wir haben also im Westen unsere eigene Logik? Diese gilt offensichtlich nicht für die nahöstliche, islamisch-arabische Welt? Ist damit unsere Logik, unser logisches Denken falsch? Und was ist das Gegenteil von unserer Logik? Unlogik? Aber was ist damit gemeint? Es ist wohl eine Weise des Denkens und Reagierens angesprochen, die mit unseren Maßstäben nicht abschätzbar und nicht logisch durchsichtig sei. Emotional, sprunghaft, unberechenbar, leidenschaftlich sind daher hier wohl eher die Eigenschaften, die man dieser Verhaltensweise nachsagen könnte. Dazu eine Ichbezogenheit, ja ein Machtdenken und ein Fanatismus dieses orientalisch geprägten Menschen, der alle Berechenbarkeit nach unseren logischen Folgerungen unmöglich macht.

Die Antwort der Israelis auf diese arabischen Emotionen sind bekannt. Sie gehen knallhart davon aus, daß diesen Leuten nur mit Gewalt Vernunft und Respekt abgerungen werden kann.
Ob das die Lösung ist?

*

Glauben und Beten ist nach diesen philosophischen Voraussetzungen total „unlogisch". Glauben ist immer „unlogisch". Glauben geht weit über alle Berechenbarkeit hinaus. Gott läßt sich nicht logisch berechnen. Glauben ist totales Vertrauen auf Gott. Damit ist Logik um ein Unendliches überboten. Unter und zwischen Menschen ist Glaube allerdings ein brüchiges Gebilde. Hier ist Logik oftmals vorzuziehen.

„Das ist der Sieg, der die Welt überwindet: unser Glaube" schreibt Johannes in seinem Brief (1.Joh.5,4) Gottes Heiliger Geist braucht keine Logik und keinen Fanatismus.
Er braucht nur unseren demütigen Sinn.

Goethe
bekannt als deutscher Dichterfürst, muß schon ein seltener Knabe gewesen sein. Während Preußen, Oesterreicher, Russen sich mit dem Welteroberer Napoleon und seinen Franzosen in der berühmten Völkerschlacht bei Leipzig (1813) herumschlagen, schreibt dieser vornehme Herr von Goethe im nicht allzuweit entfernten Weimar Liebesgedichte. Als 64-Jähriger. Bei seiner letzten Sommerreise zum Rhein hatte er wieder einmal eine Dame seines Herzens kennengelernt. Marianne von Willemer. Sie war zwar erst 29 Jahre jung, was diesen alten Knaben jedoch überhaupt nicht gestört hat, neben Kanonendonner und Gemetzel im benachbarten Leipzig, für dieses Mädchen seine Suleika-Liebeslieder im „Westöstlichen Diwan“ zu schreiben.

Diese literarische Tatsache ist mir noch aus meiner Schulzeit bekannt. (Die Daten habe ich schnell aus Handbüchern zusammengesucht.) Unser Lehrer wollte uns damals in den Jahren nach 1939 sagen: „Buben – den alten liebestollen Knacker braucht ihr nicht nachzuahmen – aber seine Ruhe neben dem Kanonendonner ist bewundernswert!“
Diese Lehre unseres alten Professors war natürlich auch eine indirekte und gefähliche „Hetze und Wehrkraftzersetzung“ nach den Vorstellungen der braunen Welteroberer. Wir haben es wohl verstanden, was dieser mutige Mann uns sagen wollte. Im Krieg und bis in die Gegenwart habe ich es nie vergessen. Und immer wieder hat es geholfen.

Letztlich geht es hier um die DISTANZ. Um das „Sich-nicht-verrückt-machen-lassen“.
Sicher – man kann vorwerfen, daß man nicht bereit sei „mit-zu-leiden“.
Aber Vorsicht! Auch Mitleid kann manipuliert und dirigiert werden. Für die eine oder für die andere Seite. Wer die bessere Werbe- und Propagandamaschine hat, bringt das Publikum hinter sich. Der Mißbrauch der Gefühle ist unbegrenzt.

*

Wie wärs, wenn wir nur e i n m a l am Tage Nachrichten ansehen oder hören würden, nur e i n e n Artikel in der Tageszeitung über das gegenwärtige Kriegsgeschehen lesen würden? Statt dessen brauchen wir dann nicht unbedingt Liebesgedichte schreiben oder Faschingsschlager absingen. Distanz und Gelassenheit wären wohl vertretbare Tugenden, wie wir den derzeitigen propagandistischen Raketendonner am Golf zur Kenntnis nehmen sollten. Und mit einer ganz persönlichen Trauer, weil das Böse in der Welt allenthalben noch so wirksam ist.

Ansonsten: Gehen wir unserer Arbeit nach, freuen wir uns an unserem ruhigen kleinen Alltag, freuen wir uns an ein bißchen Liebe und meiden wir statt dessen den Haß.
„Geh, leg dich schlafen“ hat Eli am letzten Sonntag in der Lesung zum jungen Samuel gesagt, „aber wenn der Herr dich wieder ruft, dann antworte!“

Dehio

ist für mich ein Zauberwort. Noch nie gehört? Seit 90 Jahren ist dies für viele Leute ein Zauberwort. Georg Dehio „Handbuch der deutschen Kunstdenkmäler." Dieser Georg Dehio war ein berühmter Kunstgeschichtler und hat um 1900 den ersten Band seiner Reihe „Handbuch der dt. Kunstgeschichte" herausgebracht. Ganz Deutschland mit seinen Kunstdenkmälern hat er im Laufe der Jahre mit diesen Handbüchern erfaßt, und immer wieder sind neue Auflagen erschienen. Bis dann im letzten Krieg viele dieser Monumente zerstört wurden und damit seine Handbücher vielfach nur mehr Erinnerungswert hatten. Langsam wurde dann nach dem Krieg der aktuelle Bestand wertvoller Bauten wieder erfaßt und jetzt – in diesen Tagen – ist der Band IV „Oberbayern" erschienen. Ein Ereignis, das nach einem Bericht der SZ in München groß gefeiert wurde. Seit einigen Tagen liegt der neue Band auf meinem Schreibtisch und ich bin einfach glücklich mit diesem Neuerwerb.
70,– DM kostet er zwar, aber vom Vergnügen, das ich mir damit erworben habe, wird dieser Preis leicht aufgewogen.

Nun sollen Sie nicht sagen, daß dies halt wieder so eine Marotte von mir ist, typisch Pfarrer. Ich könnte Ihnen nämlich etliche Leute nennen, denen ich dieses Buch schon in die Hand gedrückt habe und die dann aus dem Staunen nicht mehr herausgekommen sind. Warum? Weil in diesem Buch Schönheiten aufgeführt sind, an denen man womöglich seit Jahren vorbeigefahren ist, ohne daß man von diesen verborgenen Kostbarkeiten wußte. Zum Beispiel gleich in unserer Rohrbacher Heimatgemeinde.

Hier kommt nämlich jetzt der besondere Reiz für uns Rohrbacher: Wie ich vor circa zwei Jahren mit neugierigem Blick gemerkt habe, daß ein Fachmann des Landesamtes für Denkmalpflege sich in unserer Gegend herumtreibt, um für dieses langersehnte Buch die Bestandsaufnahme vorzunehmen, da habe ich ihn nicht mehr losgelassen bis er mir sämtliche Kirchen unserer Rohrbacher Großgemeinde besucht und gebührend festgehalten hat. Das Ergebmis: In diesem neuen Band „Oberbayern" können Sie alle unsere Kirchen aufgezeichnet und auf einer Karte dargestellt finden.
Ist das nicht herrlich!

Wir wärs – nachdem wir Urlaub immer lieber in heimischen Landen machen – wenn Sie vor der nächsten Ferienbummelei oder beim nächsten Tagesausflug durch unsere Heimat zuerst einmal nachsehen würden, was in eben dieser unserer reichen oberbayerischen Heimat alles im DEHIO zu finden ist. Keine Fahrt mehr, ohne Dehio im Handschuhfach! Und wenn Sie dann womöglich noch mehr erfahren wollen über meine Reise-Spezialitäten, dann sollen Sie gerne auch wissen, daß neben dem Dehio natürlich inmmer auch der rote MICHELIN in meinem Handschuhfach liegt. Aber was dies nun wieder ist, verrate ich mit diesen Zeilen nicht. Kenner grinsen schon lange und sagen diesmal zurecht: typisch!

Habemus Papam

„wir haben einen Papst“ wird in Rom freudig verkündet, wenn sie einen neuen Papst haben. Für Rohrbach muß es heute heißen: „WIR HABEN WIEDER EINEN PFARRER!“ Allen Bewohnern des Rohrbacher Erdkreises sei hiermit diese frohe Kunde angesagt, was in schlichten Zeilen des Bischöflichen Ordinariats Augsburg mitgeteilt wurde: Wir bringen hiermit zur Kenntnis, daß wir den Hochwürdigen Herrn Bruno K o p p i t z, Augsburg als hauptamtlichen Pfarradministrator der Pfarrei „Verklärung Christi“ mit Wirkung von 01.09.1991 angewiesen haben“. In zwei weiteren Anweisungen hat die oberhirtliche Behörde den gleichen Hw. Herrn dann auch noch als nebenamtlichen Pfarradministrator für Rohr und Fahlenbach angewiesen. Damit haben alle Fragen, Sorgen und Gerüchte ein Ende: Ab 1. September haben die Rohrbacher wieder einen neuen – und was vielen besonders wichtig ist – einen jungen Pfarrer. Weiteres kann ich Ihnen (ob er auch schön ist) leider nicht sagen, da ich ihn persönlich nicht kenne. Lediglich in unserem „Pfarrerbuch“ (Schematismus) habe ich gefunden, daß der neue Herr 1962 (!) in Memmingen geboren sei, 1988 zum Priester geweiht wurde (er würde also dann sein 40jähriges Priesterjubiläum – in Rohrbach? – im Jahre 2028 feiern!). Derzeit ist er, heißt es weiter in diesem Buch, als Stadtkaplan in Augsburg, St. Ulrich tätig. Vielleicht kennen ihn einige in unserer Pfarrei. Es ist mir nämlich von verschiedenen aufmerksamen Beobachtern verraten worden, daß sich am vergangenen Sonntag „ein älterer und jüngerer Pfarrer“ sehr interessiert in unseren Kirchen „herumgetrieben“ hätten. Vielleicht was es sein bisheriger Chef mit seinem „Lehrling“, den er behutsam in seine neue Welt einführen wollte. Ich weiß es nicht.
Zwei Dinge, die mit diesen spärlichen Kenntnissen sicher sind, freuen mich allerdings ganz besonders. Das ist 1., daß die Holledauer wieder einen Schwaben ertragen müssen und von diesem sympathischen Volksstamm weiterhin „missioniert“ werden und 2., daß dieser neuerliche Schwabe zudem wieder „Bruno“ heißt. Damit ist es bei den Rohrbacher Pfarrern ähnlich wie bei Kaiser und Königen: man kann jetzt von einem „Bruno I.“ und einem „Bruno II.“ sprechen. Praktisch.
Zu Ihrer weiteren Information: Was bedeutet „Anweisung“? Damit ist gemeint, daß sich Bruno II. (wie schon Bruno I.) nicht um diese Pfarrei beworben hat, sondern durch den Bischof hierher „angewiesen“ wurde. Ob für ihn dies eine Strafe oder eine Beförderung ist, kann ich nicht beurteilen. Ich kann allerdings jedem gratulieren, der in Rohrbach Pfarrer wird! – Zum anderen: Was bedeutet „Haupt- bzw. nebenamtlicher Pfarradministrator“? Damit ist gemeint, daß Ihr neuer Herr sein Pfarrexamen zur selbständigen Leitung einer Pfarrei noch nicht abgelegt hat. Kann er auch nicht, weil er noch zu wenig Priesterjahre hat. Daher, meine Lieben, bitte ich heute schon um schonendste Behandlung! Zeigen Sie bitte, daß Sie diesbezüglich bei mir eine gute Erziehung genossen haben! Damit für heute: Ende dieses heißen Themas.
NÄCHSTER PUNKT. Herzlichen Dank für den Gottesdienst und für alle Bemühungen zu meinem Jubiläum an Pfingsten. Ich durfte liebe Worte hören, habe sehr schöne Briefe erhalten und bin reichlich beschenkt worden. Verstehen und verzeihen Sie bitte, wenn ich nicht jede Aufmerksamkeit mit persönlichem Dank erwidere.
NÄCHSTER PUNKT. Neuverpachtung der Kirchengrundstücke. Interessierte Landwirte bitte herhören: Am Mittwoch den 5. Juni ist vormittags 9 Uhr beim Wirt in Waal die Neuverpachtung der Grundstücke von Rohrbach, Waal und Ossenzhausen und um 11 Uhr die Verpachtung der Grundstücke in der Gemarkung Rohr und Gambach.
LETZTER PUNKT. Erfordert vermutlich Extrablatt des Kirchenanzeigers: Flohmarkt zu unserem großen Fest für die alte Kirche am 22. und 23. Juni. Sie hören also demnächst weiteres dazu.

„Weggehen
ist immer ein bißchen Sterben" sagen die Franzosen in einem Sprichwort.
Mit leichter Überraschung habe ich festgestellt, daß dies wohl mein letzter „ROHRBACHER KIRCHENZETTEL" sein wird. Auf der Vorderseite geht die Gottesdienstordnung bis Ende August und am 1. September ist bekanntlich „der Nächste dran".
Lassen wir uns überraschen, machen wir nichts „endgültig", lassen wir die Dinge „offen". Feierliche Abschlüsse lieb ich nicht. Jedenfalls werden Sie jetzt auf diesen Zeilen keine dramatischen Abschiedsworte finden.

Dafür paßt schon die ganze Umgebung nicht: Krach der Handwerker im Pfarrhaus, Verhau und Einschränkungen wo ich nur hinschaue – und da dann dramatische Abschiedsworte – nein – das geht wirklich nicht. Dazu bräuchte man Muße und Stille, Ruhe und tiefe Gedanken, noch tiefere Rückblicke und ebensolche Einblicke. Fehlanzeige.

Macht nichts!
die ganze Woche mußte ich immer wieder daran erinnert werden, daß dies nun doch „das letztemal" gewesen sei: die letzte Schulstunde meines Lebens, der letzte Gottesdienst mit den Kindern, demnächst die letzte Hochzeit, die letzten Kirchenpatrozinien, die letzte Wallfahrt nach Lohwinden und St. Kastl – und was sonst noch alles „das letztemal" sein wird.

*

Im Krieg hatt ich einen guten Freund, den ich von Zeit zu Zeit immer wieder einmal getroffen habe. Nie haben wir uns nach diesen überraschenden und kurzen Begegnungen verabschiedet – aus Prinzip nicht – weil wir davon ausgegangen sind, daß wir uns schon wieder einmal treffen werden. Das Kriegsende hat uns dann völlig auseinandergewirbelt – und 1949 haben wir uns zufällig wieder getroffen. In der Schweiz. Er war in einem Sanatorium, ich war 50 Kilometer weiter in einem Sanatorium. Wir konnten uns treffen und beim Auseinandergehen haben wir uns wieder nicht sonderlich verabschiedet. Er lebt heute im Ruhrgebiet, ich in Bayern. Immer wieder haben wir uns einmal getroffen – aber nie sonderlich verabschiedet. Das Leben ist ein Fluß. Verwurzelte Bäume am Ufer sehen nur den Strom. Dieser jedoch fließt weiter und kommt durch viele Länder, begegnet vielen Menschen.

*

Am Sonntag den 22. September, da machen wir es dann ein wenig dramatischer.
Das soll der Alte verabschiedet und der Neue eingeführt werden. Bei einem festlichen Gottesdienst mit Pauken und Trompeten. Darauf freu ich mich heute schon.
Und was machen wir dann nach diesem Gottesdienst? Sie sehen – ich komm zu keinem Ende!

Ein Fest
soll es werden, dieser Wechsel im Amt des Rohrbacher Oberhirten.
Und zwar ein Fest für die ganze große Gemeinde – von Buchersried bis Rinnberg und von Gambach bis Ossenzhausen. Alle sind herzlich eingeladen und willkommen zu diesem Tag des Abschieds und des Empfangs am Sonntag, den 22. September 1991.

Ein Fest ohne Kirchenzug und falsche Jubeltöne, ohne frommes Getue und verdächtige Lobhudeleien. Beide Pfarrer, der junge und der alte, fühlen sich nicht in der Rolle bekränzter Festochsen, kriegen Gänsehaut und steife Haare bei zu viel Lob – haben aber Spaß und Freude, wenn sie mit der ganzen Gemeinde diesen Tag feiern können:
Mit einem festlich schönen Gottesdienst um 10 Uhr bei dem der eine verabschiedet und der andere herzlich wilkommen geheißen werden soll und bei dem wir alle Grund zu Dank und Bitte vor Gott haben sollten.
Anschließend – wie kann es anders sein in Bayern – treffen wir uns dann in den Zelten auf der Wiese vor unserer neuen Kirche, freuen uns übers Beisammensein und lassen es uns schmecken, was Wirt und Bräu zu bieten haben.

Wir werden Festgäste in unserer Mitte haben, doch letztlich soll es ein Fest der ganzen Gemeinde sein, Alte und Junge, Familien und Alleinstehende, alle sind herzlich eingeladen und willkommen.

Fürs „Drumherum“ haben wir uns auch wieder einiges einfallen lassen. Flohmarkt und Tombola, Musik und Kinderspiele, alles soll sich wieder lustig und fröhlich abspielen. Porträtisten und Nobelkarossen, Losverkäufer und christliche Flohmarkthändler, Käufer und Schacherer – jeder ist herzlich willkommen, der sonst noch etwas zur Unterhaltung zu bieten hat. Lassen Sie es nur rechtzeitig Peter Klein wissen (Tel. 8515), der die Organisation des Tages übernommen hat. Über Flohmarktware aus Ihrem Besitz freuen sich die Mesnerinnen.

Seele und Leib machen den ganzen Menschen aus, den ganzen Christen. Wird ein Teil überbewertet, liegt der Mensch falsch und kriegt Beschwerden.
Wir Pfarrer freuen uns, wenn wir mit einer frohen Gemeinde Gott ehren und danken dürfen. Wir freuen uns aber auch, wenns Bier schäumt und der Braten schmeckt.
Danken wir Gott, daß wir überhaupt so feiern dürfen. Also dann – am 22.9. auf Wiedersehn!

Ihre Pfarrer
Bruno Fess und Bruno Koppitz

Votivbild der Rohrbacher zu ihrem 300jährigen Wallfahrtsjubiläum nach Lohwinden. Tafelbild in Öl, Acryl und Blei von Prof. Gerd Dengler, Fahlenbach (1983)

Ansprache zum Abschiedsgottesdienst in Rohrbach am Sonntag, den 22. September 1991

Was ich in 35 Jahren vor meiner Rohrbacher Gemeinde noch nie getan habe – erlaube ich mir heute bei diesem letzten offiziellen Auftritt: nämlich eine selbstgefertigte Ansprache abzulesen.

Ich war immer bemüht, nach vorausgegangenen Überlegungen und spontanem Engagement das vorzutragen, was mich mit den Texten von Liturgie und Gottes Wort berührt hat.
Dazu habe ich – Gott sei's gedankt – kein Manuskript gebraucht.

Heute brauch ich eines. Nicht weil ich nicht wüsste, was ich sonst frei zu sagen hätte. Auch nicht deshalb, weil die Worte besonders gesetzt und gewählt sein sollen. Nein – ich brauche das Manuskript nur des Abstandes wegen:
Um zwischen Herz und Wort etwas einzuschalten, was dann vielleicht ein bisschen gefühlsmäßige Distanz bringt. Das Manuskript als „intervenierender Faktor", als Filter, wie die Psychologen sagen.

An Pfingsten – zu meinem 40-jährigen Priesterjubiläum – sind alle Sicherungen und Filter meines Gefühlsstromes durchgebrannt. Das Gefühl hat mich übermannt und so ist das Ganze fast in eine paulinische Glossolalie ausgeartet: Ein Stammeln zwischen unterdrücktem Schluchzen und unverständlichen Sätzen.

Zwar hat mir einige Tage später eine Frau gestanden, ihr wäre dieser Gefühlsbereich in meiner Seelenlandschaft völlig unbekannt gewesen. Und sie müsse gestehen, dass

Der Auferstandene

diese Ausbrüche mich in ihren Augen um einiges sympathischer gemacht hätten. Aber bitte – welcher Mann und welcher Prediger sucht ausgerechnet mit solch gearteten Ausbrüchen Sympathien bei der Menschheit. Schließlich bin ich ja kein amerikanischer Fernsehprediger.

Damit wären wir – auch wenn Sie vielleicht über die bisherige Einleitung verwundert sind – beim Thema.
An Pfingsten – wie gesagt – habe ich mein 40-jähriges Priesterjubiläum mit Ihnen gefeiert – heute scheide ich nach 35-jähriger seelsorglicher Tätigkeit in Rohrbach aus dem Amt eines Pfarrers.
Priester-sein und Pfarrer-sein, zwei ganz verschiedene Eigenschaften in einer Person. Sie machen wohl unsere Existenz aus.

Priester-Sein
Das hat der Papst mit dem letzten Missionar im brasilianischen Urwald gemeinsam. Priesterliche Existenz – die muss ein

Altarkreuz – Der Gekreuzigte

Bischof ebenso leben und bewältigen, wie der letzte Kaplan in seiner Diözese.
Priester-sein, das ist Freiheit u n d Bindung, ein Spannungsverhältnis von oftmals zermürbendem Gegenüber. Es ist die Freiheit, zu leben und zu bezeugen, wozu uns Jesus Christus freigemacht hat. Eine Freiheit, die Mündigkeit voraussetzt – und Bindung anerkennt.
Bindung – nicht an einen einseitigen Zentralismus und nicht Unterwerfung mit Eid und Schwur vor kirchlichen Verwaltungsinstanzen, sondern Bindung, verstanden als Sehnsucht nach Einheit und Zusammenhalt, nach Solidarität, Liebe und Respekt. Letztlich die Bindung an Gott.

Zu dieser priesterlichen Existenz in Freiheit und Bindung kommt dann das

Dienstamt des Pfarrers.

Hier hat der Papst in Rom das höchste Dienstamt in der Weltkirche zu verwalten. Servus servorem – Diener aller Diener, nennt er sich. Ein furchtbares Amt. Niemand entlässt ihn aus dieser Verantwortung vor Gott und den Menschen.

Aber ebenso hat auch der Pfarrer von Rohrbach dieses Amt zu bewältigen. Auch ihn wird die Verantwortung vor Gott und seiner Gemeinde täglich bedrängen und belasten.
Pfarrer und Pfarramt – das ist kein Filialleiter im Supermarkt der Diözese, kein Manager und kein kleinkarierter Roboter innerhalb künstlich aufgebauter Strukturen.
Pfarrer-sein, hier geht es um Gottes Sache unter den Menschen. Ein Alltag im Dienst der Menschen, den er selbst als gestandenes Mannsbild anpacken und mit ansteckender Freude bewältigen soll.

Trotz des gegebenen Anlasses möchte ich beides nun nicht dramatisieren. Wir kämen sonst in die bekannte Gefahr eines fragwürdigen Hochjubelns, was leider bei solchen Anlässen gerne mit unserem Stand passiert.

Bedenken wir lieber noch einmal den bekannten Satz aus dem Petrusbrief (1 Ptr. 2, 9) wenn es heißt: „ Ihr aber seid ein auserwähltes Geschlecht, eine königliche Priesterschaft". Wohlgemerkt, diesen Satz schreibt Petrus nicht an irgendwelche Priester. Er meint damit die ganze angeschriebene Gemeinde. Alle werden von ihm als auserwähltes Geschlecht, als Priesterschaft bezeichnet.
Sie alle, die Sie heute in dieser Kirche, bei diesem Gottesdienst versammelt sind, sind königliche Priesterschaft, alle Menschen die sich zu Gott und seinem Sohn Jesus Christus bekennen. Eine Mutter ist Priesterin, die

ihren Kindern erste Erkenntnisse über Gott vermittelt und der Mann am Arbeitsplatz, der heute seinen Glauben nicht verleugnet und versteckt, gehört nach Petrus zu dieser königlichen Priesterschaft. Das hat nichts mit frommer Aufdringlichkeit und sektiererischem Getue zu tun, sondern nur mit unserem ehrlichen Glauben vor Gott und der Welt.

Das Amt gebe ich nun auf. Ein Jüngerer wird es weiterführen. Ich danke Gott für dieses Amt in Eurer Mitte und wünsche dem Jüngeren Gottes Heiligen Geist. Ich danke allen, die mich in diesem Amt angenommen haben. Wem es schwergefallen ist, den bitte ich im Hinblick auf meine Unzulänglichkeiten und Fehler um Nachsicht.
Unsere Pfarrkirche trägt den Titel „Verklärung Christi auf dem Berge“ Dieser Christus ist das Ziel unseres Glaubens, unseres Weges.

Amen

IV. Teil

DAS LEBEN EIN TRAUM

1991 – 2001

„Das Leben ein Traum" soll der letzte Teil dieses Buches überschrieben sein.

Caldéron de la Barca hat 1636 einem seiner Dramen diesen Titel gegeben. Der Held dieses Schauspiels findet sich paradoxerweise erst dann in der Welt zurecht, als er entdeckt, dass alles, was ihm an Macht und Ruhm zufällt, ihm gar nicht gehört. Dass er ein Wanderer, ein homo viator ist und gar nichts weiter. Die ewigen Werte und der Flitter des Alltags drängen sich ihm in dramatischer Zusammenschau auf. „Er ist der Dichter des festlichen Augenblicks und des ewigen Beharrens, der Sänger der Vergänglichkeit und der zeitlosen Dauer". (Karl Vossler).

Oder wie es die Holledauer auf einen herrlich kurzen Nenner bringen „Geh weiter – bleib da."

Meine letzte „bauliche" Tätigkeit war die Besorgung und die Aufstellung eines Priestergrabes im Rohrbacher Friedhof. Nach langem Suchen fand ich dafür den Bildhauer Johannes Kreuz, der vor vierzig Jahren schon große Teile der bildhauerischen Einrichtung unserer Kirche, insbesondere im Altarbereich, geschaffen hatte. Ein schwerer dunkler Basaltstein in der Form eines Berges ist in einem oberen und einem unteren Durchbruch ausgehöhlt. Darin oben ein einzelner Quarzstein und unten deren drei. Ein Symbol für das Ereignis auf dem Berg: Christus in seiner verklärten Herrlichkeit und unter ihm die drei Apostel Petrus, Jakobus und Johannes. Als Inschrift wählte ich die Stelle aus dem Korintherbrief (1. Ko. 13,12) „Jetzt schauen wir in einen Spiegel und sehen nur rätselhafte Umrisse, dann aber schauen wir von Angesicht zu Angesicht."

1990 – im Laufe dieses Jahres wurde mir klar, dass ich im kommenden Jahr 1991 meine Tätigkeit als Pfarrer in Rohrbach beenden werde und als Pfarrer im Ruhestand meine Eigentumswohnung in Pfaffenhofen beziehen möchte. 1982 konnte ich diese Neubauwohnung erwerben, hatte sie über Jahre hinweg vermietet und wollte sie nun eben selbst beziehen. Meine Absicht bei dem Erwerb war die Überlegung, dass ich damit außerhalb meiner bisherigen Pfarrei wohne und in eine mir von früher vertraute Umgebung zurückkehren konnte. Als Kleinstadt bietet Pfaffenhofen alles für das Alter Wünschenswerte. Die Wohnung liegt an der Ilm in einer ruhigen Umgebung und in angenehmem Abstand zu einer Wohnsiedlung. In 5 Minuten komme ich über einen Steg zum schönen Marktplatz, in 10 Minuten zum Bahnhof und nach 5 Kilometer bin ich aus der privateigenen Tiefgarage auf der Autobahn Richtung München oder Ingolstadt.
Die eigentlichen Gründe meiner Resignation liegen natürlich tiefer: Das war zum einen meine angeschlagene Gesundheit. Herz und Kreislauf funktionierten einfach nicht mehr leistungsfähig. (Meine Eltern sind beide an Herzversagen verstorben: Mein Vater mit 63 Jahren an einem Infarkt und meine Mutter mit einer über Jahre sich hinziehenden Herzmuskelschwäche.)
Und zum anderen war es mein festes Gefühl, dass 35 Jahre Rohrbach reichen.

Insgesamt war ich damit 40 Jahre „amtlich“ für die Kirche Gottes tätig. Wenn ich dann noch die vorausgegangenen Jahre mit Krieg und Gefangenschaft dazuzähle, dann kann mir niemand mehr Vorhaltungen machen, ich hätte mich mit 68 Jahren zu früh aus der aktiven und engagierten Tätigkeit gedrückt. Ganz abgesehen davon – und das ist aus den vorausgehenden Seiten hoffentlich

Die neue Nachbarschaft

deutlich geworden – sah ich mein Christ- und Priestersein nie nur als beamteter Pfarrer, sondern doch in umfassenderem Sinn als einer, der wie und wo auch immer gerne und mit offenem Sinn die Sache Gottes unter den Menschen vertreten möchte.
Dies konnte ich, wenn ich heute überrascht auf weitere 10 Jahre meines Lebens zurückblicke, wahrlich in vielfältiger Weise tun. Nicht nur, indem ich überall aushelfe, wo seelsorgliche Not es erforderlich macht, sondern auch in vielen „sehr menschlichen“ Begegnungen und Kontakten, für die ich als aktiver Pfarrer weder die Zeit und vermutlich auch gar nicht die Möglichkeit gehabt hätte. Persönlich habe ich in diesen Jahren als „Zivilist“ in einer Wohnsiedlung, in der sie wohl wissen, dass ich katholischer Geistlicher bin, über das Denken und Fühlen der Menschen einiges dazugelernt, was ich in den Jahren meiner amtlichen Tätigkeit auf diese konkrete und nahe Weise nicht erlebt habe.

Und dann die Aushilfen bei Gottesdienst, Hochzeiten und Beerdigungen in Dörfern zwischen Ingolstadt, Neuburg und Schrobenhausen – das wäre ein Kapitel für sich mit vielen neuen Erfahrungen! Hier mag es stimmen, was unser Augsburger Bischof vor einiger Zeit einmal in anderem Zusammenhang beklagt hat: Dass wir Pfarrer viel zu wenig über den „eigenen Tellerrand“ hinausschauen würden. In der Tat, ich war offensichtlich so sehr mit meinen eigenen Pflichten in Rohrbach in Anspruch genommen, dass ich nur sehr spärlich mitbekam, was sonst in den Dörfern und Pfarreien rundherum sich so alles an „seelsorglichem Wirken“ abspielte. Eine Ignoranz und Naivität von mir, worüber mein 40 Jahre jüngerer Rohrbacher Nachfolger in seiner weitaus größeren „Erfahrung“ über die Kollegenschaft nur immer wieder lachen und sich wundern kann.

Der Anlauf in den Ruhestand war dann doch in manchem zweitens anders als man es sich erstens vorgestellt hatte. Eine Operation war nicht mehr zu umgehen. So landete ich bei einem chirurgischen Experten in einer Münchner Klinik, die von evangelischen Schwestern geleitet wird. Auf der Station war schnell bekannt, dass ich „ein Stiefbruder aus dem anderen Lager bin“, was immer wieder einmal nette Gespräche auslöste, in denen man sich gegenseitig auf den Arm nahm. So meinte die Oberschwester eines Tages mich mit dem Zölibat anspitzen zu müssen. Worauf ich ihr mit völlig unschuldigem Gesicht erklärte, dass sie an der Pflicht zum Zölibat „die Weisheit der katholischen Kirche erkennen könne, die sie ihren Pfarrern angedeihen lasse“. Dieser Hammer, so mild ich ihn auch einsetzte, brachte sie doch zur Explosion, worauf sie mir recht energisch und spontan erklärte: „Hättens

Musizieren. Vergnügen im Ruhestand

geheiratet, dann wär aus ihnen wenigstens was Gscheites geworden“. Ich musste über diese Reaktion hellauf lachen, während sie sich offenbar doch mit dem Gefühl zurückzog, dass sie hier ein wenig zu weit gegangen war. Am nächsten Tag kam sie mit dem Herrn Professor zur Visite. Als erstes erklärte ich ihm, dass ich mich offiziell über seine Oberschwester beklagen möchte. Ein leicht entsetzter Blickaustausch zwischen Professor und Oberschwester – die mich allerdings unteressen bereits so weit kannte, dass dahinter doch wieder nur ein Blödsinn steckt. Ich erklärte dann dem Herrn Professor den Wortwechsel vom Vortag. Seine Reaktion: „Gar nicht schlecht, die Weisheit der katholischen Kirche als Grund für ihre Zölibatsvorschrift anzuführen. Habe ich in dieser Begründung zwar noch nie gehört, leuchtet mir jedoch als Verheirateter recht gut ein.“
Zwei Tage später, – ich war den 12. Tag in der Klinik, – erklärte der Herr Professor völlig überraschend zu meinem eigenen und noch mehr zum Erstaunen der Oberschwester, dass ich heimgehen könne. Auf ihre Gegenfrage „Es ist aber doch erst der 12. Tag!“ (die übliche Verweildauer bei dieser Operation sind 18 – 20 Tage) meinte der hohe Herr: „Das weiß ich schon, aber Sie können heimgehen“ – ohne jegliche weitere Erklärung oder Begründung, (was ich in einer totalen Überraschung leider zu fragen vergessen habe und was mich bis zum heutigen Tag interessieren würde.) Diese vorzeitige Entlassung war das Gespräch auf der ganzen Station und die Oberschwester hat bei der Verabschiedung noch mal ihr Verwundern geäußert. Hier konnte ich es mir dann natürlich nicht verkneifen, zum fröhlichen Abschied eines draufzugeben:
„Ja mei“, meinte ich zu ihr, „der Herr Professor weiß halt, dass ich in ein Zuhause komme, wo völlige Ruhe und eine ungestörte Genesung möglich ist.“ „Verschwinden Sie!“ hat sie daraufhin lachend gemeint.

Diese kleine Geschichte soll nun nicht so verstanden werden, als ob ich damit meine ganzen Reflexionen über den Zölibat eingebracht hätte. Auf der anderen Seite habe ich überhaupt nicht die Absicht, mich auf eine Diskussion über diese in Fernsehen und Bildzeitung ausgebreiteten Kalauer einzulassen. Diese Medien können sich immer wieder so widerlich wichtig über dieses publikumswirksame Thema auslassen, dass ich einfach nicht mehr bereit bin, mich hier verteidigend zu äußern.

Der Zölibat ist für mich eine mögliche und für meinen Beruf als Priester in der Welt richtige Lebensform. Meine Mutter hat über Wochen hinweg einmal heimlich ein Tagebuch über meine täglichen Pflichten, Tätigkeiten, Aufgaben und Anforderungen geführt. Sie hat mir diese Aufzeichnungen später vorgelegt und dazu nur gemeint: So ein Leben, so ein Tageslauf ist für eine Ehe und für eine Familie unmöglich. Wobei ich meine, dass es bei diesem Thema nicht nur über den Ablauf eines Arbeitstages geht, sondern um einiges mehr:
Näherhin um die sinnhafte Einstellung zu den eigentlichen Inhalten dieses Berufes überhaupt.
Aber bitte – darüber zu diskutieren bin ich nicht bereit, weil es hier um persönliche Entscheidungen geht, die viele nicht begreifen und deshalb nicht auf dem offenen Markt ausgetragen werden können.

„Kompass“ Pfarrbrief des Katholischen Pfarramtes Pfaffenhofen.
Oktober 1991

Vorstellen
soll ich mich – meint Pfarrer Keller. Als zugezogener „Pfarrer im Ruhestand.“ – Was gibt es da zu lachen? Schließlich bin ich unterdessen 68 Jahre. Und die ich als junger Pfaffenhofener Stadtkaplan getauft habe, sind unterdessen ja auch schon 35 – 40 Jahre. Und die ich auf die Erstkommunion vorbereiten durfte gehen unterdessen schon auf die Fünfzig zu! Ha ha! Ganz zu schweigen von den damaligen Mittel- und Berufschüler/innen. (Was waren das damals nette Mädchen!)

Dr. Eisenmann bei einem Jubiläum (1976)

Also – was gibt es hier zu lachen, wenn Sie sich den ehemals so jungen und ...... Stadtkaplan nun als Pensionisten vorzustellen haben, der auf die Siebzig zugeht? Jung sind wir alle nicht mehr, die wir uns damals begegnet sind. Ob wir noch das andere sind, soll jeder im Spiegel nachsehen. (Früher war ich einmal – nach Dr. Eisenmann – der zweitschönste des Jahrgangs 23 im Landkreis. So ist wenigstens von Kennern der Szene behauptet worden).

Wie wird man alt, wie wird man geistlicher Austragler? Ganz einfach. Nachdem ich von 1952 – 1956 Kaplan in Pfaffenhofen war, hat mich der Bischof nach Rohrbach geschickt. Und da hat es mir halt dann so gut gefallen, dass ich 35 Jahre an diesem Ort geblieben bin. Bis es mir jetzt gereicht hat – den Rohrbachern vielleicht auch – so dass ich halt jetzt wieder zu meiner „alten Liebe“ zurückgekehrt bin.

Abschließend: Wenn ich heute durch Pfaffenhofens Plätze, Straßen und Gassen gehe, lebe ich in einer ständigen inneren Zerrissenheit. Grund? Ich weiß nicht , ob ich diese ca. 40-jährige Dame grüßen muss, die mir da entgegenkommt. Sie weiß nämlich von ihrer Mutter, dass ich sie getauft habe. Sie hat sich seitdem stark verändert – und trotzdem ist sie enttäuscht, weil ich sie nicht grüße. Und die nächste Entgegenkommende war jenes herzige Erstkommunionmädchen. Was! – ich erkenne sie nicht mehr und grüße sie nicht! So ein

ungehobelter, arroganter usw. Sie merken, meine Unsicherheiten sind groß. Lösung? – Auf die feine englische Art! Dort bekunden die Damen nämlich mit einem huldvollen Lächeln, dass sie erkannt und gegrüßt werden möchten. Mit Vergnügen tu ich das dann und werde – wie immer – meinen ganzen ungelenken Charme zur Geltung bringen. Ansonsten lauf ich weiterhin stur vorbei, was ich aber gerne vermeiden würde. Ausgemacht? Dann also – Auf Wiedersehen – bei einem huldvollen Lächeln.

Ihr Pfarrer i. R. Bruno Fess

Markt in Pfaffenhofen. Ölgemälde von Sigi Braun zu meinem Abschied als Kaplan 1956

Ehrenbürger

Die folgenden Daten zu meinen baulichen, denkmalpflegerischen und sonstigen kulturellen Tätigkeiten während meiner Zeit als Pfarrer von Rohrbach/Ilm (1956 – 1991) habe ich 1993 im Interesse von Herrn Bürgermeister Abel und der Gemeindeverwaltung Rohrbach anläßlich der beabsichtigten Ernennung zum Ehrenbürger zusammengestellt.

* * * * *

1956 17. Mai Übernahme der Pfarrei Rohrbach-Waal-Ossenzhausen

1957 ehemaliges Pfarrhaus Rohrbach (Kirchenweg 12):
Erweiterung und Bau einer Garage.
(bis 1953 Pfarrsitz in Waal)

Kontaktaufnahme mit dem Architekten der neuen Kirche, Alexander Frhr. von Branca – München.
Genehmigung der beabsichtigten Lage für die neue Kirche durch die Bischöflichen Behörden in Augsburg.
Grundstückskäufe, erste Skizzen.

1958 Bauprogramm erweitert auf Kirche, neuer Pfarrhof und Kindergarten.
1. außerordentlicher Haushaltsplan.

Beginn von Probenarbeit und Einstudierung neuer Messen mit dem Kirchenchor Rohrbach.
Busfahrten und sonstige Veranstaltungen.
Aktivierung des Volksgesangs durch neue Lieder.

Erste Sternsingergruppe der Ministranten mit Texten v. J.M.Lutz.

1. Anmerkung: Der Kirchenbau in Rohrbach.
Die Absicht zu einem Kirchenneubau war in der Gemeinde nach Ausweis des Archivmaterials seit der Jahrhundertwende vorhanden.
Es war dann der glückliche Umstand, dass ich 1957 – ohne Wettbewerb ! – den damals noch unbekannten Archi-

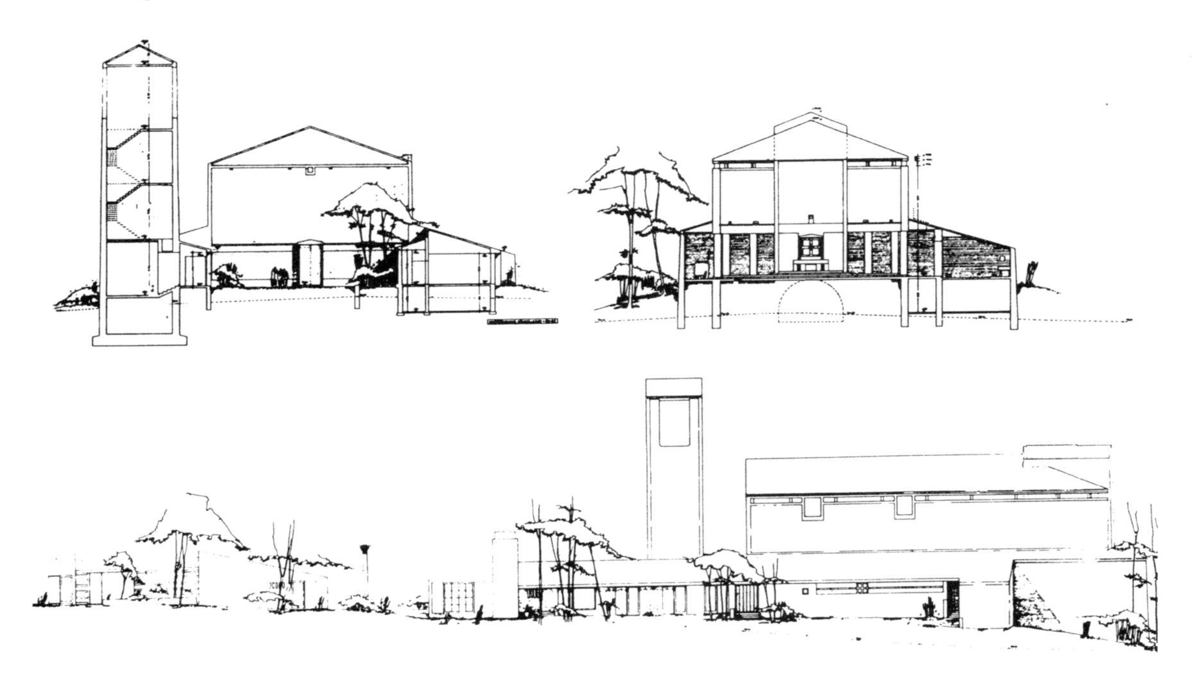

tekten Alexander Frhr. v. Branca mit der Planung beauftragen durfte. Was geschaffen wurde, war für viele ungewohnt bis schockierend. Heute hat sich dieses Werk längst als ein Zeugnis modernen Kirchenbaus einen Namen gemacht.
Auch für die Einrichtung konnte ich schon bald junge Künstler gewinnen, die damals noch unbekannt, jedoch heute weithin einen guten Namen haben: Hermann Jünger als Goldschmied, Heinrich Kirchner und Leo Kornbrust für bildhauerische Arbeiten. Sie wurden in späteren Jahre alle Professoren an der Münchener Kunstakademie.
2. Anmerkung: Musik und kulturelle Veranstaltungen.
Das in den ersten Jahren meiner Tätigkeit geschaffene Repertoire von Klassikern wird bis heute bei festlichen Gottesdiensten gesungen. Mozart-, Haydn-, Schubertmessen, dazu die Moderne mit Lemacher, Kraft, sowie Polyphonie mit Lotti und Casali, alte und neue Chormusik.
Eine besondere Anregung für das musikalische Leben in unserer Gemeinde waren dann Kauf und Vermittlung von Klavieren (seit 1963). Ich wollte damit auch eine Gegenbewegung für die aufkommende Akkordeon. und elektr. Heimorgel-Mode schaffen. (Selber habe ich während meiner Gymnasialzeit bei St. Stephan in Augsburg und am dortigen Konservatorium eine vielfältige musikalische Ausbildung erfahren).

Heute sitzen bereits Jugendliche der 3. Generation auf den Orgelbänken unserer zahlreichen Kirchen. Eine von mir gegründete Singschule für Kinder, Konzerte mit Jugendlichen haben ein vielfältiges musikalisches Interesse in unsere Gemeinde gebracht.
Im Laufe der Jahre wurden dann drei neue Orgeln gebaut (Rohrbach, Gambach und Ottersried) während weitere drei historische Orgeln aufwendig restauriert wurden (Rohr, Waal und Ossenzhausen).
Nicht unerwähnt darf ich die Rohrbacher Silvesterkonzerte lassen, die durch ihr hohes künstlerisches Niveau ein beachtliches Ansehen in unserer Region hatten – und Rohrbach einen guten Ruf einbrachten.

1959 Sommer Baubeginn durch die Firma Horle-Augsburg.
8.12. Grundsteinlegung durch Finanzdirektor Prälat Rampp.
1. Mai Heimat-Orientierungsfahrt zu neuen Kirchen in Ingolstadt und Mainburg.

1960 Der Kindergarten wird vom neuen Leiter des Diözesanbauamtes gestrichen. Zügiger Fortgang der Arbeiten an Kirche und Pfarrhaus. Erste Kontakte mit Künstlern für die Inneneinrichtung (s.o.Anm.1.)
1. Mai Weitere Heimatorientierungsfahrt zu interessanten Kirchen.

1961 4. Juni Weihe von zwei neuen Glocke der Glockengießerei Erding.
(Tonhöhe: c und es, die dritte Glocke - f- war bislang die größte Glocke des

Broncebecken Vorhof. von Prof. Kirchner (1962)

alten Turms. Mit dessen beiden restlichen Glocken g und b bilden alle 5 Glocken das Te Deum Motiv.

Samstag vor dem Kirchweihsonntag (14. Oktober 1961)
WEIHE DER NEUEN KIRCHE durch Bischof Freundorfer – Augsburg.

November 1. Firmung in Rohrbach durch Bischof Freundorfer.
Tabernakel, Vortragekreuz, Wasser- und Weinkännchen, Entwurf für Leuchter von Hermann Jünger.
Altäre, Bänke, Sedile, Ambo von Hans Kreuz, Herrsching.

1963 7.4. (Palmsonntag) A capella Konzert des Kammerchores Augsburg
4. August Weihe von Altarkreuz (privat) und Broncebecken im Vorhof von Heinrich Kirchner – München.
Taufbecken im Untergeschoß des Turmes (Taufkapelle) von Leo Kornbrust, St. Wendel (heute Akad. München)
Ankauf und Vermittlung von Klavieren für ca. 15 Kinder. Beginn mit regelmäßigem Unterricht durch einen Klavierlehrer. (vgl.Anm.2)
15.12. Adventskonzert mit dem Kammerchor Augsburg.
Auftragserteilung für eine neue Orgel in Rohrbach.

1964 26. April Übernahme der Pfarrei ROHR-GAMBACH mit Ortsteil Rinnberg.
6.12. weiteres Adventskonzert des Kammerchors Augsburg.

1965 17. Okt. Fertigstellung und Weihe der neuen ORGEL in Rohrbach.
(mechanische Traktur, 2 Manuale, 26 Register der Firma Walcker-Ludwigsburg)
21. Nov. Schülerkonzert zum Tag der Hausmusik.

1966 Prof. Lehrndorfer – München spielt ein erstes Mal auf der neuen Rohrbacher Orgel.
20. März Südd. Vokalquartett.
27.11. Rohrbacher Schülerkonzert zum Tag der Hausmusik.

Adventskonzert des Domchores Augsburg mit Domkap. Steichele.

1967 GAMBACH – Neuerstellung des Sakristeianbaus.
Neue Sakristeieinrichtung (nach meinen Plänen)
10. Dez. Orgelkonzert mit Prof. Lehrndofer – München.

1969 Beginn einer Totalsanierung der historischen Kirche WAAL (got. Altarraum, barockes Kirchenschiff mit sign. Altar v. 1785, got. Taufbecken, got. Christus, weitere Figuren des 16.-18.Jh.)

Kirche Waal

Fundamentaustausch, Trockenlegung, Austausch von Ziegellagen, Außenputzerneuerung, neuer Dachstuhl mit Neueindeckung (Biberschwanz) und geschindelter Kirchturmspitze. Auskofferung des Innenbodens, Isolierung und neuer Steinbelag (Rosenspitz), neue Bankpodien und Bänke, histor. Wangen restauriert und ergänzt.
Neue Sakristeieinrichtung (Entwurf Karin Blum, Büro v. Branca)
Urkunde in der vergoldeten Kirchturmkugel
(1974 Altäre, 1978 elektr. Uhr- u.Läutwerk, 1984 Restaurierung des histor. Kreuzwegs, 1986 Renovierung der histor. Orgel. s.u.)

3. Anmerkung: Die Renovierungsarbeiten der sieben historischen Kirchen.
In ungefähr gleichem Umfang wie in Waal wurden die weiteren Kirchenrenovierungen vorgenommen. Das Hauptaugenmerk richtete sich dabei immer auf die Trockenlegung des durchfeuchteten Ziegelfundamentes und großer Teile des Mauerwerks. Seit der Renovierung von Rohr (1976) hat sich dabei die Firma Wöhrl in Mühlried große Verdienste erworben. Sorgfältige Sanierungsarbeiten waren von dieser Firma garantiert.
Waal war ein nicht völlig geglücktes Lehrstück für meine späteren Bemühungen als „örtlicher Bauleiter" unter Aufsicht des Diözesan-Bauamtes Augsburg und der Denkmalschutzbehörde. Im Vergleich zu dem desolaten Zustand dieser 7 Dorfkirchen gelten heute diese Renovierungsmaßnahmen bei Fachbehörden als vorbildlich und geglückt.
Besonders sind in diesem Zusammenhang hervorzuheben die Verdienste des damaligen Gebietsreferenten der Diözese Augsburg, Herrn Komprecht sowie des Kirchenmalers und Restaurators, Johann Stachl aus Großweil. In allen Kirchen haben sie ihr fachliches Können mit größter Sorgfalt eingesetzt.

1970 noch: Renovierungsarbeiten in Waal
14.2. Missa Jazz in der neuen Kirche. Gustav Brom konzertiert mit seiner tschechischen Big Band.
24. Juni Übernahme der Pfarrei FAHLENBACH mit den Ortsteilen Buchersried und Fürholzen.

4. Anmerkung: Der Umfang der Pfarrei.
Damit gehören zur Pfarrei Rohrbach folgende ehemalige drei Pfarreien: Rohrbach-Waal-Ossenzhausen mit dem Ortsteil Ottersried (1956 übernommen), Rohr – Gambach mit dem Ortsteil Rinnberg (nach dem Tod des letzten Pfarrers 1964 übernommen), und Fahlenbach mit den Ortsteilen Buchersried und Fürholzen (nach dem Tod des letzten Pfarrers 1970 übernommen).
Ein Glücksfall besonderer Art ist dabei die Tatsache, dass eben die gleichen ehemals politisch selbständigen Gemeinden heute in der Gemeinde Rohrbach zusammengefasst sind, sodass Pfarrei und politische Gemeinde deckungsgleich sind.
Gleiches gilt auch von den Schulen: aus den ehemaligen vier – ein-, zwei- oder vierklassigen – Dorfschulen entstand in der unmittelbaren Nachbarschaft zur neuen Kirche in Rohrbach eine vollausgebaute Grund- und Hauptschule. (Von daher war die ursprünglich stark kritisierte Lage der neuen Kirche halt doch ein „prophetisches“ Werk!)
Zum gesamten Pfarrbereich gehören nun ACHT KIRCHEN.

1971 15.8. (Patrozinium „Märiä Himmelfahrt“) Abschluß der Sanierungsmaßnahmen in Waal. Weihe der Kirche durch Dekan Volz.
23.-25. April – 1. Flugreise mit den Rohrbachern nach Rom.

1972 21.-14. April – 2. Flugreise nach Paris.

Paris

1973 1.-4. April – 3. Flugreise nach London.
15.4. Konzert des Kammerchores Pfaffenhofen unter Weinberger

Gottesdienst in einer Katakombe

London

1974 Waal: Restaurierung der drei Barockaltäre.
Palmsonntag Konzert des Kammerchores Pfaffenhofen (Weinberger).
26.-30.4. – Busreise nach Venedig und Oberitalien.
4.-12. Oktober – 4. Flugreise nach Istanbul – Schwarzes Meer – Athen.

1975 6.-9. Juni : 5. Flugreise nach Paris (nur Rohrbacher Damen!)

1976 Beginn einer umfangreichen Renovierung der Kirche ROHR. (s.o.3.Anm.)
Die Kirche ist im ludovizianischen Stil erbaut und feierte 1979 ihr 100-jähriges Bestehen. Interessante Einrichtung aus dieser Zeit, die wir teilweise von Heuböden zurückgeholt und restauriert haben. Dort lagerten z.B. die Seitenaltäre, die bei der letzten Renovierung 1959 mit Genehmigung des Denkmalamtes entfernt werden durften (Prof. Blatner mir gegenüber: „Nach 1830 entstanden – interessiert uns nicht!").

Plakat von Prof. Gerd Dengler Foto: Horst Kosniowski

Gott sei Dank haben die Leute diese stark beschädigten Altäre nicht durch den Kamin gejagt, sondern auf dem Boden des Pfarrstadels aufbewahrt.

Kirche Rohr

Heute in gut restauriertem Zustand wieder am ursprünglichen Platz. (Ich habe diese Pfarrei 1964 übernommen.)

Beginn einer umfangreichen Renovierung in GAMBACH (s.o.3.Anm.)

Älteste Substanz aus dem 13.Jh. Chorturmkirche, Turm 17. Jh. umgestaltet. Romanisches Rundbogenfries. Gute barocke Einrichtung aus der Zeit von 1700. Interessantes Tafelbild aus den napoleonischen Kriegswirren (1796). Fundamentaustausch teilweise bis zu 2,30 Meter Tiefe (Wasserader).

11. März : Erstes Exemplar des ROHRBACHER KIRCHENZETTEL.

5. Anmerkung: „Rohrbacher Kirchenzettel".
Eine Rohrbacher Spezialität, 1976 mit Nummer 1 begonnen und bis zu meinem Abschied 1991 mit 582 Nummern fortgesetzt.
In Kurzkommentaren, Eindrücken, Meinungen, provozierender Kritik – in höchst persönlicher Weise Gedanken und Überlegungen „unters Volk" zu bringen war meine Absicht. In einer Auflage von 850 Stück war dieser Kirchenzettel in allen Häusern der Pfarrgemeinde. Durch Versand auch bei vielen weggezogenen Rohrbachern. Wie weit diese Form „seelsorglicher Aktivitäten" nach Stil und Inhalt angekommen ist, mögen andere beurteilen. Mir hat es jedenfalls Arbeit, Kopfzerbrechen – aber auch Freude gemacht, auf diese Weise Menschen anzusprechen, die sonst an einem Pfarrer „nur bedingt" interessiert sind. Sicher waren die Kirchenzettel ein starkes persönliches Produkt – aber damit vielleicht auch ein gutes Stück Erinnerung an den ehemaligen Pfarrherrn.

7.-12. Okt. – 6. Flugreise Zürich – Nizza – franz. Riviera.
31.12. – 1. Silvesterkonzert. Jährlich dann bis 1985. (s.o.2.Anm.)

1977 Renovierungen in Rohr und Gambach
20.11. Cäcilienkonzert der musizierenden Jugend in Rohrbach.

1978 20.1. Gründung einer Singschule mit Frau Moosmayr.
Waal elektr. Uhr- und Läutwerk.
24.9. Weihe der renovierten Kirche in Gambach durch Dekan Bullinger. (Spätere Maßnahmen: 1982 Renovierung der Altäre, 1987 neue Orgel und Empore s.u.)
15.10. Weihe der renovierten Kirche in Rohr durch Dr. Lachenmayr (spätere Maßnahmen: niederländische Kronleuchter 1981. 1989 dann umfangreiche Restaurierung der pneumatischen Orgel s.u.)
29.9.-7.10. – 7. Flugreise nach Barcelona – Andalusien – Madrid.

6. Anmerkung: Flugreisen zu europäischen Hauptstädten.
Diese Flugreisen in den 70er Jahren wurden bewußt als Bildungs- und

Informationsreisen durchgeführt. Sie waren sehr individuell geplant (Linienflüge, pers. Führung) und sollten den Teilnehmern aus unserer Gemeinde – abseits von nur touristischen Attraktionen – einen kleinen Einblick in Land und Leute geben. Erweiterter Horizont, Abstand von bloßer Dorfpolitik, Sinn für Kunst und Kultur anderer Völker waren dabei die Absicht. Es waren sehr „familiäre" Reisen und bleiben deshalb vielen Teilnehmern unvergessen. Erst mit dem Aufkommen von Charterreisen durch Banken und Bildungsinstitutionen habe ich in den 80er Jahren diesen Veranstaltern mit ihren größeren Möglichkeiten das Feld überlassen.

1979 16.2. Letzter Ball der Pfarrgemeinde („Pfarrerball")
Eine beliebte Veranstaltung seit 1957. Unterdessen haben sich Faschings-

veranstaltungen als Überangebot entwickelt.
25.3. Podiumsdiskussion in der Kirche zum einjährigen Bestehen des „Rohrbacher Kirchenzettels".

Beginn einer umfangreichen Renovierung der Kirche in OTTERSRIED. (s.o.3.Anm.)

Kirche Ottersried

In ihrer Architektur wohl die sehenswerteste Kirche der Pfarrei. Zeichenbeispiel für eine romanische Kirche des 13.Jh. Lombardinische Bauelemente, Emmeramer Gründung? zur Zeit der 2. Landnahme. Außer dem Altar wertlose Einrichtung. Ergänzungen durch Depotbestände der Pfarrei.
27.7. Weihe einer 2. Glocke.

13.5. Frühjahrskonzert jungen Rohrbacher Musikanten.

1980 Beginn der Renovierung in OSSENZHAUSEN.

Turm Ossenzhausen

Einzige Kirche mit Sandsteinmauerwerk. Schiff wohl 13. Jh. 3/8 Chor und Turm vermutlich 2. Hälfte 15. Jh. Ziegelmauerwerk. Histor. Glockenstuhl. Glocken 1489 und 1494.
Aufwendige Erneuerung der Friedhofsmauer. Neuer Anstieg zu Kirche.

1981 Fortsetzung der Renovierungen in Ossenhausen und Ottersried.
Niederländische Kronleuchter für die Kirche in Rohr.

1982 29. Juni (Patrozinium Peter und Paul) Abschluß und Weihe der renovierten Kirche in Ottersried durch Bischofsvikar Achter. (weitere Arbeiten: 1990 Neue Empore mit mechanischer Brüstungsorgel. Barocke Fassung).

Kirche Fahlenbach

17. Oktober Abschluß der Altarrenovierungen Gambach.
Renovierungsfortsetzung in Ossenzhausen.

Beginn der Renovierungen in FAHLENBACH.
1. Bauabschnitt. Trockenlegung, Auskofferung, neuer Boden, neue Bänke. Außenputz nur in geringer Höhe (da 1969 Neuanstrich vor meiner Übernahme der Pfarrei)

1983 16.6. Weihe der renovierten Kirche in Ossenzhausen durch Weihbischof Schmid-Augsburg.
11.11. Patrozinium Martinus, Wiederbenutzung der teilrenovierten Kirche in Fahlenbach. Einsturz der dortigen Friedhofsmauer an Hanglage. Aufwendiger Wiederaufbau, 1. Abschnitt.

10.-14. Juli Jubiläumsfeier 300 Jahre WALLFAHRT nach Lohwinden.
Festgottesdienst mit Bischof Müller-Regensburg, Ausstellungen in Unterkirche und alter Kirche (H.Kirchner) Festschrift, Open Air. Radio und TV „Zwischen Spessart und Karwendel“ BR.

1984 Totalrenovierung und Rückführung auf die ursprüngliche Disposition der histor. Orgel in Ossenzhausen. Ausführung Deininger und Renner, Oettingen. Die mechan. Brüstungsorgel von 1841 erbaut durch Anton Schien aus Neuburg. (Vorbild für die neuen Orgeln in Gambach und Ottersried)
Waal – Restaurierung des ruinösen Kreuzwegs (19.Jh.)

Orgelbauer Deininger. Vier alte und drei neue Orgeln waren in der Pfarrei zu betreuen.

1985 Juni/Juli – Schmeller-Jubiläum zum 200. Geburtstag.
Letztes Silvesterkonzert mit den Professoren Weinberger (Orgel) und Meissen (Flöte).
Diese Silvesterkonzerte hatten in den letzten zehn Jahren ein hohes Ansehen in der ganzen Region gewonnen. Das künstlerische Niveau war für unsere Verhältnisse sicher außergewöhnlich. In der Gestaltung bemühte

ich mich um eine stimmungsvolle Atmosphäre.
Das hat „reichere Konkurrenten“ in Ingolstadt (Münster) und Scheyern (Kloster) zur Nachahmung gereizt, wogegen ich mit meinen bescheidenen Mitteln nicht mehr mithalten konnte.

1986 Fahlenbach Friedhofsmauer Teil 2. Hohe Kosten bei der extremen Hanglage.
11.10. Jubiläum 25 Jahre neue Kirche in Rohrbach. Symposium, Ausstellung Unterkirche. Vorausgehend Renovierungen: Neubelag im Vorhof, Außenanstrich u.a.
Waal Renovierung der historischen Orgel durch Deininger. Erbaut ebenfalls wie Ossenzhausen von Schien-Neuburg 1844. Barocke Fassung des Prospekts.
11. Mai Heimatorientierungsfahrt mit Maitanz.

1987 Gambach neue Brüstungsorgel in barocker Fassung.
Die Kirche hatte noch nie eine Orgel. Erbaut von Deininger-Oettingen. Neu zurückgeführte Orgelempore. Großes Dorffest mit Prälat Achter zum Patrozinium des Hl. Laurentius (Anfang August).

Bischofvikar Achter und Restaurator Stachl mit Familie bei einer Orgelweihe. Über 35 Jahre hat Stachl mit seinem großen Können in unseren Kirchen gearbeitet.

1988 Aufwendige Restaurierung der drei Fahlenbacher Altäre.

1989 Beendigung der Fahlenbacher Restaurierungen.
Totalrenovierung der pneumatischen Orgel in Rohr durch die Firma Deininger und Renner – Oettingen.

1990 Ottersried neue Empore und erstmals eine neue Orgel. (auch hier nach dem Ossenzh. Vorbild. einmanualig, Brüstungsorgel, ca. 6 Register, mechanische Traktur und Registerbetätigung) Barock angeglichene Fassung des Prospekts – überall ausgeführt durch den Restaurator Johann Stachl aus Großweil.

1. Orgelkonzert auf dem neuen Orgelpositiv in Gambach mit Professor Hörlin, München. Barocke Fassung und Vergoldung durch J. Stachl

Die Orgel gebaut durch Benedikt Friedrich aus Oberasbach.
(Die Gambacher Orgel war sein Meisterstück bei der Firma Deininger)

25.6. Beschluß der Bischöflichen Finanzkammer Augsburg – nach jahrzehntelangen Diskussionen und vielem Ärger – die Kosten für die Außenrenovierung der alten Rohrbacher Kirche zu übernehmen. (Damit wird die letzte der sieben hist. Kirchen in der Pfarrei während meiner Amtszeit einer Renovierung unterzogen).

1991 Renovierungsarbeiten an der alten Kirche.
Kristallkronen für die Kirche Fahlenbach.
Juni: Beginn der Pfarrhausrenovierung für den Amtswechsel.
22./23. Juni – Großer Flohmarkt zugunsten der alten Kirche.
Patrozinium Johannes Baptista.
Juli: Aufstellung eines Priestergrabes auf dem Friedhof in Rohrbach.
Bildhauer Hans Kreuz-Herrsching, vgl. 1961 neue Kirche)
31. August: Beendigung meiner Tätigkeit als Pfarrer von Rohrbach.
Resignation und Emeritierung durch den Bischof von Augsburg.

„Bericht des „Pfaffenhofener Kuriers“ vom 16. Januar 1999“

Überzeugende Symbiose von Tradition und Moderne

Rohrbach/München. Alexander Freiherr von Branca, bekannter Münchener Architekt, feierte in dieser Woche seinen 80. Geburtstag. Dieser weit über die Grenzen Deutschlands hinaus tätige und hochangesehene Architekt hat vor 40 Jahren die Rohrbacher Kirche als ersten größeren Sakralbau errichtet. Der damalige Bauherr, Pfarrer Bruno Fess, der heute im Ruhestand in der Kreisstadt lebt, hat für den „Pfaffenhofener Kurier“ seine Erinnerungen an den Kirchenbau und die Zusammenarbeit mit diesem Architekten im nachfolgenden Beitrag zusammengefaßt.

1956 bin ich nach meiner vierjährigen Kaplanszeit in Pfaffenhofen vom Augsburger Bischof nach Rohrbach geschickt worden mit dem Auftrag, dort eine neue Kirche zu bauen. Nach Ausweis des Pfarrarchivs bestand seit der Jahrhundertwende in dieser Pfarrei die Absicht zu einem Neubau. Darüber war die Gemeinde sehr zerstritten. Für mich war diese Aufgabe völliges Neuland. Weder Baugrund noch Geld waren vorhanden, keine Vorstellungen gabs über Umfang und Programm – wie soll man solch eine Aufgabe als bauherrlicher Laie angehen?

Ronchamp von Le Corbusier, der Wallfahrtsort für modernen Kirchenbau

Aktuelle Fachliteratur und mein VW Käfer waren die besten Helfer: mit letzterem bin ich vor allem Schweizer Kirchenneubauten nachgefahren, nachdem dort keine Unterbrechung in der modernen Architektur durch ein tausendjähriges Reich stattgefunden hatte. Fündig und überzeugt wurde ich dann durch eine kleine Münchener Klosterkirche in der Buttermelcherstraße und insbesondere durch einen Wettbewerb für eine Kirche in Syrakus (Sizilien), der in einer Fachzeitschrift prämiert war. Für beides zeichnete verantwortlich ein junger Münchener Architekt – eben Alexander von Branca. Mittels Telefon kam der Kontakt zustande (und besteht als „Freundschaft an der langen Leine" bis zum heutigen Tag). Diesen Architekten wollte ich als Erbauer der neuen Kirche in Rohrbach. So dachte ich wenigstens in meinem jugendlichen Schwung. Anders dachte darüber der Bischof und sein Diözesanbauamt. Sie wollten, wie üblich in solchen Fällen, einen Wettbewerb ausschreiben. Ränke und Kniffe darzustellen, um meinen Wunsch zu erfüllen, würden nun zu weit führen. Es ist mir jedenfalls gelungen von Branca ohne Wettbewerb den Auftrag zu erteilen. Noch heute werde ich darüber von Architekten und Kollegen immer wieder lachend angesprochenl

Noch schwieriger wurde es dann als die Rohrbacher die ersten Pläne sahen: „Und wenn ich eine Million hätte" hat eine Kirchgängerin geschrieen, „keine Mark kriegt der für seine Kirche von mir!" Und eine hochhonorable Persönlichkeit am Ort hat mir den offenen Widerstand erklärt. Es war dramatisch, aber um es kurz zu machen, sie haben später alle brav gezahlt, geopfert und gespendet, so dass sich der Ruf dieser noblen Holledauer Gemeinde weit über ihre Grenzen verbreitet hat. 1959, vor 40 Jahren, hatten wir mit dem Bau begonnen und im Oktober 1961 waren Kirche und Pfarrhaus fertiggestellt. Dieses Werk von Brancas besitzt heute noch anerkannte Gültigkeit, in der Pfarrei wie in der Fachwelt. Es war für den Architekten wie für den Bauherrn von Anfang an ein Spagat zu bewältigen: Auf der einen Seite wollten wir in dieser altbayerischen Kulturlandschaft keine provozierende

Sant' Antimo in der Toscana, 13. Jh. Das klassische Vorbild

Moderne setzen, was zur Folge hatte, dass die Progressiven unter den Profis diese Architektur für „hausbacken“ bezeichneten, während natürlich für die Einheimischen dieser Bau in seiner Modernität anfangs nur schwer zu begreifen war. Heute, 40 Jahre später, werden in München längst hypermoderne Nachkriegsbauten abgerissen, während die Rohrbacher Kirche bei den Pfarrangehörigen zu Ansehen und zu einer Wertschätzung gekommen ist, die flüchtige Besucher oftmals nicht nachvollziehen können. Wer nicht nur die Architektur betrachtet, sondern immer wieder einmal einen schön gestalteten Gottesdienst in dieser Kirche miterlebt, wird sich deren vornehmem Charakter nicht entziehen können. Es ist und bleibt das große Können und eigentliche Qualitätsmerkmal der Architektur von Brancas, dass er nicht nur modischem Zeitgeschmack folgt, sondern „Beständiges“ zu schaffen vermag. Moderne und Tradition kommen in seinen Bauten zu einer überzeugenden Symbiose.

Damit ist er im besten Sinn Mensch und Künstler von außergewöhnlichem Format, der Rohrbach mit seiner Architektur reich beschenkt hat. Wünschen wir ihm in Dankbarkeit Gottes Segen zu seinem 80. Geburtstag!

Meine Dankrede aus Anlass der Verleihung der Ehrenbürgerwürde durch die Gemeinde Rohrbach am 2. Oktober 1993

Verehrte Damen und Herren,
werte Festgäste!

Am Samstag, den 14. Oktober 1961 hat Bischof Freundorfer unsere neue Rohrbacher Kirche geweiht. Am Schluss der feierlichen Zeremonien habe ich ihn damals gebeten, er möge doch bitte noch in unseren schönen Vorhof mitkommen. Eine große Zahl von Festgästen hatte sich dort versammelt. Kurz bevor wir durchs Hauptportal schritten – wir waren die Letzten in der Kirche, und die kleine Szene, die ich Ihnen jetzt schildere ist mir unvergesslich – da lächelte der Bischof mich an und meinte:

Ehrenbürger-Ring 1993, Ausführung Hermann Jünger

„Nun – sind Sie jetzt zufrieden mit Ihrem Werk?"

Ich darauf: „Ja – jetzt kanns losgehen!" Worauf mich der hohe Herr überrascht ansah: „Wie meinen Sie dies nun wieder?"

Ich: „Ich meine halt, dass ich jetzt die Voraussetzungen geschaffen habe, um mit der Arbeit überhaupt beginnen zu können. Dass ich jetzt einen Rahmen, eine Kirche habe, in der man die Sache Gottes auch vertreten, einen Gottesdienst würdig feiern und Sein Wort den Rohrbachern mitteilen kann. Ich sehe solch eine Kirche als Fundament und Voraussetzung, um darauf eine Gemeinde aufzubauen."

Der Bischof lächelte huldvoll – und überließ mich meinem jugendlichen Optimismus.

Lassen wir es dahingestellt, wie weit mir dies in den folgenden 30 Jahren gelungen ist. Was ich heute mit dieser Geschichte sagen wollte ist dies: dass ich von Anfang an „Kultur" brauchte, um überhaupt arbeiten, ja vielleicht um überhaupt in einer Gemeinde leben zu können.

Dank und Verabschiedung 1961. Bischof Freundorfer nach der Weihe der neuen Kirche.

Unter dem Stichwort K U L T U R betrachte ich auch Ihre ehrenden Worte und die mir zugedachte Auszeichnung, sehr geehrter Herr Bürgermeister, verehrte Mitglieder des Rohrbacher Gemeinderates.
„Kultur" ist, wenn man dies umschreiben oder definieren will:
„Ausdruck und Erfolg eines Gestaltungswillens".
„Kultur" ist ein Prozeß auf dieser Erde, dessen Produkte nur m e n s c h l i c h e Schöpfungen sind, die niemals von der Natur allein hervorgebracht werden können.
„Kultur" kommt vom lateinischen colere und bedeutet übersetzt „hegen und pflegen".
Es ist also immer der Mensch, der mit dieser Erde gestaltend, pflegend, schöpferisch umgeht. Eben „Kultur" schafft.
„Agrikultur", der Umgang mit dem Boden, ist vielleicht der ursprünglichste Gebrauch dieses Wortes. („Hopfenkultur" ist sicher eine späte Variante!) „Wohnkultur", „Esskultur", „Industriekultur" bis hin zu den großen Kulturen der Völker, der Kulturkreise – alle meinen sie den Umgang von uns Menschen, den schöpferischen und pflegenden Umgang mit den Vorgegebenheiten von Natur, Erde, Materie.

*

Dass ich in diesen Jahren meines Wirkens in Rohrbach etwas von diesem menschlichen „Kulturschaffen" in dieses Gemeinwesen einbringen durfte, freut mich. Dass ich in denkmalpflegerischer Weise die aus den Jahrhunderten überkommenen Kostbarkeiten dieser Dörfer weiter hegen und pflegen durfte, war für mich oftmals eine große Herausforderung.
Dass ich die Waaler, die Rohrer, die Fahlenbacher und alle anderen Gemeinden mit ihren wunderschönen Kirchen zu Sinn und Verständnis motivieren konnte und dass sie dafür auch große finanzielle Leistungen aufbrachten – das ehrt uns wohl alle.
Dass Musik und Gesang und manche Facette des Musischen heute in Rohrbach einen beachtlichen Stellenwert haben, dass ich die enge Welt um den Kirchturm mit mancherlei Veranstaltung ein wenig aufbrechen konnte, ja dass das Schöne, die Freude, der Glanz und die Kunst neben dem aktuellen Hopfenpreis auch noch seinen Sinn hat – das darf ich wohl alles ein wenig meinem „Kulturschaffen" zugute halten.

*

Vielleicht meinen nun einige Leute, der Pfarrer soll sich zuerst einmal um seine geistlichen Aufgaben, die Religion, den Glauben und um die christlichen Traditionen seiner Gemeinde kümmern. Der Himmel ist sein Fachgebiet und nicht die Erde. Er soll in der Kirche schön singen und kurz predigen, die Kinder taufen und die Toten begraben – und was dazwischen sonst so ein Pfarrer halt noch zu tun hat. Für die Erde und alles was sich auf ihr abspielt, dafür sind dann andere zuständig.
Diese Reden sind natürlich nicht neu. Sie wurden auch kräftig nach 1917 in Rußland und ebenso nach 1933 bei uns gepredigt. Und sie lassen sich bis zum heutigen Tag nicht aus den Köpfen vieler Zeitgenossen vertreiben.

*

Nun – ich bin 1956 nicht als bloße Seele und nicht als Geist auch nicht als himmlischer Funktionär nach Rohrbach gekommen, sondern als Mensch mit Seele u n d Leib. Diese schöne menschliche Mischung habe ich die ganzen 35 Jahre meiner hiesigen

Mutter und Sohn

Tätigkeit kräftig durchzuhalten versucht. Und zwar aus einem ganz einfachen Grund: Weil diese Trennung von Leib und Seele, von Inhalt und Form, ja von Glauben und Leben im besten Fall eine philosophische Spekulation, jedoch meist ein ideologischer Unsinn ist.
Der Mensch ist und bleibt ein Individuum, und das heißt zu deutsch: ein Unteilbares, ein Individuum.
Sicher – die Gewichte können sich in dieser Einheit Mensch verlagern. Die Relationen können in diesem Welt- und Gottgegebenen Dualismus nicht mehr stimmen, und die Ambivalenz, das Gleichgewicht, kann gefährlich gestört sein. Wenn nur mehr das Materielle gefragt ist und das Geistige überflüssiger Luxus ist, wenn allein das Wissen zählt und der Glaube verdunstet ist, wenn nur mehr Äußerlichkeiten gelten und die sogenannten inneren Werte belächelt werden, dann ist höchste Gefahr angezeigt.
Nicht umsonst behaupten heute ernstzunehmende Leute, dass der Bruch zwischen Evangelium und westlicher Kultur, diesem Auseinandertriften von Religion und Kultur in Europa das Drama unserer Zeitepoche sei.
Diese ursprüngliche Einheit von Leib und Seele, von Religion und Kultur – das darf ich sicher als starkes Motiv meiner Tätigkeit als Pfarrer, vermutlich sogar als prägenden Sinn meines Lebens bezeichnen. Vielleicht kann ich von daher mein von manchen Leuten falsch verstandenes Engagement für die Schönheiten dieser Welt erklärlich machen.

* * *

Jeder Mensch wächst in einer bestimmten Kultur auf. In einem Kulturkreis, der sich bei einem Türken anders ausprägt als bei einem Italiener – und bei einem Wolnzacher anders als bei einem Rohrbacher. Es gibt nicht nur die Kultur eines Volkes, es gibt auch die Kultur einer Gemeinde, einer Familie, seiner Häuser, seiner Menschen.
Jeder Mensch hat seine Kultur. Sie hängt zusammen mit seiner Herkunft, seiner Kinderstube, mit seiner Ausbildung, seinem Beruf und seinem Lebensschicksal. In jeder Pore seines Menschsein steckt seine je und je ganz persönliche und einmalige Kultur.
So sind wir wirklich eine multikulturelle Gesellschaft!
Diese „Kulturen“ treffen nun zusammen. Das gilt für Völker wie für den Einzelnen. Sie berühren und bedrängen, sie ergänzen und fördern sich, sie schaffen Ängste (xenophobie) und schaffen großartig Neues.

„Inkulturation“ nennen die Soziologen diesen Vorgang des Zusammentreffens von Kulturen. „Inkulturation“ passiert, wenn abendländisch christliche Missionare in die buddhistische Kultur Malaysias hineingeraten – oder wenn schwäbische Pfarrer vom

Hopfenernte

Bischof in den altbayrisch/holledauer Kulturkreis versetzt werden. Zwei größere oder kleinere Welten verschiedenster Ausprägung stoßen da aufeinander, was die Kinder in der Schule bei schwäbischen Brocken zum Lachen reizt, einen Gambacher Dichter zu bösen Versen und Gläubige in der Kirche zu mancher Heiterkeit, wenn schwäbischer Sound bei der Predigt unverkennbar ist.

„Inkulturation“ also in einer multikulturellen holledauer Pfarrgemeinde!
Ist das nicht herrlich, anregend erheiternd!

(Jeder Bürgermeister kann ja ein Lied singen über die Inkulturation seiner Zugereisten. Die einen kommen mit der berühmten „Hallo – ich bin da“ Mentalität vielleicht aus dem hohen Norden, die anderen mit der Brechstange aus dem niederbayerischen „Kulturkreis“. Und dazu also dann noch die Pfarrer aus dem Schwäbischen!
Herr Bürgermeister – Sie haben es wirklich nicht leicht!)

Trotz allem Spaß – in unseren bayerischen Breitengraden ist es wohl immer noch eine aufregende Angelegenheit, wenn ein neuer Pfarrer aufzieht. Für die Gemeinde aufregend wie natürlich auch für den Pfarrer. Besonders aufregend, wenn beide ein bisschen Format einbringen:

Der Pfarrer, weil er ein „Extriger“ ist und nicht unter die Typen aus dem Kommödienstadel einzureihen ist – und die Gemeinden Rohrbach, Waal, Ossenzhausen, Rohr, Rinnberg, Gambach, Ottersried und Fahlenbach, weil sie recht kräftig von ihrer „Mirsan-Mir“ Selbstbewusstseinskultur ergriffen sind.

Zwei „Kulturkreise“ also, wo die Inkulturation dann erst einmal gelingen muss! Ob – und wie weit sie gelungen ist – ich weiß es nicht.

*

Zuerst waren wir uns jedenfalls fremd. Da brauchen wir nichts zu beschönigen und brauchen uns nichts vorzumachen. Ich kam aus der Stadt. Dörfer waren mir fremd. Ich hatte meine Prägung von der Nachbarschaft zu den Fabikschloten der MAN, von der Auseinandersetzung mit einer verbrecherischen Ideologie während meiner Augsburger Gymnasialzeit, von vier Jahren Krieg und Gefangenschaft – und von einem Glauben, der so ganz und gar nicht von bayrisch dörflichen Traditionen geprägt war. Damit hat mich der Bischof 1956 in die Holledau geschickt. Dass dies nicht zusammenpasst, war schnell klar. Was tun?

Zuerst hab ich einmal das getan, was mir mein hochverehrter geistlicher Vater und Nachbar, Pfarrer Burger aus Hög, gar eindringlich ans Herz gelegt hat. Er meinte zu meinem Amtsantritt: „Du bist ein junger Hupfer und glaubst nun wohl, du könntest alles neu und anders machen. Da täuschst Du Dich. Den Glauben der Holledauer bringst Du nicht um! (sic!) Schau lieber aus deinem Pfarrhausfenster und beobachte aufmerksam, wie die Hennen im Dorf herumrennen!“

*

Schöne Aussichten für einen jungen 33-jährigen Pfarrer, zuerst einmal mindestens ein Jahr lang „den Hennen zuzuschauen“.
Aber es hat natürlich genau gestimmt – mit diesem väterlichen Rat von Pfarrer Burger.

Dass ich dabei trotz allem nicht untätig war, belegt die Tatsache, dass ich nach diesem 1. Jahr bereits ziemlich genau wusste, wo ich eine neue Kirchen bauen werde. Derentwegen wurde bei den Rohrbachern nach Ausweis des Archivs bereits seit 50 Jahren gestritten.

Deshalb ist auch nie aus diesen Absichten etwas geworden.
So habe ich mich oft in diesem 1. Jahr heimlich nachts auf diesem exponierten Grundstück herumgetrieben und mir träumerische Gedanken gemacht, ob diese Situation für Kirche und Dorf auch das Richtige sei. In diesem Jahr des Zuschauens habe ich dann ebenfalls bereits – natürlich auch wieder still und heimlich – diesen jungen Münchner Architekten Alexander von Branca kennengelernt. Auch er ein Anfänger in seinem Metier. 1959 haben wir dann bereits den Grundstein zur neuen Kirche gelegt – oben auf dem Berg. Keine ausgebaute Straße hat hinaufgeführt und die Leute haben mich für verrückt erklärt. Eine Frau hat geschrieen: „Keine Mark kriegens von mir und wenn ich eine Million hätte!“ Sie ist später dann eine eifrige Spenderin für unsere neue Kirche geworden.

Was ist aus diesen nächtlichen Träumen und Visionen über die Situation einer neuen Kirche geworden? Ich glaube, sie haben sich in den kommenden Jahrzehnten bis in unsere Gegenwart zukunftsweisend erwiesen.
Schule und Kindergarten haben sich dazugesellt und neue Baugebiete bilden immer mehr einen Kreis um diesen weithin sichtbaren Mittelpunkt.

*

So ist es dann auch die ganzen Jahre hinweg weitergegangen, mit dieser schönen „Inkulturation" diesem herrlichen Aufeinandertreffen zweier verschiedener „Kulturkreise". Die Fetzen sind einige Male ganz kräftig geflogen. Aber schön wars trotzdem. Und geschaffen haben wir einiges (wie aus den Ausführungen meines Vorredners, Herrn Bürgermeister Abel, ja zu hören war.)
An dieser Stelle drängt es mich, ein Lob auf die Rohrbacher zu singen. (Ich meine hier nun Rohrbach mit all seinen Ortsteilen).
Sie sind ein herrliches Publikum – das sage ich ohne falsche Schmeichelei. Je mehr man im Lauf der Jahre in solch eine Gemeinde hineinwächst, umso mehr staunt man über die Vielfalt der Menschen, die Verschiedenartigkeit der Dörfer und über das Engagement seiner Verantwortlichen.

1961 – die neue Glocke

Meine Hochachtung über die großen Leistungen der Bürgermeister.

Drei habe ich erlebt: den verstorbenen Franz Schönauer, ein gestandenes Mannsbild, dann Herrn Josef Schwarzmeier und nun seit vielen Jahren Bürgermeister Alois Abel.
Meine Hochachtung auch für die verschiedenen Vereinsvorstände und ihre nicht leichte Aufgabe, Mitglieder zu motivieren und einen guten Zusammenhalt auch im Interesse der Dorfgemeinschaft zu pflegen.
Als Städter war ich amüsiert und begeistert von den ein-, zwei- und vierklassigen Dorfschulen und ihren Kindern. Ich war beeindruckt vom Ehrgeiz der Bauern um ihren Hopfen, über die Bereitwilligkeit der Handwerker und über die Verlässlichkeit der Pendler an ihren entfernten Arbeitsplätzen.
Meine besondere Hochachtung gegenüber vielen Frauen und Müttern, die ich in diesen Jahren kennen- und schätzenlernen durfte.
All diese Begegnungen mit den Menschen einer erstaunlich gewachsenen Großge-

Pfarrer Mühlbauer, verst. 1964, der letzte Pfarrer von Rohr – Gambach

meinde empfinde ich heute als reiches Geschenk in meinem Leben.

Besonders dankbar denke ich als Pfarrer an das Zusammenwachsen mit der mir anvertrauten Pfarrgemeinde. Wie Sie wissen, war es durch den Tod zweier Priester in benachbarten Pfarreien nicht ganz leicht, diese nicht mehr besetzten Dörfer auch pfarrlich zu integrieren.
Mit der politischen Gemeindereform war hier von uns eine gemeinsame Aufgabe eingefordert: Menschen zu einer größeren Einheit zusammenzuführen, dörfliche Nationalismen und Egoismen abzubauen und eine Solidargemeinschaft für größere Aufgaben anzustreben. (Dieses furchtbare Phänomen unserer Gegenwart, dass sich allenthalten Kleingeisterei und egoistischer Nationalismus breitmachen und die Menschen sich nicht mehr in übergreifenden Gemeinschaften zum Wohl vieler Menschen zusammenfinden können. Dieses tödliche Phänomen zu bekämpfen beginnt bei uns, im Kleinen!)

Ein besonderer Dank gilt all denen, die als gläubige Menschen dieser Pfarrgemeinde den Weg mit mir gegangen sind. Bitte bleiben Sie auch weiterhin Ihrem Glauben, Ihrer Kirche und Ihrem liebenswerten neuen Pfarrer treu. Seien Sie „Salz, das nicht schal wird und Licht auf dem Leuchter" in Ihrer Gemeinde! Und die neue Kirche bleibe „eine Stadt, die auf dem Berge liegt und nicht verborgen bleiben kann", wie es im Evangelium heißt (Mt.5,13-16)

*

Dass ich in all dem – in diesem politischen wie religiösen Umfeld – meine Herkunft, mein Denken, meinen Glauben, ja eben – meine Kultur nicht verleugnen brauchte, dafür möchte ich Ihnen besonders danken.
Für die Holledau hat von jeher das Prinzip „leben und leben lassen" gegolten – auch wenn Einzelne immer etwas zu kritisieren hatten. Schauen wir über die krankhaften Miesmacher und Gerüchteverbreiter hinweg und bewundern wir vielmehr Zeugnisse der Toleranz und eine geradezu prophetische Noblesse, wozu ich Ihnen jetzt zum Abschluss noch eine kleine Geschichte erzählen möchte:
Am 1. Sonntag nach diesem 14. Oktober 1961 klingelte es nach dem Gottesdienst im Pfarrhaus. Ich hatte eben meinen ersten Gottesdienst in der neuen Kirche hinter mir und war schon sehr berührt von diesem lang ersehnten Erlebnis.

Wer steht vor der Tür? Unser sehr verehrter Senator und Landrat a.D. Herr von Koch. In Cut, Zylinder und Glacéhandschuhen. Erregt und ergriffen steht er da. Er war ja der schärfste Gegner der neuen Kirche und konnte es bis zu seinem Lebensende nicht verwinden, dass – wie er später einmal meiner Mutter erzählte – „nach acht Pfarrern, mit denen er in seinem langen Leben immer noch fertig geworden ist, gerade dieser junge Hupfer ihm diese Kirche übers Schloss setzen musste". Er stand also vor dem Pfarrhaus, ich habe ihn erschrocken

Herr von Koch

hereingebeten und da fing er – der Grandseigneur – zu weinen an: „Und wenn ich auch nie mit Ihrem Kirchenbau einverstanden sein werde, so habe ich doch heute bei Ihrem ersten Gottesdienst gespürt, was Sie letztlich wollen: einen herausgehobenen Mittelpunkt, in dem Sie in vornehmer, fast benediktinischer Weise mit Ihrer Gemeinde feiern können. Ich gratuliere Ihnen dazu!"

Wahrlich – eine erstaunliche Toleranz – eine erstaunliche Prophetie!

Ausblick

Damit bin ich am Ende dieses Buches, dem Erstlingswerk eines 78-jährigen geistlichen Ruheständlers.

Ich habe nun keinerlei Ehrgeiz aus meiner so genannten langen Lebenserfahrung heraus gescheite Ratschläge zu erteilen. Allerdings stehe ich auch nicht auf dem wenig achtenswerten Standpunkt des „nach mir die Sintflut". Hier halte ich es mehr mit dem bekannten Historiker und Zeitkritiker Friedrich Heer, der auch in seinem Alter für sich in Anspruch nahm, den Geschehnissen der Gegenwart wie den Aussichten für unsere Zukunft „ C u m ira et studio" gegenüberzustehen und sich nicht mit der abgeklärten Weisheit von „ S i n e ira et studio" zufrieden geben wollte. Sich also mit Leidenschaft auch im Alter noch den Ereignissen zuzuwenden und nicht in Apathie und Klagen über die Unveränderlichkeit und Ausweglosigkeit zu versinken.
Jede Aussage über Kirche, Glaube, Gott und Welt ist für mich weiterhin dann interessant, wenn sie nicht resignativ in bloßem Jammer und billiger Weltuntergangsstimmung daherkommt. Umgekehrt habe ich hohe Achtung und Bewunderung für alle Männer und Frauen, die in berufener Weise uns heute Vertrauen und Zuversicht vermitteln können. Nicht mit säuerlichen Predigten und rosaroten Zukunftshoffnungen, sondern als Persönlichkeiten, die mit Mut, Ehrlichkeit und anerkannter Kompetenz die Welt in ihrem Verhältnis zu Glaube und Religion, zu Jesus Christus und seiner Kirche darzustellen vermögen.

Ich scheue mich nicht, hier Namen zu nennen, die mir bis zum heutigen Tag Aufgeschlossenheit und Neugierde geschenkt haben. So finde ich es einfach großartig, was ein Bischof Lehmann in seiner Verantwortung als Vorsitzender der deutschen Bischofskonferenz zu sagen hat. (Das haben sie jüngst sogar in Rom begriffen und ihn zum Kardinal gemacht!) Auch werde ich kaum einen Artikel von Bischof Wanke (Erfurt) ungelesen zur Seite legen. Cardinal Ratzinger, Prof. Hans Maier, der frühere bayrische Kultusminister, und nach meiner Einschätzung der wohl beste Kenner und Analytiker unserer Kirche aus dem Lager der „Laien", Eugen Biser, Karl Gabriel, Medard Kehl SJ, Gisbert Greshake („Priester sein in dieser Zeit", Herder 2000) viele Aufsätze der „Herder Korrespondenz" unter ihrer tüchtigen Redaktion, mancher Titel im „Anzeiger für die Seelsorge", um die beiden Hefte auf meinem Schreibtische zu nennen – sie halten mich bis zu heutigen Tag in Spannung. Einen besonderen Dank schulde ich der Katholischen Akademie in München mit vielen hochkompetenten Referenten. Ein schönes Geschenk für einen geistlichen Ruheständler, wenn solch eine Institution mit einer halben Stunde Autofahrt erreicht werden kann.

*

Von daher möchte ich nur mehr stichwortartig „zukunftsträchtige" Themen ansprechen um mich hier zum Ende dieses Buches nicht urteilslos vor diesen großen Fragen herauszustehlen.

Priestermangel

Ich verleugne nicht, dass ich heute mehr als 1974 mit meiner Rechtfertigung über den fehlenden Pfarrgemeinderat (S. 72 ff.) auf dem Standpunkt stehe, dass es hier weniger um Mangel als um Mängel geht. Ich weiß, dass dies viele nicht gerne hören und es am liebsten als arrogante Nestbeschmutzung beschimpfen würden. Die Bischöfe haben verständliche Angst vor der immer geringer werden Zahl der Bewerber. Trotzdem – sie sollten viel mehr auf Qualität schauen und nicht auf die Zahl. Künftige Priester können in unserer Gesellschaft nur mehr überzeugen, wenn sie bereit sind, eine gediegene und umfassende wissenschaftliche wie menschliche Ausbildung auf sich zu nehmen, um einigermaßen den Anforderungen einer vielfältigen und gut informierter Situation halbwegs gerecht zu werden.

Beschauliche Pfarreien gehören bald der Vergangenheit an . Der moderne Typ des Priesters in „pastoralen Großräumen“ erfordert Managerqualitäten und Leitungskompetenz als Seelsorger für den „organisierten Laienkatholizismus“ („Herder Korrespondenz 7/2000).

Damit sind indirekt auch bereits die Anforderungen an die berufliche Mitarbeit der Laien in unserer Kirche angesprochen. Ich zitiere hier den verantwortlichen Redakteur Ulrich Ruh in seinem Leitartikel „Problemfall Laienkatholizismus“ (ebd.), um nicht in den naheliegenden Verdacht meiner Vorbehalte gegenüber deutscher Gremienwütigkeit zu kommen: „ Die eigentliche und unersetzbare Aufgabe des Laienkatholizismus wäre demgegenüber der Dienst von Pfadfindern und Kundschaftern. Nicht im Bild gesprochen: Laienchristen können und sollen in besonderem Maß dafür sensibel sein, was sich gesellschaftlich, kulturell und auch religiös tut, sei es aufgrund ihrer beruflichen Erfahrung, ihrer öffentlichen Stellung oder ihrer durch genaue Beobachtung der Zeitläufte erworbenen Kompetenz“.

Also auch hier die Forderung nach Qualität (vgl. 1974, S. 74)

Demokratie in der Kirche

Wenn im Zusammenhang mit Gremien und Laien immer wieder das Stichwort „Demokratie“ fällt, so brauch ich hier nur mehr auf die jüngst erschienene Kleinschrift von Josef Ratzinger und Hans Maier „Demokratie in der Kirche“ Möglichkeiten und Grenzen (Topos plus Taschenbücher Band 348) hinzuweisen. Interessant, was sich hier der Verleger hat einfallen lassen: die beiden Autoren haben 1970, also vor dreißig Jahren, dieses Thema in einer Kleinschrift behandelt. Sie sollen heute – 30 Jahre später – erklären, was sie jetzt darüber denken. Grundtendenz bei Card. Ratzinger: „Die vielschichtige Wirklichkeit Demokratie wird mit einem der Instrumente ihres praktischen Vollzugs verwechselt und praktisch mit der Anwendung des Mehrheitsprinzips gleichgesetzt“ (S. 79)

* * *

Seelsorge

Welche spirituelle Kompetenz für seine Seelsorge hat dieser von mir geforderte neue Typ des Priesters zu erbringen?
Darüber lässt sich sehr gutes in dem Aufsatz von Medard Kehl SJ in „pax-Korrespondenz 3/2000“ nachlesen unter der Überschrift: „Perspektiven für den priesterlichen Dienst in der gegenwärtigen Glaubenssituation“. (Allen Pfarrern zugegangen, nur leider wenig gelesen, wie ich feststellen konnte). Neben den Managerqualitäten an einer „Primärgruppe“ (s.o.) ist es heute nach Kehl und anderen die „sacrale oder mystagogische Kompetenz, die aus persönlicher Vertrautheit erwachsene Befähigung, die Dimension des Heiligen in unserer Wirklichkeit offen zu halten“ (vgl. 1974, S. 79)

Wenn ich hier meine konkreten Erfahrungen nach einer 10-jährigen Aushilfstätigkeit in vielen Pfarreien, in Stadt und Land, beifügen darf, dann ist es für die Zukunft wohl angezeigt, den vereinzelten Priester nur in zentralen, größeren Kirchen tätig werden zu lassen. Kehl: „Die Eucharistie als wirksames Realsymbol der Communio und der Bündelung aller kirchlichen Grundvollzüge wird wohl noch viel stärker als bisher die hervorgehobene Weise des priesterlichen Integrations- und Leitungsdienstes sein, ohne dass er darauf reduziert werden kann und darf.“ Kirchen in kleineren Gemeinden werden nur mehr zu besonderen Anlässen, zu Beerdigungen, Hochzeiten, Patrozinien u. ä. von einem Priester betreut werden können, während Großkirchen (mit möglichst vielen Parkplätzen) fast wieder den Charakter römischer Stationskirchen bekommen werden (vgl. 1974, S. 77).

Hier ist bei allen Mystagogen, bei Laien und allen kirchlichen Bemühungen dann sicher nur mehr Qualität überzeugend.

* * *

Vieles erinnert hier doch stark an das ignatianische Vorbild, an System und Wirken der Jesuiten. Auch die von Card. Ratzinger stark hervorgehobenen „Geistlichen Bewegungen“ wie sie in anderen Ländern feststellbar sind, scheinen in diese Vorstellungen zu gehören. Es bewahrheitet sich auf jeden Fall künftig mehr denn je der alte Spruch, wonach „selbst die schönsten Programme nur auf menschlichen Beinen vorankommen“.

Oder wie es reichlich böse ein Ordensoberer mir gegenüber einmal ausgedrückt hat, wie ich ihn fragte, wie viele Patres zu seinem Konvent gehören und er darauf meinte: das kann er nicht beantworten, weil zwanzig Halbe keine zehn Ganze abgeben.

Wachsamkeit

So versuch ich es in der mir noch geschenkten Zeit weiterhin mit der Wachsamkeit, jener Tugend, die uns Christus gar so sehr anempfohlen hat „Was ich aber euch sage, das sage ich allen: Seid wachsam!“ (Mk. 13, 37)

Versuch es weiter mit Schauen und Staunen, was bekanntlich der Anfang aller Philosophie ist und mich vor zu frühem Verkalken bewahren möge!

Versuch es mit der Mutter aller Tugenden, der discretio, die uns die Benediktiner aus der regula ihres Ordensvaters beigebracht haben,

die zu u n t e r – scheiden weiß, wie auch Paulus schon zur berühmten „Unterscheidung der Geister" mahnt
die zu e n t – scheiden wagt, wie einst in jungen Jahren gegen Hass und diktatorischer Verführung so heute gegen Manipulation und falsche Propheten. Und dies, wenn möglich

in mediocritate, in jener „diskreten" Ausgewogenheit, die dann vielleicht auch ein Produkt des Alters in meinem Leben ist.

*

Somit bleibt es dann hoffentlich am Ende – wie es auch am Anfang schon zu lesen war:

Froh lasst uns trinken
die nüchterne Trunkenheit des Geistes.

Dank

Herrn Dekan Bruno Koppitz, meinem Nachfolger in der Pfarrei Rohrbach/Ilm, möchte ich an erster Stelle danken. In freundschaftlicher und mitbrüderlicher Weise hat er weitergeführt, was ich in 35 Jahren aufbauen durfte.

Das war anfangs gar nicht leicht für ihn, weil Stil und Gepräge dieser Pfarrei für ihn zumindest „ungewohnt“ waren. Er hat dies jedoch offensichtlich mehr und mehr zu schätzen gelernt und es in seiner ganz persönlichen Weise zum Wohlgefallen der ihm Anvertrauten kräftig weiter „auferbaut“.

Die räumliche Distanz von 12 Kilometern zwischen Rohrbach und Pfaffenhofen habe ich auch in einer seelsorglichen Distanz zu wahren versucht. Was nicht ausschließt, dass wir nicht nur mit dem Auto bei manchen Fahrten, sondern auch in Planungen und pfarrlichen Unternehmungen immer wieder gemeinsam „unterwegs“ waren.

Ich wünsche ihm weiterhin Freude an seiner Arbeit in dieser liebenswerten Gemeinde.

Frau Margit Seidl, dem guten Geist im Pfarrhaus Rohrbach, gilt mein herzlicher Dank. Als junges Mädchen kam sie meiner Mutter 1969 zu Hilfe. Bei deren ruhigen Tod im Pfarrhaus (1975) war sie zugegen und bot mir spontan ihre weitere Hilfe an. Heute umsorgt sie in gleicher Weise meinen jungen Nachfolger im Pfarrhaus. Während ich ihre bemühte Hilfe immer wieder in Pfaffenhofen erfahren darf.

Ihr Mann, Herr Robert Seidl, hat große Teile dieses Buches durch sein Können in der Textverarbeitung mit dem PC auf einer Diskette für den Drucker festgehalten.
Auch ihm mein herzlicher Dank.

Herrn Gerhard Berger, dem emeritierten Professor der Kunstakademie in München – und zugleich Rohrbacher Bürger! – gilt mein besonderer Dank für Layout und seine umfangreiche graphische Beratung.

Herr Kosniowski, Rohrbach, hat professionelle Fotos beigesteuert.

Einem weiteren Rohrbacher Bürger, Herrn Helmut Humbach, meinem ehemaligen Schüler und Erstkommunikanten und heute geachteter Mitinhaber der Druckerei „Humbach & Nemazal“ samt seinen Mitarbeitern, insbesondere Herrn Franz und Frau Währ, sei für die sorgfältige Drucklegung meines Buches herzlich gedankt.